THE NEW COVENANT

새 언약의 중보자
예수 그리스도

| 오영석 지음 |

리얼복음시리즈
히브리서 강해

1

쿰란출판사

THE
NEW
COVENANT

1

추/천/의/글

할렐루야! 오영석 목사님의 히브리서 강해집 출판을 진심으로 기뻐하며 축하드립니다. 오영석 목사님이 집필하신 이 책은 '새 언약의 중보자 예수 그리스도'를 소개하고 있습니다. 우리 구주 예수님은 성경의 주제요, 기록 목적이요, 내용입니다. 따라서 '새 언약의 중보자 예수 그리스도'를 소개하는 이 책은 성경의 중핵(中核)에 바로 연결된 귀한 강해집으로 여겨집니다.

오영석 목사님은 '예수 한국, 복음 통일'의 고귀한 시대적 사명을 저와 그리고 광화문 모든 애국 성도와 함께 감당해 나가고 계십니다. 저와 오 목사님뿐 아니라 광화문 모든 애국 성도가 이승만 광장에 나와서 제2의 건국을 외치는 이유는 바로 복음 때문입니다. 나를 위해 성령으로 잉태하여 세상에 오신 예수, 나를 위해 고난 당하신 예수, 나를 위해 십자가에 죽으신 예수, 나를 위해 부활하신 예수, 나를 위해 승천하신 예수, 나를 위해 세상에 다시 오실 예수, 오셔서 나를 위해 천년왕국을 이루실 새 언약의 중보자 우리 구주 예수님을 붙들고 새 예루살렘의 주인공으로 최후 승리를 얻을 때까지 끝까지 승리하는 우리 모두가 되기를 주님의 이름으로 축원합니다. 할렐루야.

2024년 11월
사랑제일교회 담임목사 전광훈

추/천/의/글

　히브리서는 예수 그리스도의 구원 사역에 대해 자세히 기록되어 있습니다. 이것이 복음의 본질입니다. 이번에 출판한 오영석 목사의 히브리서 강해 설교집은 죄와 사망 중에 영원히 멸망 받을 인생들이 예수 그리스도의 보혈의 공로로 영원한 생명을 얻게 되었다는 내용입니다. 교회의 최대 위기인 복음을 상실한 세대에 복음을 회복하고 교회를 회복할 수 있는 히브리서 강해 설교집이 출판됨을 축하드립니다.

　복음은 강단에서부터 회복되어야 합니다. 강단을 책임진 설교자들이 잊지 말아야 할 핵심 설교는 복음입니다. 이 설교집은 설교자들을 다시 복음 앞에 서게 하는 핵심 중의 핵심인 기쁨의 책이 될 것입니다. 다시 말해 강단에서 원초적인 복음을 전할 수 있는 내용의 책이 태어난 것입니다. 이 설교집을 통해 구원받는 사람들이 많이 일어나는 최대의 기적이 있기를 기원합니다. 측량할 수 없는 크신 은혜로 구원받은 성도들이 하나님의 영광을 위해 살아가는 지침서가 되기를 기원합니다. 복음만을 위한 귀한 설교집이 출판된 것을 기뻐하며 진심으로 축하드립니다.

2024년 11월
공감예수마을교회 담임목사 장학일

추/천/의/글

'히브리서 강해집' 출간을 진심으로 축하드립니다. 모든 국면에서 더 뛰어나신 예수 그리스도의 우월성을 나타내는 히브리서를 읽다 보면 예수님을 깊이 생각하게 됩니다. 오영석 목사의 히브리서 강해 설교집을 읽으면 독자들이 멜기세덱의 계열을 따른 예수님의 대제사장직을 깨닫게 되리라고 생각합니다. 또한 대속죄일에 비추어 설명된 예수 그리스도의 십자가 죽음을 실감하게 될 것이며 새 언약 백성으로서 우리의 사명과 본분을 돌아보게 되고 믿음의 자세가 무엇인지 알게 되리라 기대가 됩니다.

모든 것이 급박하게 돌아가는 듯한 이 시대에 예수 그리스도를 믿는 우리는 과연 우리 구주 예수님에 대해 얼마큼 알고 있는지 자신에게 물어보아야 합니다. 예수님과 복음을 깊이 아는 만큼 세상의 어떤 염려나 유혹에 떠내려가지 않고 견고한 구원의 반석 위에 서게 될 것입니다. 이런 면에서 히브리서 설교집은 복음으로 우리에게 확고한 믿음을 안겨주는 기쁨의 책이 될 것임을 확신합니다. 대제사장 되신 예수님께서 우리를 위해 기도하심을 느끼게 되는 귀한 설교집의 출간을 다시 한번 진심으로 축하드립니다.

2024년 11월
평택순복음교회 담임목사 강헌식

인/사/의/글

저는 부족한 것이 너무 많습니다. 믿지 않는 집안에서 태어났고, 어머니는 우상 신을 섬기는 분이었습니다. 그런 집안에서 하나님이 저를 택하셔서 먼저 예수 믿게 하셨고, 마침내 온 가족도 예수 믿게 하셨습니다. 그리고 얼마나 감사한지 하나님은 부족한 저를 주의 종으로 부르시고 많은 은혜를 주셨습니다. 결혼을 하고 신학을 공부하며 저는 하나님의 은혜로 장기 금식을 다섯 번이나 하게 되었습니다. 누구보다도 노력을 많이 했고, 교회도 개척하여 부흥을 이루었습니다. 스스로를 의롭게 여기며 이만하면 괜찮은 목사가 된 줄 알았습니다.

그런데 아니었습니다. 어느 날 하나님이 제 모습을 보게 하셨습니다. 제 설교 중에 "겉과 속이 다르면 지옥 간다"라는 제목으로 설교한 내용이 있습니다.

"화 있을진저 외식하는 서기관들과 바리새인들이여…겉으로는 아름답게 보이나 그 안에는 모든 더러운 것이 가득하도다…뱀들아 독사의 새끼들아 너희가 어떻게 지옥의 판결을 피하겠느냐"(마 23:27, 33).

얼마나 제 마음이 찔리고 아팠는지 모릅니다. 항상 제 마음을 불편하게 만들었던 말씀입니다. "나더러 주여 주여 하는 자마다 다 천국에 들어갈 것이 아니요 다만 하늘에 계신 내 아버지의 뜻대로 행하는 자라야 들어가리라"(마 7:21-23).

사실 저는 아버지의 뜻도 모르고 목회를 했던 눈먼 소경이었습니다. 그런데 하나님께서 저에게 진짜 복음을 알게 하시고 깨닫게 하셨습니다. 그것이 예수님이 전하신 천국 복음(마 9:35)이었습니다. 이 천국 복음이 목회를 행복하게 하고 저의 삶을 완전히 바꾸어 놓았습니다.

그 뒤로 저는 진리의 복음, 하나님께서 아브라함에게 전한 복음 곧 하나님이 세우신 언약(새 언약과 할례 언약)을 우리에게 이루어 주시려고 오신 예수 그리스도만을 10년 이상 계속 전하며 행복한 시간을 보내고 있습니다.

지난 2017년 10월에 요한복음 강해를 시작으로 2018년 로마서 강해, 2019년 바울서신 중 갈라디아서·에베소서·빌립보서·골로새서 강해, 2020년 사도행전 강해 그리고 2024년 이제 다시 히브리서 강해를 1, 2권으로 출판하게 되어 하나님께 영광을 돌립니다.

끝으로 설교를 정리하여 책으로 나올 수 있도록 헌신하고 수고해 주신 김세진 사모와 부교역자들, 성도들, 그리고 사랑하는 가족들에게 감사를 드리고, 부족한 종을 사랑해 주시고 이 책을 위해 추천의 글을 기쁨으로 마음을 담아 써주신 전광훈 목사님과 장학일, 강헌식 두 분 목사님께도 깊은 감사의 말씀을 드립니다.

2024년 11월 목양실에서
오영석 목사

목/차/

추/천/의/글 전광훈(사랑제일교회 담임목사) • 3
장학일(공감예수마을교회 담임목사) • 4
강헌식(평택순복음교회 담임목사) • 5
인/사/의/글 • 6

01. 아들과 생명 그 이름의 비밀 (히브리서 1장) · · · · · · · 12
02. 예수가 하나님의 아들이심을 믿는 자가 세상을 이긴다 (히브리서 1장) 26
03. 마지막 때는 아들을 통해 말씀하신다 (히브리서 1장) · · · · · · 46
04. 아들의 죽음과 부활 그리고 보좌 우편 (히브리서 1장) · · · · · · · 70
05. 아들 그리스도와 하나님의 형상 (히브리서 1장) · · · · · · 86
06. 구원받을 사람을 섬기라고 보내신 천사 (히브리서 1장) · · · · · · 104
07. 내가 받은 큰 구원을 잃어버리지 않게 하라 (히브리서 2장) · · · · 119
08. 십자가로 보여주신 구원의 비밀 (히브리서 2장) · · · · · · · 136
09. 아브라함의 자손을 도우려고 오신 예수님 (히브리서 2장) · · · · · · · 151
10. 신앙의 사도요 대제사장이신 예수 그리스도 (히브리서 3장) · · · · 172

THE
NEW
COVENANT

11. 오늘 너희가 그의 음성을 듣거든 (히브리서 3장) ········ 191

12. 하나님 앞에 네 마음이 바르지 못하니 (히브리서 3장) ······ 207

13. 안식을 누리는 최고의 삶을 살자 (히브리서 4장) ······· 235

14. 살아 있는 하나님의 말씀을 경험하라 (히브리서 4장) ······ 251

15. 우리에게 있는 큰 대제사장 (히브리서 4장) ········· 263

16. 멜기세덱의 반차를 따라 대제사장이 된 예수 (히브리서 5장) ··· 280

17. 평생 한 번의 순종으로 인생을 역전시켜라 (히브리서 5장) ···· 294

18. 젖먹이 신자에서 벗어나야 산다 (히브리서 5장) ······· 310

19. 나의 타락을 막아야 산다 (히브리서 6장) ········· 320

20. 맹세로 보증하신 하나님의 언약을 누려라 (히브리서 6장) ····· 340

리얼복음시리즈 | 히브리서 강해 1

새 언약의 중보자
예수 그리스도

01
아들과 생명 그 이름의 비밀

히브리서 1장

히 1:1-2 옛적에 선지자들을 통하여 여러 부분과 여러 모양으로 우리 조상들에게 말씀하신 하나님이 이 모든 날 마지막에는 아들을 통하여 우리에게 말씀하셨으니 이 아들을 만유의 상속자로 세우시고 또 그로 말미암아 모든 세계를 지으셨느니라

(새번역) 하나님께서 옛날에는 예언자들을 통하여, 여러 번에 걸쳐 여러 가지 방법으로 우리 조상들에게 말씀하셨으나, 이 마지막 날에는 아들을 통하여 우리에게 말씀하셨습니다. 하나님께서는 이 아들을 만물의 상속자로 세우셨습니다. 그를 통하여 온 세상을 지으신 것입니다.

(현대인) 옛날 하나님께서는 예언자들을 통하여 여러 가지 방법으로 수없이 우리 조상들에게 말씀하셨습니다. 그러나 이 마지막 때에는 아들을 통해 우리에게 말씀해 주셨습니다. 하나님은 그 아들을 모

든 것의 상속자로 삼으시고 또 아들을 통해 우주를 창조하셨습니다.

(쉬운말) 옛날에 하나님께서는 여러 예언자들을 통해 여러 차례, 여러 방법으로 우리 조상들에게 말씀하셨지만, 이 마지막 시대에 이르러서는, 자기 아들을 통해 우리에게 말씀하셨습니다. 하나님께서는 그 아들을 만물의 상속자로 세우시고, 그 아들을 통해 온 세상을 창조하셨습니다.

가나안 땅을 정탐하고 온 열두 명의 정탐꾼 이야기를 아십니까? 그중 열 명은 가나안 땅에 들어가지 못하고 오직 두 명의 정탐꾼만 가나안 땅에 들어갔습니다.

누가 천국에 들어가며, 얼마나 많은 사람이 천국에 들어갈까요? 열두 명의 정탐꾼을 기준으로 한다면, 교회 다니는 사람들의 20% 정도가 대략 천국에 들어간다고 볼 수 있을까요? 불행하게도 천국에 들어가는 사람은 그보다 훨씬 더 적을지 모릅니다. 성경을 보면 좁은 문으로 들어가라고 하셨는데, 좁은 문으로 들어가는 사람은 많지 않습니다.

출애굽 당시에 애굽에서 나온 사람들은 장정만 60만이었습니다. 그중 가나안 땅에 들어간 사람은 여호수아와 갈렙 단 두 사람뿐이었습니다. 열 명의 정탐꾼만 가나안 땅에 들어가지 못한 것이 아니라, 그들의 말을 듣고 하나님께 원망과 불평의 말을 쏟아냈던 이스라엘 백성들 전부가 가나안 땅에 들어가지 못한 것입니다. 60만 명 중에 단 두 사람만 가나안 땅에 들어갔다면, 천국에 들어가는 사람이 얼마나 적을지 조금 실감이 나십니까?

'보이는 눈'이 있고 '보지 못하는 눈'이 있습니다. '듣는 귀'가 있고

'들을 수 없는 귀'가 있습니다. 입을 가지고 말하는 사람이 있는가 하면, 입을 가지고 있음에도 불구하고 말하지 못하는 사람이 있습니다. 마지막 때에는 하나님께서 택한 사람들에게 '보이는 눈'을 갖게 하셔서 보게 하십니다. 시대를 보여주시고, 미래를 보여주시고, 내가 누구인지 정확하게 나를 보여주십니다. 그리고 예수 그리스도의 십자가를 보여주십니다. 보는 사람이 구원에 이를 수 있습니다. 또 하나님이 택한 사람들은 듣습니다. 언제나 주의 음성을 듣고 삽니다. 결정적인 순간에 주의 음성이 들립니다. 듣지 못하는 사람들은 듣지 못하기 때문에 망하는 것입니다. 하나님께서 소돔성을 멸하실 때, 천사를 통해서 주시는 주의 음성을 듣는 사람들은 소돔 성에서 나왔습니다. 그런데 아무리 말해도 듣지 못하는 사람은, 듣지 못하기 때문에 망하게 된 것입니다. 입을 가졌는데도 말해야 할 때 말하지 못하는 사람이 있고, 끝없이 말하는 사람이 있습니다.

왜 어떤 사람들은 한마디도 못 하는데 어떤 사람들은 끝없이 말할 수 있을까요? 무슨 말을 해야 할지 성령님이 그 안에서 가르쳐주시기 때문입니다. 하나님이 주신 말들이 그 속에 있기 때문입니다. 우리 안에 계신 성령은 끝없이 우리에게 말하게 하십니다. 무엇을 말하게 하십니까? '예수'를 말하게 하십니다. 입이 있어도 예수를 말하지 못하는 사람이 있고 예수를 말하는 사람이 있습니다. 여러분은 '보이는 눈'과 '듣는 귀'와 '말하는 입'을 가졌습니까? 하나님께서 택한 자, 구원받는 사람에게는 이러한 은혜를 주십니다. 여러분 모두 이러한 은혜를 누리게 되기를 축원합니다.

히브리서 전체에서 히브리서 1장 1절과 2절은 매우 중요합니다. 옛날 옛적에는 선지자나 예언자와 같은 사람들을 통해서 말씀하신 하나님이, 이 마지막 때에는 '아들'을 통해서 말씀하십니다. 그런데 이것을 아는 사람들이 많지 않습니다. 알지 못하니까 아들의 음성을 듣지도 못합니다. 성경을 보면 "청함을 받은 자는 많되 택함을 입은 자는 적으니라"(마 22:14)고 말씀합니다. 그것은 구원받는 사람이 적다는 뜻입니다. 왜 구원받는 사람들이 적을까요? 하나님이 마지막 때에는 아들을 통하여 우리에게 말씀하신다고 했는데, 아들을 통하여 말씀하시는 음성을 듣지 못하기 때문입니다. 말씀에 대한 지식을 아무리 많이 가지고 있어도 그 말씀이 나를 구원하지 못합니다. 지식은 나를 교만하게 할 뿐입니다(고전 8:1). 마지막 때에는 반드시 아들을 통해서 말씀하시는 하나님의 말씀을 들어야 합니다.

> 마지막 때에는 아들을 통해 말씀하십니다.

'마지막 때'는 예수님의 초림부터 재림까지를 말합니다. 지금이 마지막 때입니다. 쉬운말 성경에서는 '마지막 시대'라고 말합니다. 마지막 때, 마지막 시대에는 아들을 통해 말씀하시는데, 이 아들이 어떠한 분입니까? 2절을 보면, 만물의 상속자 곧 만물의 주인이요, 천지를 창조하신 하나님이십니다. "빛이 있으라!" 말씀하시니 그대로 되었던 창조주 하나님이, 우리 안에 '아들'로 오셔서 말씀하시는 것입니다. 이 얼마나 놀라운 은혜입니까? 하나님은 먼저 말씀하시고 그 말씀을 그대로 이루시는 분입니다. 하나님은 거짓말을 하지 않는 분입니다(겔 36:36; 민 23:19). 그러므로 '아들'만 있으면 됩니다. '아들'을 가지면 다 갖는 것입니다. 하나님의 계획은 우리에게 '아들'을 주셔서 우리를 '아들'로 삼으시는 것입니다.

🍀 아들이 있는 자와 아들이 없는 자

요일 5:11-13 또 증거는 이것이니 하나님이 우리에게 영생을 주신 것과 이 생명이 그의 아들 안에 있는 그것이니라 아들이 있는 자에게는 생명이 있고 하나님의 아들이 없는 자에게는 생명이 없느니라 내가 하나님의 아들의 이름을 믿는 너희에게 이것을 쓰는 것은 너희로 하여금 너희에게 영생이 있음을 알게 하려 함이라

(현대인) 그 증거는 하나님이 우리에게 영원한 생명을 주신 것과 이 생명이 그분의 아들 안에 있는 이것입니다. 하나님의 아들을 모신 사람은 생명을 가졌으나 아들을 모시지 않은 사람은 생명이 없습니다. 나는 하나님의 아들을 믿는 여러분이 영원한 생명을 가졌다는 것을 알게 하려고 이 글을 씁니다.

세상의 모든 사람은 둘로 나뉩니다. '아들이 있는 자'와 '아들이 없는 자'입니다. 예수를 믿고 교회에 다닌다고 다 똑같은 것이 아닙니다. 예배의 자리에 함께 앉아 있어도 아들이 있는 자가 있고 아들이 없는 자가 있습니다. 명품이 있으면 진짜와 그것을 모방한 짝퉁이 있는 것처럼, 예수 믿는 사람도 아들이 있는 진짜와 아들이 없는 짝퉁이 있습니다. 명품과 짝퉁은 겉으로 보기에는 정말 똑같아서 구별이 어렵습니다. 그러나 그 가치에는 엄청난 차이가 있습니다. 진짜가 천만 원이라면 짝퉁은 만원밖에 안 됩니다. 그런데 하물며 말씀하시면 그대로 이루

> 아들이 있는 자에게는
> 생명이 있고
> 아들이 없는 자에게는
> 생명이 없습니다.

시는 하나님, 온 우주 만물의 주인이요 천지를 창조하신 창조주 하나님이 그 안에 있는 자와 없는 자의 차이는 어떠하겠습니까?

'아들이 있는 자'에게는 생명이 있고 '아들이 없는 자'에게는 생명이 없습니다. '아들이 있는 자'는 그 안에 하나님의 아들을 모신 자입니다. 문제는 내 안에 '아들'이 있느냐 하는 겁니다. 수십 년 동안 교회에 다니고 예수를 믿었는데도 아들이 그 속에 없다면 진짜 큰 문제가 아닐 수 없습니다. 내 안에 정말 아들이 있습니까? 아들이 있다면 아들을 통해 말씀하시는 그 말씀이 들려야 합니다. 하나님은 반드시 마지막 때에 아들을 통해서 말씀하시겠다고 약속하셨기 때문에, 아들이 있다면 아들의 음성을 듣는 것이 당연합니다. 그런데 나는 내 안에 계신 아들의 음성을 듣고 있느냐 말입니다. 내 삶을 보아야 합니다. 아들이 있다면 왜 작은 일에 시험 들고 넘어지며, 왜 형제를 미워하고 용서하지 못합니까? 왜 그 생각의 끝이 이혼이고, 자살입니까? 왜 기뻐하지 못하고 언제나 표정이 일그러져 있습니까? 왜 사람의 말 한마디에 교회를 떠나고 모든 일을 뒤집어엎습니까?

옛날에는 모세나 엘리야, 예레미야, 이사야, 에스겔과 같은 선지자와 예언자들을 통해서 이스라엘 백성들에게 말씀하셨던 하나님이, 아들 예수님을 이 땅에 보내신 이후부터는 선을 그으셨습니다. "내가 이제부터는 선지자나 예언자와 같은 사람을 통해서 내 백성들에게 말하지 않겠다! 내가 아들을 보낸 이유는 아들을 통해서 말하기 위한 것이다!" 이것이 마지막 때에 아들을 보내신 하나님의 뜻입니다. 그런데 이것을 알지 못하고 신령한 은사가 있다는 사람을 쫓아다니는 사람들이 있습니다. 이런 사람들이 주의 음성을 듣는다는 예언자와 선지자를 찾아다니다가 이단에 빠지게 되는 것입니다. 기도하다가 주의 음성을 들었다고 말하는 거짓 선지자들을 경계해야 합니다. 하나님께서는 마지막 때에 반드시 아들을 통해서 말씀하시 겠다고 새로운 법을 만드셨습니다.

♣ 아들이 누구인가?

> 마 1:21 아들을 낳으리니 이름을 예수라 하라 이는 그가 자기 백성을 그들의 죄에서 구원할 자이심이라 하니라

아들이 누구입니까? 예수입니다. 하나님께서 자기 백성을 그들의 죄에서 구원하려고 아들 예수를 주셨습니다.

> 행 4:12(쉬운말) 그러므로 그분 예수 그리스도의 이름이 아니고서는, 어느 누구에게서도 구원을 받을 수 없습니다. 하늘 아래에 우리를 구원할 수 있는 이름은 오직 예수뿐입니다. 그 이름밖에는, 세상의 어떤 다른 이름도 인간에게 주어진 일이 없습니다.

> 아들은 자기 백성을 죄에서 구원하려고 하나님이 보내신 예수입니다.

아들 예수를 통하지 않고는 구원이 이루어질 수 없습니다. 이 아들을 우리 안에 주어서 구원에 이르게 하시는 것입니다. 아들이 있는 자와 없는 자는 다릅니다. 아들이 없는 자는 성경을 지식으로 알고 이론을 따지며 이야기합니다. 그러나 그 속에 아들이 없습니다. 아들이 있고 없고는 너무나 중요합니다. 아들이 있어야 그 아들과 함께 구원받아서 아들과 함께 천국까지 가는 것입니다. 그러므로 나 자신에게 자꾸 물어봐야 합니다. '신앙생활을 10년, 20년 했는데 내

안에 아들이 있었는가? 내 안에 아들이 있다는 것을 인식하고 살았는가?'

성령은 내 안에 아들이 있다는 것을 증언하십니다. 예수 믿는 내 안에 예수가 있음을 증언하기 위해서 성령께서 오신 것입니다. 이것을 성경이 말해주고 있습니다. 성령은 나를 말씀으로 인도하여 내 안에 아들이 있음을 확실히 알게 해주십니다.

> 요 20:31 오직 이것을 기록함은 너희로 예수께서 하나님의 아들 그리스도이심을 믿게 하려 함이요 또 너희로 믿고 그 이름을 힘입어 생명을 얻게 하려 함이니라

성경을 기록한 목적은 첫째, 예수께서 '하나님의 아들'이심을 믿게 하려는 것입니다. 그리고 둘째, 그 이름을 힘입어 생명을 얻게 하려는 것입니다.

> 요 5:39 너희가 성경에서 영생을 얻는 줄 생각하고 성경을 연구하거니와 이 성경이 곧 내게 대하여 증언하는 것이니라

성경은 '아들'에 관하여 증언하고 있습니다.

> 롬 1:2-4 이 복음은 하나님이 선지자들을 통하여 그의 아들에 관하여 성경에 미리 약속하신 것이라 그의 아들에 관하여 말하면 육신으로는 다윗의 혈통에서 나셨고 성결의 영으로는 죽은 자들 가운데서 부활하사 능력으로 하나님의 아들로 선포되셨으니 곧 우리 주 예수 그리스도시니라

복음이 무엇입니까? 하나님께서 '아들'에 관하여 성경에 미리 약속하신 것입니다. 그 아들은 '하나님의 아들'로 선포되신 '예수 그리스도'이십니다. 성경 전체가 바로 '아들'을 말하고 있습니다.

🍀 예수, 생명, 그 이름의 비밀

> 마 1:21 아들을 낳으리니 이름을 예수라 하라 이는 그가 자기 백성을 그들의 죄에서 구원할 자이심이라 하니라

"아들을 낳으리니 이름을 예수라 하라" 이 말씀에 엄청난 비밀이 들어 있습니다. 아들을 어떻게 낳으셨냐면 하나님의 생명으로 낳으셨습니다(마 1:18). 그리고 그 아들에게 아버지의 이름을 주셨습니다. 다시 말하면, 하나님 아버지가 아들에게 주신 생명의 이름이 '예수'라는 말입니다.

> 엡 3:15(쉬운성경) 하늘과 땅에 있는 성도는 그분께로부터 참 생명의 이름을 받은 자들입니다.

하나님 아버지께서 아들을 낳으실 때 아들에게 주신 아들의 생명은 하나님 아버지 안에서 사는 생명입니다.

> 요 14:10-11(개역한글) 나는 아버지 안에 있고 아버지는 내 안에 계신 것을 네가 믿지 아니하느냐 내가 너희에게 이르는 말이 스스로 하는 것이 아니라 아버지께서 내 안에 계셔 그의 일을 하시는 것이라 내가 아버지 안에 있고 아버지께서 내 안에 계심을 믿으라 그렇

지 못하겠거든 행하는 그 일을 인하여 나를 믿으라

하나님 아버지 안에서 사는 생명은 아버지를 머리로 하고 아버지의 몸이 되어 사는 생명을 말합니다(요일 5:11-13). 예수님은 아버지가 주신 생명으로 하나님 아버지 안에서 아버지를 머리로 하고 아버지의 몸이 되어 사셨습니다. 이것이 예수 이름으로 사는 것입니다.

> **고전 11:3** 그러나 나는 너희가 알기를 원하노니 각 남자의 머리는 그리스도요 여자의 머리는 남자요 **그리스도의 머리는 하나님이시라**

말씀을 종합해 보면, 하나님 아버지의 이름인 예수 이름으로 산다는 것은 아버지가 주신 생명으로, 아버지의 몸이 되어, 머리가 되시는 아버지의 음성을 듣고, 아버지가 주시는 마음으로 사는 삶을 말합니다. 너무 중요하기에 다른 말로 표현한다면, 예수님의 모든 삶은 예수님 스스로 산 것이 아니라, 하나님 아버지가 자기 생명으로 아들을 낳아 아들로 하여금 자기 생명 곧 예수 이름으로 사는 아버지의 몸이 되게 하신 것으로, 친히 아버지가 사신 것입니다. 할렐루야!

> **예수 이름으로 사는 것은 아버지가 주시는 생명과 마음으로 사는 것입니다.**

> **요 17:11-12** 나는 세상에 더 있지 아니하오나 그들은 세상에 있사옵고 나는 아버지께로 가옵나니 거룩하신 아버지여 **내게 주신 아버지의 이름으로** 그들을 보전하사 우리와 같이 그들도 하나가 되게 하옵소서 내가 그들과 함께 있을 때에 **내게 주신 아버지의 이름으로**

01 _ 아들과 생명 그 이름의 비밀

그들을 보전하고 지키었나이다 그 중의 하나도 멸망하지 않고 다만 멸망의 자식뿐이오니 이는 성경을 응하게 함이니이다

하나님께서 마지막 때에는 아들을 통하여 말씀하시는데, 그 아들의 이름이 '예수'입니다. 하나님께서 아들을 이 땅에 보내실 때 그냥 보내신 것이 아니라 '하나님 아버지의 이름'을 주어서 보내셨습니다. "내게 주신 아버지의 이름"이 바로 '예수'입니다. '예수'는 원래 '하나님 아버지의 이름'입니다.

> 예수는 아들에게 주신 하나님 아버지의 이름입니다.

요 10:30 나와 아버지는 하나이니라 하신대

예수님은 하나님과 '이름'으로 하나가 되셨습니다. 이처럼 하나님께서 우리를 하나님의 아들로 삼으실 때, 우리에게도 '이름'을 주십니다. "영접하는 자 곧 그 이름을 믿는 자들에게는 하나님의 자녀가 되는 권세를 주셨으니"(요 1:12)라고 하셨습니다. 하나님께서 아들에게 주신 아버지의 이름 '예수'를 우리에게 주어서 그 이름을 믿고 영접할 때 우리를 하나님의 자녀로 살게 하시는 것입니다. 그뿐만 아니라 그 이름으로 계속해서 구원을 이루어 가게 하십니다. 천하에 구원받을 만한 이름이 예수 이름밖에 없기 때문입니다. 그러므로 아들에게 주신 예수의 이름을 우리에게 주어서 우리를 구원하시고, 주님이 다시 오실 때까지, 천국에 갈 때까지 계속해서 그 이름으로 구원에 이르게 하십니다.

요 5:43 나는 내 아버지의 이름으로 왔으매 너희가 영접하지 아니하나 만일 다른 사람이 자기 이름으로 오면 영접하리라

요 10:25 예수께서 대답하시되 내가 너희에게 말하였으되 믿지 아니하는도다 내가 내 아버지의 이름으로 행하는 일들이 나를 증거하는 것이거늘

요 17:6 세상 중에서 내게 주신 사람들에게 내가 아버지의 이름을 나타내었나이다 그들은 아버지의 것이었는데 내게 주셨으며 그들은 아버지의 말씀을 지키었나이다

요 17:26 내가 아버지의 이름을 그들에게 알게 하였고 또 알게 하리니 이는 나를 사랑하신 사랑이 그들 안에 있고 나도 그들 안에 있게 하려 함이니이다

아들은 자기 이름이 아니고 아버지의 이름 '예수'로 오셔서, 아버지의 이름으로 행하시고, 아버지의 이름을 나타내시며, 아버지의 이름을 사람들에게 알게 하셨습니다. 이것이 이 땅에 오신 예수님의 삶 전부였습니다.

예수님은 우리의 본이 되시려고 맏아들로 오신 분입니다(롬 8:29). 그러므로 예수를 믿는 우리도 예수님처럼 아버지의 이름 '예수'로 구원받고(행 4:12), 그 이름으로 행하며, 그 이름을 나타내고, 그 이름을 알게 하는 삶을 사는 것입니다.

막 16:17 믿는 자들에게는 이런 표적이 따르리니 곧 그들이 내 이름

으로 귀신을 쫓아내며 새 방언을 말하며

아버지의 이름을 받은 자들은 이제 아버지의 이름으로 살면서 아버지의 이름으로 행하고 아버지의 이름을 나타내야 합니다. 그래서 예수를 믿는 자들이 '내 이름으로' 곧 아버지의 이름, 예수의 이름으로 귀신을 쫓아내며 사는 것입니다.

요 14:13-14 너희가 내 이름으로 무엇을 구하든지 내가 행하리니 이는 아버지로 하여금 아들로 말미암아 영광을 받으시게 하려 함이라 내 이름으로 무엇이든지 내게 구하면 내가 행하리라

'예수의 이름으로 행하는 것'은 바꿔 말하면, '예수의 이름으로 구하는 것'입니다. 예수의 이름으로 구할 때 내 안에 계신 아들 예수가 행하십니다. 간단하게 들리지만, 이것은 놀라운 복음의 비밀입니다. 이것이 예수 믿는 자들의 삶입니다.

요 15:16 너희가 나를 택한 것이 아니요 내가 너희를 택하여 세웠나니 이는 너희로 가서 열매를 맺게 하고 또 너희 열매가 항상 있게 하여 내 이름으로 아버지께 무엇을 구하든지 다 받게 하려 함이라

요 16:23-24 그날에는 너희가 아무것도 내게 묻지 아니하리라 내가 진실로 진실로 너희에게 이르노니 너희가 무엇이든지 아버지께 구하는 것을 내 이름으로 주시리라 지금까지는 너희가 내 이름으로 아무것도 구하지 아니하였으나 구하라 그리하면 받으리니 너희 기쁨이 충만하리라

예수의 이름 곧 아들에게 주신 아버지의 이름으로 구하면 무엇이 든지 아버지께서 다 주시겠다고 약속하셨습니다. 왜 이런 말씀을 하시는 걸까요? 그러므로 이제부터는 아버지의 이름으로 구하여 아버지의 이름을 나타내고 살라는 것입니다. 말씀을 통해 내 모습을 볼 수 있기를 바랍니다. 예수의 이름으로 구하고 행하셨습니까? 나는 얼마나 아버지의 이름을 드러내며 아버지의 이름을 나타내고 살았는지, 얼마나 사람들에게 아버지의 이름을 알게 했는지 돌아보는 은혜가 있기를 바랍니다. 아버지의 이름을 나타내고 드러내기보다 내 이름을 말하고 내 이름을 나타내려고 하지는 않았습니까? 무엇을 구하든지 다 받게 해주신다고 약속하셨는데, 지금까지 얼마나 아버지의 이름으로 구하고 살았습니까?

저도 수십 년 동안 목회를 하면서 지금까지 나름대로 예수만 전하고 살았다고 생각했는데, 어제 말씀을 준비하면서 하나님 앞에서 얼마나 회개했는지 모릅니다. '나는 얼마나 예수를 나타내고 살았는가? 나는 얼마나 예수의 이름으로 행했는가? 예수의 이름을 드러내기보다 내 이름을 드러내지는 않았는가?' 말씀을 통해 각자에게 주시는 하나님의 은혜가 있기를 바랍니다. '무엇이든지 구하면 주시겠다고 했는데, 나는 얼마나 예수의 이름으로 구했는가?'

지금까지는 구하지 않았다고 할지라도 이제부터라도 아들에게 주신 아버지의 이름, 예수의 이름으로 구하면 다 받습니다. 예수의 이름으로 구하여 예수의 이름으로 행하고, 예수의 이름을 나타내며, 예수의 이름을 온 세상에 알게 하는 진짜 예수 믿는 사람이 되기를 축복합니다.

02

예수가 하나님의 아들이심을 믿는 자가 세상을 이긴다

히브리서 1장

히 1:1-2 옛적에 선지자들을 통하여 여러 부분과 여러 모양으로 우리 조상들에게 말씀하신 하나님이 이 모든 날 마지막에는 아들을 통하여 우리에게 말씀하셨으니 이 아들을 만유의 상속자로 세우시고 또 그로 말미암아 모든 세계를 지으셨느니라

(새번역) 하나님께서 옛날에는 예언자들을 통하여, 여러 번에 걸쳐 여러 가지 방법으로 우리 조상들에게 말씀하셨으나, 이 마지막 날에는 아들을 통하여 우리에게 말씀하셨습니다. 하나님께서는 이 아들을 만물의 상속자로 세우셨습니다. 그를 통하여 온 세상을 지으신 것입니다.

(현대인) 옛날 하나님께서는 예언자들을 통하여 여러 가지 방법으로 수없이 우리 조상들에게 말씀하셨습니다. 그러나 이 마지막 때에는 아들을 통해 우리에게 말씀해 주셨습니다. 하나님은 그 아들을 모

든 것의 상속자로 삼으시고 또 아들을 통해 우주를 창조하셨습니다.

(쉬운말) 옛날에 하나님께서는 여러 예언자들을 통해 여러 차례, 여러 방법으로 우리 조상들에게 말씀하셨지만, 이 마지막 시대에 이르러서는, 자기 아들을 통해 우리에게 말씀하셨습니다. 하나님께서는 그 아들을 만물의 상속자로 세우시고, 그 아들을 통해 온 세상을 창조하셨습니다.

사람들은 대부분 자기에게 다가올 미래를 준비하지 않고 하루하루를 습관적으로 그냥 살아갑니다. 그러나 지혜로운 사람은 미래를 준비합니다. 미래를 준비하기 위해서는 미래를 볼 수 있는 눈이 있어야 합니다. 미래를 보고, 시대를 보고, 나를 볼 수 있는 눈이 있어야 합니다.

옛날 옛적에는 선지자와 예언자 같은 사람을 통해서 말씀하시고 그 말씀을 통해 하나님의 백성들을 이끌어가셨던 하나님이, 마지막 때 곧 예수님의 초림 이후 재림하실 때까지는 아들을 통해서 말씀하십니다. 예수님을 보내신 후부터는 사람을 통해서 말씀하지 않으시고 예수님을 통해서 말씀하시는 것입니다.

우리가 지금 살고 있는 이 시대는 마지막 때입니다. 세상이 돌아가는 것을 보고 있으면 마지막 때가 되었다는 것을 깨닫게 되지 않습니까? 그렇다면 이 마지막 때에 예수를 믿고 교회에 다니면서 아들을 통해 말씀하시는 하나님의 말씀을 들어본 적이 있습니까? 마지막 시대에 이르러서는 하나님께서 자기 아들을 통해 우리에게 말씀하셨다고 했는데, 예수님의 제자들이 듣고 히브리서의 저자도 들었던 그 말씀, 아들을 통해 하셨던 그 말씀을 나도 듣고 있습니까?

마지막 때 아들을 보내신 하나님께서 아들을 통해 무엇을 이루고자 하시는지 분명히 깨달아야 합니다.

첫째, 아들을 통해 말씀하십니다. 흑암으로 가득했던 세상에 "빛이 있으라!" 말씀하셨던 하나님께서 마지막 때에 아들을 통해서 말씀하시는 것입니다.

둘째, 아들을 모든 만물의 상속자로 세우셨습니다. 만물의 주인이 되게 하신 것입니다.

셋째, 아들을 통해 천지를 창조하셨습니다. 이것을 통해 무엇을 말씀하고자 하시는 것일까요? '아들'이 곧 '하나님'이라는 것입니다. 천지 만물을 말씀으로 창조하신 그 하나님께서 육신을 입고 친히 이 땅에 '하나님의 아들'로 오신 것입니다. 왜 이 땅에 오셨습니까? 아들을 우리 안에 주셔서 그 아들과 함께 살아가게 하기 위해서입니다. 죄악 된 세상에서 구원받아 천국에 이르기까지 아들과 동행하며, 아들의 권세를 우리도 누리고 살게 하려고 아들을 이 땅에 보내신 것입니다. 하나님은 이 모든 것을 창세 전에 이미 계획하셨습니다.

> 아들과 동행하며 아들의 권세를 누리고 살라고 우리 안에 아들을 주셨습니다.

'아들'이 있는 자와 '아들'이 없는 자는 천지 차이입니다. 오늘날 많은 사람이 아들 없이 살아갑니다. 교회에 다녀도 말 그대로 그냥 교회에 왔다 갔다 할 뿐 그 안에 아들이 없습니다. 내 안에 아들이 있다는 것도, 아들의 권세도 알지 못하고, 예배 시간이 되면 교회에 와서 잠깐 앉아 있다가 예배가 끝나면 또 세상으로 돌아가 아무 생각 없이 사는 것입니다. 그러면서도 자신은 믿음이 있다고 착각합니다. 그런데 성경은 무엇을 이야기하고 있습니까? 바로 '아들'을 말하고 있습니다.

> 요 20:31 오직 이것을 기록함은 너희로 예수께서 하나님의 아들 그리스도이심을 믿게 하려 함이요 또 너희로 믿고 그 이름을 힘입어 생명을 얻게 하려 함이니라

성경을 기록한 분명한 목적이 있습니다. 성경은 예수를 누구라고 소개하고 있습니까? '하나님의 아들'입니다. 성경은 예수께서 '하나님의 아들'이라는 것을 믿게 하려고 그것을 기록하고 있는 것입니다.

> 롬 1:2-4 이 복음은 하나님이 선지자들을 통하여 그의 아들에 관하여 성경에 미리 약속하신 것이라 그의 아들에 관하여 말하면 육신으로는 다윗의 혈통에서 나셨고 성결의 영으로는 죽은 자들 가운데서 부활하사 능력으로 하나님의 아들로 선포되셨으니 곧 우리 주 예수 그리스도시니라

복음은 '하나님의 아들'에 관하여 성경에 약속하신 것입니다.

> 요 5:39 너희가 성경에서 영생을 얻는 줄 생각하고 성경을 연구하거니와 이 성경이 곧 내게 대하여 증언하는 것이니라

성경은 오직 아들에 관해서만 말합니다.

성경은 계속해서 '아들'에 관해서만 말합니다. 그 아들이 예수이고, 예수가 '하나님의 아들'입니다. 우리에게는 만물의

주인이시요 창조주이신 '하나님의 아들'만 있으면 다 됩니다. 그런데 만약 이렇게 중요한 하나님의 아들이 내 안에 없다면 어떻게 될까요? 그래서 성경은 하나님의 아들이 우리 안에 있음을 확실히 알게 하려고 다음과 같이 기록하고 성령께서 그것을 증언해 주십니다.

> 요일 5:11-13 또 증거는 이것이니 하나님이 우리에게 영생을 주신 것과 이 생명이 그의 아들 안에 있는 그것이니라 아들이 있는 자에게는 생명이 있고 하나님의 아들이 없는 자에게는 생명이 없느니라 내가 하나님의 아들의 이름을 믿는 너희에게 이것을 쓰는 것은 너희에게 영생이 있음을 알게 하려 함이라
>
> (현대인) 그 증거는 하나님이 우리에게 영원한 생명을 주신 것과 이 생명이 그분의 아들 안에 있는 이것입니다. 하나님의 아들을 모신 사람은 생명을 가졌으나 아들을 모시지 않은 사람은 생명이 없습니다. 나는 하나님의 아들을 믿는 여러분이 영원한 생명을 가졌다는 것을 알게 하려고 이 글을 씁니다.

하나님은 마지막 심판 날에 우리에게 아들이 있는지 없는지, 그것만 보십니다. 하나님의 아들 안에 생명이 있기 때문에 하나님의 아들을 가진 자는 영원한 생명을 가진 것입니다.

하나님이 우리에게 성령을 주신 이유는, 바로 우리 안에 하나님의 아들이 있음을 증거해 주시기 위해서입니다. 성령은 우리 안에 하나님의 아들이 있다는 것을 증거해 주시는 분입니다. 그래서 성령이 오시지 않으면 내 안에 하나님의 아들이 있음을 알지 못하고 믿지도 못합니다. 믿지 못하니까 영원하신 하나님의 생명을 가질 수도,

누릴 수도 없는 것입니다. 성령은 단순하게 방언이나 주려고 오신 분이 아닙니다. 성령을 받으면 그 성령께서 하나님의 아들이 내 안에 있음을 확실하게 알게 해 주십니다.

> 요일 5:5 예수께서 하나님의 아들이심을 믿는 자가 아니면 세상을 이기는 자가 누구냐

성경을 기록한 목적은 예수께서 하나님의 아들이심을 믿게 하려는 것이라고 했습니다(요 20:31). 왜 예수께서 하나님의 아들이심을 믿게 할까요? 예수께서 하나님의 아들이심을 믿는 자가 세상을 이기기 때문입니다. 이것은 하나님께서 정하신 법입니다. 다른 어떠한 것으로도 세상을 이길 수는 없습니다. 하나님은 세상을 이기는 방법을 성경에 기록해 두시고 그것을 택한 자들에게만 알게 하셨는데, 그 비밀이 바로 '예수께서 하나님의 아들이심을 믿는 것'입니다.

> 예수께서 하나님의 아들이심을 믿는 자가 세상을 이깁니다.

세상의 임금은 사탄 마귀입니다(요 12:31). 세상을 이긴다는 것은 곧 마귀를 이긴다는 것입니다. 마귀는 세상의 모든 것을 동원하여 우리를 종으로 삼고, 죄짓게 만들고, 억압합니다. 마귀는 언제나 우리가 하나님의 자녀답게 살지 못하도록 우리의 발목을 붙잡습니다. 이 마귀를 이길 방법은 세상에 없습니다. 세상의 지식으로, 물질로, 육신의 힘으로 결코 마귀를 이길 수 없습니다. 마귀가 세상의 임금인데 세상에 속한 세상의 지식이나 물질로 어떻게 마귀를 이기겠습니까? 세상의 임금인 마귀를 이길 수 있는 유일한 방법은 '예수께서

하나님의 아들이심을 믿는 것'입니다. 그래서 성경은 예수께서 하나님의 아들이심을 우리로 믿게 하려고 온통 예수께서 하나님의 아들이라고 말하고 있는 것입니다. 그리고 진리의 성령이 오셔서 진리의 말씀 곧 성경으로 우리를 인도하여 그것을 깨닫게 하십니다.

🍀 바다 위로 걸어오신 하나님의 아들

> 마 14:33 배에 있는 사람들이 예수께 절하며 이르되 진실로 하나님의 아들이로소이다 하더라

마태복음 14장에는 한 사건이 기록되어 있습니다. 이 사건의 결론은 배에 있는 사람들의 고백을 통해 알 수 있습니다. 배에 있는 사람들이 이 사건을 통해 무엇이라고 고백합니까? 예수께서 진실로 하나님의 아들이라고 고백합니다. 성경의 모든 사건은 '예수께서 하나님의 아들이심을 믿게 하려고' 기록된 것입니다.

그렇다면 그들은 무엇을 보고 예수께서 하나님의 아들이라고 고백하게 되었을까요?

> 마 14:24-25 배가 이미 육지에서 수 리나 떠나서 바람이 거스르므로 물결로 말미암아 고난을 당하더라 밤 사경에 예수께서 바다 위로 걸어서 제자들에게 오시니

거친 풍랑으로 인해 제자들이 고난을 당하고 있을 때, 예수께서 바다를 밟고 바다 위로 걸어서 제자들에게 오셨습니다. 이것을 보고 배에 있던 사람들이 "당신은 진실로 하나님의 아들입니다!"라고

말합니다. 여기에 깊은 영적인 의미가 있습니다.

예수님은 도대체 왜 바다를 밟고 바다 위로 걸어서 제자들에게 오셨을까요? 그것이 가장 빠른 길이기 때문이었을까요? 아니면 제자들에게 무엇인가 기적을 보여주고 싶었던 것일까요? 예수님이 자연의 순리를 거스르는 초월적인 존재임을 과시하고 싶었던 것일까요? 그 대답을 알기 위해서는 예수님이 왜 오셨는지 성경을 통해서 확인해야 합니다.

> 창 3:15 내가 너로 여자와 원수가 되게 하고 네 후손도 여자의 후손과 원수가 되게 하리니 여자의 후손은 네 머리를 상하게 할 것이요 너는 그의 발꿈치를 상하게 할 것이니라 하시고

> (공동) 나는 너를 여자와 원수가 되게 하리라. 네 후손을 여자의 후손과 원수가 되게 하리라. 너는 그 발꿈치를 물려고 하다가 도리어 여자의 후손에게 머리를 밟히리라.

이것은 아담과 하와를 속이고 미혹하여 죄를 짓게 한 뱀에게 하나님께서 하신 말씀입니다. 하나님이 여자의 후손을 보내어 뱀의 머리를 밟게 하겠다고 말씀하셨습니다. 여자의 후손이 누구입니까? 하나님의 아들 예수 그리스도입니다. 성경은 '하나님의 아들'을 '여자의 후손'이라고 말합니다.

개역개정 성경만 보면 이 말씀의 뜻을 조금 오해할 수도 있습니다. 어떻게 마귀가 하나님의 발꿈치를 상하게 할 수 있겠습니까? 그래서 여러 가지 성경을 살펴보아야 합니다. 공동번역을 보면, 마귀가 발꿈치를 상하게 한 것이 아니라 "발꿈치를 물려고 하다가 도리어

여자의 후손에게 머리를 밟히리라"고 말씀합니다. 이것이 정확한 해석입니다.

구약성경 창세기에 기록된 이 말씀을 신약성경에서는 다음과 같이 기록하고 있습니다.

> 요일 3:8 죄를 짓는 자는 마귀에게 속하나니 마귀는 처음부터 범죄함이라 하나님의 아들이 나타나신 것은 마귀의 일을 멸하려 하심이라

신약에서는 하나님의 아들이 나타나신 이유에 대하여 마귀의 일을 멸하기 위해서라고 말씀합니다. 구약에서 말씀하신 '여자의 후손이 뱀의 머리를 밟는 것'(창 3:15)이 곧 신약에서 말씀하는 '하나님의 아들이 마귀의 일을 멸하는 것'(요일 3:8)입니다. 그렇다면 뱀의 머리를 밟으시는 여자의 후손, 마귀의 일을 멸하시는 하나님의 아들과 '예수께서 바다 위로 걸어오신 사건'이 무슨 상관이 있을까요? 여기에 복음의 비밀이 담겨 있습니다. 모든 만물의 상속자요 참 주인이신 하나님의 아들, 천지 만물을 창조하신 창조주 하나님이 왜 이 땅에 오셨는가를 바다 위를 밟고 걸어오시는 예수님을 통해서 말씀하고 있는 것입니다.

도대체 바다에 무엇이 있었길래 예수님이 바다를 밟고 오셨을까요?

> 계 13:1 내가 보니 바다에서 한 짐승이 나오는데 뿔이 열이요 머리가 일곱이라 그 뿔에는 열 왕관이 있고 그 머리들에는 신성 모독하는 이름들이 있더라

(쉬운말) 그때 나는 바다에서 짐승 한 마리가 올라오는 것을 보았습니다. 그 짐승은 열 개의 뿔과 일곱 개의 머리를 갖고 있었는데, 열 개의 뿔마다 각기 왕관을 쓰고 있고, 일곱 개의 머리마다 각기 하나님을 모독하는 이름들이 붙어 있었습니다.

바다에서 한 짐승이 나오는데 뿔이 열 개이고 머리가 일곱 개입니다. 더군다나 그 머리들에는 신성 모독하는 이름들이 붙어 있었습니다. 쉬운말 성경으로 풀어서 보면, 하나님을 모독하는 이름들이 붙어 있습니다. 그런 짐승을 세상에서 본 적이 있습니까? 없습니다. 이것은 사자나 호랑이, 곰과 같이 이 세상에서 볼 수 있는 짐승이 아닙니다.

계 13:4 용이 짐승에게 권세를 주므로 용에게 경배하며 짐승에게 경배하여 이르되 누가 이 짐승과 같으냐 누가 능히 이와 더불어 싸우리요 하더라

(쉬운말) 세상 사람들은 그 짐승에게 권세를 준 그 붉은 용에게 경배하고, 또한 그 짐승에게도 경배하며 말하기를 "이 짐승 같은 자가 누가 있으랴? 누가 감히 이 짐승과 맞서 싸울 수 있으랴?" 하였습니다.

요한계시록 13장을 계속해서 좀 더 읽어 내려가면 용이 짐승에게 권세를 주었다고 합니다. 하나님을 모독하는 짐승에게 권세를 준 이 붉은 용의 정체가 무엇일까요?

사 27:1 그날에 여호와께서 그의 견고하고 크고 강한 칼로 날랜 뱀 리워야단 곧 꼬불꼬불한 뱀 리워야단을 벌하시며 바다에 있는 용을 죽이시리라

(현대어) 그날에는 주께서 크고 무겁고 날카로운 칼을 빼어 들고 빨리 도망가는 뱀 리워야단을, 또아리를 틀고 대항하는 뱀 리워야단을, 바다에 사는 그 용을 쳐죽여 세상의 혼란을 제거하고 하나님 나라의 질서를 세우실 것이다.

(쉬운성경) 그날이 오면, 여호와께서 그 단단하고 날카로운 큰 칼로 행동이 재빠르고 구불구불한 모양의 뱀 리워야단을 벌하시고, 바다에 있는 용을 죽이실 것이다.

용이 어디에 있다고 말합니까? 바다에 있습니다. 하나님을 모독하는 짐승에게 권세를 준 붉은 용도 바다에 살고 있습니다. 하나님께서 바다에 있는 용, 바다에 살고 있는 용을 죽이시는 날이 오는데 그 용이 무엇입니까?

계 20:2 용을 잡으니 곧 옛 뱀이요 마귀요 사탄이라 잡아서 천 년 동안 결박하여

용을 잡고 보니 그 용이 바로 옛 뱀이요 마귀, 사탄입니다. 아담과 하와를 미혹하여 죄를 짓게 했던 그 옛 뱀, 사탄, 마귀가 바로 바다에 살고 있는 용입니다.
여자의 후손이 오셔서 뱀의 머리를 밟으시고, 하나님의 아들이

나타나셔서 마귀의 일을 멸하겠다고 말씀하셨는데, 지금 예수께서 용이 살고 있는 바다를 밟고 그 위로 걸어서 제자들에게 오시는 것입니다. 바다를 밟고 오셨다는 것은 뱀의 머리를 밟고, 사탄의 머리를 밟고 오셨다는 것을 뜻합니다.

그런데 누구도 이 사건이 무엇을 말하고 있는지 제대로 가르쳐 주는 사람이 없습니다. 저도 성령께서 이것을 깨닫게 해 주셨기에 말씀드리고 있는 것입니다. 예수님은 단순히 기적을 보여주신 것이 아닙니다. 예수님이 바다를 밟고 바다 위로 걸어서 오신 사건은, 예수께서 이 땅에 오신 이유를 보여주고 있는 것입니다. "여자의 후손이 뱀의 머리를 밟으리라!"는 구약의 말씀, "하나님의 아들이 나타나 마귀의 일을 멸하리라!"는 신약의 말씀을 지금 예수께서 바다를 밟고 바다 위로 걸어오심으로써 "보았느냐! 내가 이것을 위해 하나님의 아들로 이 세상에 왔노라!" 하고 몸소 보여주고 계신 것입니다.

> 마귀의 일을 멸하려고 뱀의 머리를 밟고, 바다를 밟고 왔노라!

요 12:31 이제 이 세상에 대한 심판이 이르렀으니 이 세상의 임금이 쫓겨나리라

(현대인) 지금은 이 세상이 심판받을 때이다. 이제 **이 세상 임금인 사탄은 쫓겨날 것이다.**

바다는 세상을 말합니다. 왜 세상의 임금인 사탄 마귀가 쫓겨날

02 _ 예수가 하나님의 아들이심을 믿는 자가 세상을 이긴다

까요? 사탄 마귀를 멸하시려고 예수님이 나타나셨기 때문입니다.

그렇다면 구체적으로 어떻게 여자의 후손이 뱀의 머리를 밟고, 어떻게 하나님의 아들이 마귀의 일을 멸하시는지 보겠습니다. 이 비밀을 풀기 위해서는 요한복음을 보아야 합니다.

♣ 하나님의 아들이 어떻게 뱀의 머리를 밟았는가?

> 요 3:14-15 모세가 광야에서 뱀을 든 것같이 인자도 들려야 하리니 이는 그를 믿는 자마다 영생을 얻게 하려 하심이니라

모세가 광야에서 뱀을 든 것같이 예수님도 들려야 한다고 말씀합니다. 모세가 광야에서 왜 뱀을 들었을까요? 그것은 불뱀에 물려 죽어 가는 이스라엘 백성들을 살리기 위한 것이었습니다. 약속의 땅 가나안을 향하여 출애굽한 이스라엘 백성들이 도중에 하나님을 믿지 못하고 원망과 불평하다가 불뱀에 물려 죽게 되었는데, 그때 모세의 기도를 들으신 하나님께서 놋뱀을 만들어 장대 끝에 매달아 이스라엘 백성들에게 보여주라고 말씀하십니다. 불뱀에 물렸어도 장대에 달린 놋뱀을 보는 자는 살아나리라는 것입니다. 그런데 바로 이와 똑같이 예수님도 들려야 한다고 예수님이 직접 말씀하십니다.

예수님도 들려야 한다는 것은 예수님이 십자가에 못 박혀야 함을 말씀하고 있는 것입니다. 모세가 이스라엘 백성들을 살리려고 뱀을 든 것같이, 예수님도 자기 백성을 살리기 위해서 십자가에 들려야 한다는 것입니다. '들려야' 한다는 것을 잘 기억해 두십시오.

> 요 12:32(현대인) 내가 땅에서 들리면 모든 사람을 이끌어 나에게

오게 하겠다.

예수님이 '들려야' 하는 진짜 이유가 바로 이것입니다. 모세가 이스라엘 백성들을 살리기 위해 광야에서 놋뱀을 든 것처럼 예수님도 자기 백성을 살리기 위해 들려야 하는데, 그 진짜 이유는 모든 사람을 이끌어 예수께로 오게 하기 위함이라는 것입니다.

'모든 사람'은 죄인을 말합니다. "모든 사람이 죄를 범하였으매 하나님의 영광에 이르지 못하더니"(롬 3:23)에서 말하는 그 모든 사람은 누구입니까? "죄를 짓는 자는 마귀에게 속하나니…"(요일 3:8)라고 하셨으니 죄를 짓고 마귀에게 속한 모든 사람, 마귀에게 속하여 마귀의 노예로 살다가 영원토록 불못과 사망에 던져질 수밖에 없었던 그 모든 사람을 이끌어 예수님께 오게 하겠다, 예수님이 구원하겠다는 것입니다. 이것이 예수께서 땅에서 '들려야' 하는 진짜 이유입니다. 할렐루야!

"내가 십자가에 들리면 모든 사람을 이끌어 나에게 오게 하겠다!"

모든 사람이 죄를 범하여서 하나님의 영광에 이르지 못했고, 죄를 짓는 자마다 마귀에게 속해서 지금까지 살아왔는데, 그 마귀의 일을 멸하기 위해 하나님의 아들이 나타나셔서 십자가에 들리심으로 마귀에게 속한 모든 사람을 예수께로 이끌어 구원하고 계신 것입니다. 이것이 보이십니까?

요 12:33 (현대인) 예수님은 자기가 어떤 죽음을 당할 것인가를 보여 주시기 위해서 이 말씀을 하셨다.

'내가 땅에서 들리면 모든 사람을 이끌어 나에게 오게 하겠다'(요 12:32)라는 말씀은 예수께서 왜 십자가에 죽으셔야 하는지, 예수님의 죽음이 어떠한 죽음인지를 우리에게 보여주려고 하신 말씀입니다. 예수님의 죽음이 어떠한 죽음입니까?

하나님의 말씀은 하나님의 말씀으로 풀어야 합니다. 성경으로 말하는 것이 진짜입니다.

> 골 2:15(현대인) 그리고 그리스도께서는 사탄의 권세를 짓밟아 십자가로 승리하셔서 그것을 사람들에게 보여주셨습니다.
>
> (현대어) 이렇게 해서 하나님께서는 여러분을 고발하는 사탄의 세력을 꺾어 버리셨습니다. 그리고 십자가 위에서 여러분의 모든 죄를 없애신 그리스도의 승리를 온 세상 사람들에게 보여주셨습니다.

예수께서는 십자가로 사탄의 권세를 짓밟아 승리하셨습니다. 그리고 그것을 온 세상 사람들에게 보여주신 것입니다. 예수님은 우리에게 마귀의 머리를 짓밟고 승리하신 예수 그리스도의 십자가를 보여주십니다. 바다를 밟고 걸어오시는 모습을 예수께서 제자들에게 보여주신 것에는 바로 이러한 의미가 담겨 있는 것입니다. 뱀의 머리를 밟으러 오시는 여자의 후손, 마귀의 일을 멸하려고 나타나신 하나님의 아들, 십자가에 들리심으로 사탄의 권세를 짓밟아 승리하실 그리스도께서 바로 바다를 밟고 바다 위로 걸어오고 계신 예수님 당신이심을 제자들에게 밝히 드러내 보여주고 계신 것입니다.

♣ 세상을 이기는 자

> 마 14:26-29 제자들이 그가 바다 위로 걸어오심을 보고 놀라 유령이라 하며 무서워하여 소리 지르거늘 예수께서 즉시 이르시되 안심하라 나니 두려워하지 말라 베드로가 대답하여 이르되 주여 만일 주님이시거든 나를 명하사 물 위로 오라 하소서 하니 오라 하시니 베드로가 배에서 내려 물 위로 걸어서 예수께로 가되

바다를 밟고 걸어오시는 예수님을 보면서 제자들이 처음에 무엇이라고 했습니까? 깜짝 놀라 무서워하며 "유령이다!" 하고 외쳤습니다. 그때 주님께서 말씀하십니다. "안심하라! 나니 두려워하지 말라!" 주님의 음성을 들은 베드로가 그제야 "만일 주님이시거든 나를 명하사 물 위로 오라 하소서" 하고 간청합니다. 그리고 주님이 "오라!"고 명령하시니 베드로가 물 위로 걸어서 예수께로 갑니다. 성경은 이 사건을 통해 무엇을 말하고자 하는 것일까요?

베드로가 바다 위로 걸어서 예수께로 간 것은, 예수께서 하나님의 아들이심을 믿는다면 우리도 뱀의 머리를 짓밟고 승리할 수 있다는 것을 보여주는 것입니다. 예수께서 하나님의 아들이심을 믿는 자가 세상을 이깁니다(요일 5:5). 복음을 알지 못하는 사람들은 그저 물 위로 걸었다는 기적의 이야기로 이 사건을 봅니다. 그러나 이 사건에는 이처럼 놀라운 복음의 비밀이 담겨 있습니다. 복음을 알아야 말씀의 비밀이 풀립니다. 성경의 모든 사건은 아무런 의미 없이 기록된 것이 하나도 없습니다.

> 요 20:31 오직 이것을 기록함은 너희로 예수께서 하나님의 아들 그

리스도이심을 믿게 하려 함이요 또 너희로 믿고 그 이름을 힘입어 생명을 얻게 하려 함이니라

    성경을 기록한 목적은 예수께서 하나님의 아들 그리스도이심을 믿게 하려는 것입니다. 마태복음에 예수께서 바다를 밟고 바다 위로 걸어오신 사건을 기록한 이유도 역시 예수께서 뱀의 머리를 밟고 오신 하나님의 아들이심을 믿게 하려고 기록된 것입니다. 예수께서 십자가에 들리심으로 불뱀에 물린 모든 사람, 마귀에게 속하여 마귀의 종으로 살고 있던 모든 사람을 다 예수께로 이끄셨습니다. 이것을 마태복음의 사건을 통해 미리 보여주신 것입니다.

    그래서 '보이는 눈'과 '보지 못하는 눈'을 가진 사람은 다릅니다. 바다를 밟고 바다 위로 걸어오신 예수님을 베드로에게 보게 하셨던 하나님이, 우리에게도 뱀의 머리를 밟고 오신 여자의 후손, 마귀의 일을 멸하려고 나타나신 하나님의 아들, 십자가로 사탄의 권세를 짓밟고 승리하신 예수 그리스도를 보여주십니다. 이것을 보는 사람이 구원받는 것입니다. 보지 못하는 사람들은 예수님을 유령으로 알지만, 보는 사람들은 예수께서 하나님의 아들이심을 믿고 바다를 밟고 예수께로 나아갑니다. 예수께서 뱀의 머리를 밟고 오신 하나님의 아들이심을 믿는 자들은 누구나 예수님처럼 뱀의 머리를 밟고, 마귀의 일을 멸하고, 세상을 이기고 사는 것입니다.

> 행 10:38 하나님이 나사렛 예수에게 성령과 능력을 기름 붓듯 하셨으매 그가 두루 다니시며 선한 일을 행하시고 마귀에게 눌린 모든 사람을 고치셨으니 이는 하나님이 함께하셨음이라

예수님이 이 땅에 오셔서 마귀에게 눌린 모든 사람을 고치셨습니다. 예수께서 십자가를 통해서 사탄의 권세를 짓밟고 승리하신 것을 온 세상 사람들에게 보여주심으로써 그들을 고치시고 모든 사람을 예수께로 이끄신 것입니다. 이것을 볼 수 있어야 합니다. 볼 수 있는 사람이 구원받는 것입니다. 볼 수 없는 사람들은 마귀의 종이 되어서 평생 보지 못하고 살아갑니다. 세상의 근심과 걱정, 염려로 인하여 마귀에게 눌려 마귀의 종으로 살아갑니다. 마귀는 그렇게 우리 안에서 왕 노릇 하면서 우리를 세상에 묶어 놓고, 세상의 종으로 끌고 다니는 것입니다.

마귀는 창세기부터 지금까지 똑같은 것을 가지고 똑같은 방법으로 똑같이 일합니다. 무엇을 가지고 일할까요? 그것은 바로 육신의 생각, '자기 생각'입니다. 아담과 하와가 선악과를 따먹은 것은 하나님 생각입니까, 자기 생각입니까? 자기 생각입니다. 그 결과 인류에게 죽음이 찾아오게 되었습니다. 육신의 생각은 사망이기 때문입니다(롬 8:6). 그런데 이 땅에 살고 있는 사람들은 아담 이후로 모두 육신의 생각, 자기 생각에 결박되어 살아갑니다. 하나님이 은혜로 그 생각을 붙들어 주시지 않는다면 한 사람도 예외가 없는 것입니다.

내가 지금 하고 있는 생각의 끝이 어디인지 볼 수 있어야 합니다. 내 생각의 끝은 어디를 향하고 있습니까? 잘못된 생각이 교회를 떠나게 만들고, 가정을 파탄으로 몰아갑니다. 남을 속이고 거짓된 모습으로 살아가는 것은 하나님이 주시는 생각으로 사는 것이 아닙니다. 예수를 믿는 우리의 생각은 그 끝이 하늘에 있는 새 예루살렘을 향해 있어야 합니다. 영적인 가나안을 향해 있어야 합니다.

보지 못하는 눈을 가진 사람은 언제나 마귀에게 눌려 살지만, 십자가에서 사탄의 권세를 짓밟고 승리하신 하나님의 아들 예수, 마귀의 일을 멸하신 예수, 뱀의 머리를 밟으신 예수를 보는 사람들은 마귀의 종살이에서, 세상의 욕망에서 벗어나 예수와 함께 새 예루살렘을 향하며 삽니다. 온 세상 사람들에게 보여주셨다고 말씀했는데 왜 보지 못하는 것입니까?

> 마 14:33 배에 있는 사람들이 예수께 절하며 이르되 진실로 하나님의 아들이로소이다 하더라

예수께서 바다 위로 걸어오시는 것을 본 사람들은 예수께서 하나님의 아들이심을 깨닫고 고백했습니다. 이것이 마태복음 14장에 기록된 예수께서 바다 위로 걸어오시는 사건의 결론입니다.

> 요일 5:5 예수께서 하나님의 아들이심을 믿는 자가 아니면 세상을 이기는 자가 누구냐

신앙생활은 예수께서 하나님의 아들이심을 믿고 바다를 밟으며 예수께로 걸어가는 것입니다. "빛이 있으라!" 하고 말씀하셨던 그 하나님이 마지막 때에는 아들을 통해서 말씀하십니다. 그 아들은 만물의 주인이요 천지를 창조하신 창조주 하나님입니다. 그러므로 이 아들이 우리 안에 있으면 다 되는 것입니다. 십자가로 사탄의 권세를 짓밟고 승리하신 것을 우리에게 보여주신 하나님의 아들 예수가 우리 안에

> 예수께서 하나님의 아들이심을 믿고 바다를 밟으며 예수께로 걸어가라!

있으면, 우리도 뱀의 머리를 밟고, 사탄의 권세를 짓밟고, 세상을 이기고 나아가는 것입니다. 그래서 성령이 우리 안에 있어야 합니다.

> 롬 8:14 무릇 하나님의 영으로 인도함을 받는 사람은 곧 하나님의 아들이라

하나님의 영 곧 성령으로 인도함을 받는 사람은 하나님의 아들입니다. 성령께서 하나님의 아들이 우리 안에 있다는 것을 증거해 주셔서 우리로 하여금 그것을 믿고 하나님의 아들로 살게 하십니다. 하나님의 아들이 우리 안에 있기 때문에 우리도 마귀의 머리를 짓밟고, 바다를 밟고 만물의 주인이 되어 걸어가는 것입니다. 할렐루야!

03
마지막 때는 아들을 통해 말씀하신다

히브리서 1장

히 1:1-2 옛적에 선지자들을 통하여 여러 부분과 여러 모양으로 우리 조상들에게 말씀하신 하나님이 이 모든 날 마지막에는 아들을 통하여 우리에게 말씀하셨으니 이 아들을 만유의 상속자로 세우시고 또 그로 말미암아 모든 세계를 지으셨느니라

(현대인) 옛날 하나님께서는 예언자들을 통하여 여러 가지 방법으로 수없이 우리 조상들에게 말씀하셨습니다. 그러나 이 마지막 때에는 아들을 통해 우리에게 말씀해 주셨습니다. 하나님은 그 아들을 모든 것의 상속자로 삼으시고 또 아들을 통해 우주를 창조하셨습니다.

하나님께서 마지막 때에는 '아들'을 통해 말씀하시겠다고 했는데, 왜 아들의 음성을 들어야 하는지, 아들의 음성을 어떻게 듣는 것인지 말씀을 통해 하나님께서 주시는 큰 은혜가 있기를 바랍니다.

히 9:15 이로 말미암아 그는 새 언약의 중보자시니 이는 첫 언약 때에 범한 죄에서 속량하려고 죽으사 부르심을 입은 자로 하여금 영원한 기업의 약속을 얻게 하려 하심이라

(쉬운말) 이런 이유에서, 그리스도께서는 새 언약의 중재자이십니다. 그분께서는 첫 번째 언약 아래에서 우리가 저지른 모든 죄에서 사람들을 구원해 내시려고, 자기 자신을 대속의 제물로 바쳐 십자가에 죽으셨습니다. 그리하여 하나님께 부르심을 받은 모든 사람들로 하여금 약속된 영원한 유업을 물려받게 하셨습니다.

(쉬운성경) 그러므로 그리스도께서 새 언약의 중보자가 되셨습니다. 이제 하나님께 부르심을 받은 자들은 하나님께서 약속하신 영원한 복을 받을 수 있게 되었습니다. 옛 언약 아래에서 살던 사람들을 죄로부터 자유롭게 하기 위하여 그리스도께서 죽으셨기 때문에, 사람들이 그 축복을 누릴 수 있게 된 것입니다.

(현대어) 그리스도께서는 이처럼 새로운 계약을 가지고 오셨습니다. 그리고 옛 제도 아래서 범한 죄의 형벌에서 인간을 구원하려고 죽으셨기 때문에 그분에게 초청받은 사람들은 모두 하나님께서 약속하신 놀라운 복을 영원히 받을 수 있게 될 것입니다.

이 말씀은 히브리서 전체를 강해하는 데 가장 핵심적인 구절입니다. 성경은 '아들'을 '새 언약의 중보자'라고 말합니다. '새 언약'이라고 말하는 것은 '옛 언약'도 있었다는 뜻입니다. 새 언약의 중보자로 오신 아들 예수님은 첫 언약, 첫 번째 언약, 옛 언약 아래에서 우리가

저지른 모든 죄로부터 우리를 구원하려고 십자가에 죽으셨습니다. 첫 언약, 첫 번째 언약, 옛 언약, 옛 제도는 모두 같은 말이고 이것은 '율법'을 뜻합니다. 왜 갑자기 '새 언약'과 '옛 언약'을 이야기하고 있는가 하면, 이것을 알아야 히브리서 1장 1-2절의 말씀을 풀어갈 수 있기 때문입니다.

현대어 성경을 보면 그리스도께서 '새로운 계약'을 가지고 오셨다고 말씀합니다. '새로운 계약'이 바로 '새 언약'입니다. 하나님과 내가 언약을 맺었다는 것은 '하나님은 나의 하나님이고, 나는 하나님의 백성'이라는 뜻입니다. 그런데 옛 언약으로는 이러한 관계가 유지될 수 없었습니다. 하나님의 백성이라면 마땅히 하나님의 말씀에 순종해야 하는데, 타락한 육신으로는 하나님의 말씀에 순종할 수 없었기 때문입니다. 그래서 하나님께서 하나님의 백성과 새로운 계약을 맺기로 결심하시고 이 새로운 계약 곧 새 언약을 아들 예수님에게 주셔서, 예수님이 새 언약의 중보자로 이 땅에 오신 것입니다. 예수님이 오신 이후로부터는 죄로 인해 끊어졌던 하나님과 나와의 관계가 예수께서 가져오신 새 언약으로 다시 새롭게 이어지게 되었습니다.

'옛 언약'과 '새 언약'이 있다는 것을 깨달았다면 다시 히브리서 1장으로 돌아가겠습니다.

히 1:1-2 옛적에 선지자들을 통하여 여러 부분과 여러 모양으로 우리 조상들에게 말씀하신 하나님이 이 모든 날 마지막에는 아들을 통하여 우리에게 말씀하셨으니 이 아들을 만유의 상속자로 세우시고 또 그로 말미암아 모든 세계를 지으셨느니라 이 말씀을 통해 '옛 언약'과 '새 언약'이 보이십니까? 옛적에는 선지자들을 통하여 하나님께서 우리 조상들에게 말씀하셨는데, 그것이 '옛 언약'입니다. 그리고 마지막 때에는 아들을 통하여 우리에게 말씀하시는데, 그것이 바로 '새 언약'입니다. 사람을 통해 말씀하신 '옛 언약'과 아들을 통해 말씀하시는 '새 언약'을 조금 더 구체적으로 살펴보도록 하겠습니다.

> 사람을 통해 말씀하시는 것이 옛 언약, 아들을 통해 말씀하시는 것이 새 언약입니다.

🍀 두 가지 말씀

신 5:4-5 여호와께서 산 위 불 가운데서 너희와 대면하여 말씀하시매 그때에 너희가 불을 두려워하여 산에 오르지 못하므로 **내가 여호와와 너희 중간에 서서 여호와의 말씀을 너희에게 전하였노라** 여호와께서 이르시되

(쉬운말) 주께서는 호렙산의 불길 속에서 여러분과 직접 대면하여 말씀하셨습니다. 그러나 여러분은 그 불길이 무서워서 산으로 올라가지 못했습니다. 그래서 **내가 주와 여러분 사이에 서서, 주의 말씀을 여러분에게 전달했습니다.** 그때 주께서 말씀하셨습니다.

호렙산은 시내산을 말합니다. 시내산에서 이스라엘 백성들이 율법, 십계명을 받았는데 그것이 바로 첫 번째 언약, 옛 언약입니다. 첫 번째 언약은 하나님께서 돌판에 하나님의 말씀을 기록하여 문자

로 기록된 그 말씀을 사람을 통해 하나님의 백성에게 전해 준 것입니다. 모세가 하나님과 하나님의 백성 사이에 서서 하나님의 말씀을 전달했던 것이 "옛적에 선지자들을 통하여 여러 부분과 여러 모양으로 우리 조상들에게 말씀하신 하나님이"와 같은 옛 언약, 첫 번째 언약을 말합니다. 그런데 마지막 때, 예수님이 오시고 난 이후부터는 하나님이 사람을 통해서 말씀하시지 않고 '아들'을 통해서 말씀해 주십니다. 이것이 바로 '새 언약'입니다.

> 신 5:24-27 말하되 우리 하나님 여호와께서 그의 영광과 위엄을 우리에게 보이시매 불 가운데에서 나오는 음성을 우리가 들었고 하나님이 사람과 말씀하시되 그 사람이 생존하는 것을 오늘 우리가 보았나이다 이제 우리가 죽을 까닭이 무엇이니이까 이 큰 불이 우리를 삼킬 것이요 만일 우리가 우리 하나님 여호와의 음성을 다시 들으면 죽을 것이라 육신을 가진 자로서 우리처럼 살아 계시는 하나님의 음성이 불 가운데에서 발함을 듣고 생존한 자가 누구니이까 당신은 가까이 나아가서 우리 하나님 여호와께서 하시는 말씀을 다 듣고 우리 하나님 여호와께서 당신에게 이르시는 것을 다 우리에게 전하소서 우리가 듣고 행하겠나이다 하였느니라

하나님께서 시내산에 임하여 말씀하셨을 때 이스라엘 백성들이 그 음성을 듣고 죽을까 봐 두려워하여 모세에게 대신 가서 하나님의 말씀을 듣고 전해달라고 간청했습니다. 그러면 모세를 통해서 전하신 하나님의 말씀을 듣고 행하겠다는 것입니다. 이처럼 모세와 같은 사람이 중간에 서서 하나님의 말씀을 그 백성에게 전하여 그 말씀을 듣고 행하게 했던 것이 첫 번째 언약, 율법입니다.

그런데 옛날에는 사람을 통해 말씀하셨던 하나님이 왜 마지막 때에는 아들을 통하여 말씀하실까요?

히 7:28 율법은 약점을 가진 사람들을 제사장으로 세웠거니와 율법 후에 하신 맹세의 말씀은 영원히 온전하게 되신 아들을 세우셨느니라

율법, 옛 언약, 첫 언약, 첫 번째 언약에서는 약점을 가진 사람을 제사장으로 세웠습니다. 하나님의 말씀을 대언하는 사람이 완벽한 사람이 아니라 약점을 가졌다는 뜻입니다. 그 약점이 무엇일까요? 모든 사람에겐 죄가 있습니다. 죄가 있기 때문에 완벽한 사람이 아닙니다. 제사장이 아무리 말씀을 잘 가르친다고 할지라도 그 말씀을 듣는 사람들을 말씀대로 살게 만들지는 못합니다. 그리고 말씀을 가르치는 사람 또한 말씀대로 살지 못합니다. 이것이 바로 "율법은 약점을 가진 사람들을 제사장으로 세웠거니와"의 의미입니다.

히 8:7 저 첫 언약이 무흠하였더라면 둘째 것을 요구할 일이 없었으려니와

첫 언약, 옛 언약, 문자로 기록된 하나님의 말씀을 약점이 있는 사람이 가르쳐서 지키게 했던 율법에 흠이 있었기 때문에 두 번째 언약, 새 언약이 필요하게 되었습니다. 우리의 모습을 보면 알 수 있습니다. 왜 수십 년 동안 교회를 다녔음에도 불구하고 하나도 변화되지 않은 모습으로 신앙생활을 하고 있을까요? 저는 목회를 하면서 목사가 강대상에서 말씀을 전할 때는 두 손 들고 "아멘! 아멘!" 하고 큰 소리로 외치면서 이런 말씀 처음 들어봤다고, 말씀이 너무 은혜

롭다고 입에 침이 마르도록 칭찬했던 사람들이 조금만 감정이 상하면 교회를 떠나는 것을 너무도 많이 보았습니다.

목사가 아무리 훌륭하게 말씀을 잘 전해도 목사도 사람입니다. 가까이에서 보면 다 약점이 있고 흠이 있기 마련입니다. 그런데 "목사님이 그럴 줄 몰랐다, 어떻게 목사님이 나에게 이럴 수가 있느냐!" 하면서 시험에 듭니다. 또 여러 해 말씀을 듣고 말씀에 대한 지식이 쌓이면, 어느 날 은혜가 안 된다며 은혜롭다는 다른 목사를 찾아 떠나갑니다. 하지만 얼마나 은혜로운 목사님을 좇아가든지 사람은 다 마찬가지입니다. 말씀을 통해 성경에 대한 지식을 넓히고 몰랐던 것을 알게 할 수는 있지만, 그 목사도 흠이 있고, 결국 사람이 전하는 말씀은 나를 변화시킬 수는 없는 것입니다. 저도 말씀을 열심히 가르치지만, 누군가 "목사님은 말씀대로 다 삽니까?" 하고 물어본다면 할 말이 없을 것입니다. 목사가 가르치는 것은 말씀대로 살게 하려는 것이 아니라, 성도들을 예수께로 인도하기 위한 것입니다. 하나님의 아들 예수의 음성을 듣고 살게 하려는 것입니다.

히브리서 1장 1-2절의 말씀을 조금 더 풀어서 설명하자면 **"옛적에는 하나님이 선지자와 예언자와 같은 사람을 통해서 우리 조상들에게 말씀하셨으나, 이것이 흠이 있었기 때문에 마지막 때에는 아들을 통해서 우리에게 말씀하신다"**라고 할 수 있는데, 이것이 바로 '새 언약'을 말하는 것입니다. 마지막 때에는 새 언약으로 살게 하신다는 뜻입니다.

> 사람이 전하는 말씀은 나를 변화시킬 수 없기에 아들을 통해 말씀하십니다.

> **갈 4:24** 이것은 비유니 **이 여자들은 두 언약이라** 하나는 시내산으로부터 종을 낳은 자니 곧 하갈이라

성경은 두 가지 언약만을 말합니다. 첫 언약과 두 번째 언약, 옛 언약과 새 언약, 율법과 복음입니다. 첫 언약, 옛 언약, 율법은 모두 같은 말이고 두 번째 언약, 새 언약, 복음도 모두 같은 말입니다. 같은 뜻이지만 표현을 다르게 했을 뿐입니다.

> **눅 16:16** **율법과 선지자는 요한의 때까지요 그 후부터는 하나님 나라의 복음이 전파되어** 사람마다 그리로 침입하느니라

'율법과 선지자는 요한의 때까지'라고 말씀하는데, 이것이 정확하게 무엇을 의미하는지 알지 못하는 사람들이 교회를 오래 다닌 사람 중에도 많습니다. '율법' 곧 문자로 기록된 말씀을 '선지자' 곧 사람을 통해서 전해 듣고 말씀을 지켰던 것은 요한의 때까지로 끝났습니다. 이 말씀은 히브리서 1장 1절의 "옛적에 선지자들을 통하여 여러 부분과 여러 모양으로 우리 조상들에게 말씀하신 하나님이"와 같은 뜻입니다. 왜 요한의 때까지로 끝났느냐 하면, 그 후부터는 하나님 나라의 '복음'이 전파되어 그리로 들어가게 하시려고, 다시 말하면 아들이 오셔서 말씀하시는 그 말씀을 듣게 하시려고 그런 것입니다. 할렐루야!

'언약'은 하나님의 말씀입니다. 옛 언약과 새 언약의 가장 큰 차이는 첫째, 누구를 통해서 말씀을 전하느냐 하는 것입니다. 하나님의 말씀을 '사람'을 통해서 가르쳐 지키도록 한 것이 '옛 언약'이고, '아들'을 보내어 직접 '아들'을 통해서 말씀하시는 것이 '새 언약'입니다.

아들이 어디에 계십니까? 우리 안에 계십니다. 이제 아들을 우리 안에 주셔서 날마다 우리 안에 계신 아들의 음성을 듣고 살게 하시겠다고 약속하신 것이 새 언약입니다.

> 고후 3:3 너희는 우리로 말미암아 나타난 그리스도의 편지니 이는 먹으로 쓴 것이 아니요 오직 살아 계신 하나님의 영으로 쓴 것이며 또 돌판에 쓴 것이 아니요 오직 육의 마음판에 쓴 것이라

> 고후 3:6 그가 또한 우리를 새 언약의 일꾼 되기에 만족하게 하셨으니 율법 조문으로 하지 아니하고 오직 영으로 함이니 율법 조문은 죽이는 것이요 영은 살리는 것이니라

말씀을 돌판에 쓴 것이 옛 언약 곧 율법이고, 육의 마음판에 하나님의 영 곧 성령으로 쓴 것이 새 언약입니다. 율법 조문의 '조문'은 문자로 기록된 것을 뜻합니다. 율법 조문으로 하지 않았다는 것은 첫 번째 언약으로 새 언약의 일꾼이 된 것이 아니라는 말입니다. 돌판에 문자로 기록된 말씀을 사람이 가르쳐서 우리가 새 언약의 일꾼이 된 것이 아니고, 성령께서 말씀을 우리 마음 판에 기록하여 우리가 새 언약의 일꾼이 된 것입니다. 그렇다면 왜 말씀을 마음에 기록할까요?

> 신 30:14 오직 그 말씀이 네게 매우 가까워서 네 입에 있으며 네 마음에 있은즉 네가 이를 행할 수 있느니라

말씀이 마음에 있으면 말씀대로 행할 수 있습니다. 죄는, 말씀대

로 살지 않는 것이 죄입니다. 육신으로 태어난 우리는 마귀에게 속하여 처음부터 그 마음과 생각이 부패했습니다(요 8:44; 요일 3:8; 렘 17:9). 육신의 생각은 사망이요(롬 8:6), 육신의 마음은 악이 가득한 미친 마음입니다(전 9:3). 죄인으로 태어나서 죄를 짓고 살다가 죄의 값으로 죽을 수밖에 없는 것이 인생입니다. 그런데 하나님의 아들 예수께서 새 언약을 가지고 오신 것입니다. 새 언약은 하나님의 말씀을 마음에 기록해 주셔서 말씀대로 살게 해 주시겠다는 약속입니다. 우리는 아무리 노력해도 말씀대로 살 수 없습니다. 그런데 말씀을 마음에 기록해 주시면 말씀대로 행할 수 있는 것입니다.

목사가 아무리 강대상에서 "사랑하라!", "용서하라!"고 말해도 용서가 안 됩니다. 머리로는 용서해야 한다는 것을 알지만 용서할 마음이 되지 않습니다. 이것이 첫 언약의 흠입니다. 그런데 성령 하나님이 마음에 "용서하라!"고 써주시면 용서의 마음이 됩니다. 우리 안에 계신 아들은 "빛이 있으라!"고 말씀하시니 그대로 되었던 그 하나님입니다. 하나님이 말씀하시면 그대로 이루어지는 것입니다. 아무리 노력해도 용서가 안 되지만, 하나님이 용서하라고 마음에 써주시면 저절로 용서가 이루어집니다. 이것이 위대한 하나님의 능력, 복음의 능력입니다.

말씀을 마음에 기록해 주시는 것이 곧 아들의 음성입니다. 사람의 말은 육신의 귀로 들어가서 육신의 생각 속에 지식으로 자리 잡습니다. 그러나 지식은 사람을 교만하게 할 뿐이며(고전 8:1) 그 생각의 끝은 사망입니다. 그래서 유명한 지식인들이 자살로 생을 마감하는 경우가 많고, 사람의 지식으로 문명을 발전시키지만 지구는 점점 병들어 파멸을 향해 달려가고 있는 것입니다. 하지만 아들의 음성은 마음으로 듣습니다. 천지 만물을 말씀으로 지으신 하나님의 아들 예수께서 우리 마음에서 말씀하시니까 그 말씀이 곧 마음이 되는 것입니다. 사랑과 용서가 저절로 이루어지는 것입니다. 그래서 우리를 사랑하시는 하나님께서 마지막 때에는 새 언약으로, 하나님의 아들을 통해서만 말씀하십니다.

❦ 두 가지 제사

> 레 17:11 육체의 생명은 피에 있음이라 내가 이 피를 너희에게 주어 제단에 뿌려 너희의 생명을 위하여 속죄하게 하였나니 생명이 피에 있으므로 피가 죄를 속하느니라

'언약'은 '계약'이고 하나님과 나 사이에 관계가 맺어졌다는 뜻입니다. 하나님 앞에 나아갈 수 있게 되었다는 뜻입니다. 하나님 앞에 나아가는 것이 예배입니다. 옛 언약과 새 언약의 두 번째 차이점은 이 관계가 누구의 피로 맺어졌는가 하는 것입니다.

> 하나님 앞에 나아가기 위해서는 죄의 문제가 해결되어야 합니다.

우리가 어떻게 하나님 앞에 나아갈 수 있게 되었을까요? 죄가 있으면 하나님께 나아갈 수 없으므로 먼저 죄의 문제가 해결되어야 합니다. 그래서 옛날에는 짐승의 피를 흘려 하나님께 나아갔습니다. 피가 죄를 속하기 때문입니다.

> 히 9:22 율법을 따라 거의 모든 물건이 피로써 정결하게 되나니 피 흘림이 없은즉 사함이 없느니라

죄는 피로 씻는 것입니다. 피흘림이 없으면 죄 사함이 없습니다.

히 10:1-4 율법은 장차 올 좋은 일의 그림자일 뿐이요 참 형상이 아니므로 해마다 늘 드리는 같은 제사로는 나아오는 자들을 언제나 온전하게 할 수 없느니라 그렇지 아니하면 섬기는 자들이 단번에 정결하게 되어 다시 죄를 깨닫는 일이 없으리니 어찌 제사 드리는 일을 그치지 아니하였으리요 그러나 이 제사들에는 해마다 죄를 기억하게 하는 것이 있나니 이는 황소와 염소의 피가 능히 죄를 없이 하지 못함이라

첫 번째 언약에서는 제사를 드릴 때 짐승의 피를 사용해서 우리의 죄를 씻고 하나님께 나아갔습니다. 그런데 짐승의 피가 우리의 죄 문제를 완전히 해결할 수 없었기에 해마다 짐승을 잡아서 드리는 제사를 반복해야 했고, 짐승이 피를 흘릴 때마다 내가 저질렀던 죄를 또다시 떠올려야 했습니다. 짐승의 피로 드리는 제사는 내 죄를 생각나게 할 뿐이었습니다.

히 9:12 염소와 송아지의 피로 하지 아니하고 오직 자기의 피로 영원한 속죄를 이루사 단번에 성소에 들어가셨느니라

두 번째 새 언약은 짐승의 피가 아니라 아들 예수의 피로 영원한 속죄를 이루어 영원토록 하나님 앞에 나아갈 수 있게 하신 것입니다.

옛 언약과 새 언약의 차이에 관해서는 이 두 가지를 꼭 기억해야 합니다. '말씀'과 '제사'입니다. 두 언약 모두 말씀으로 맺어지지만, 같은 말씀이 아닙니다. 두 언약 모두 제사로 하나님 앞에 나아가지만,

같은 제사가 아닙니다. 새 언약의 말씀은 '아들의 음성'입니다. 그리고 새 언약의 제사는 '예수의 피'로 드리는 제사입니다. 예수의 피가 왜 그렇게 중요할까요?

> 눅 22:20 저녁 먹은 후에 잔도 그와 같이 하여 이르시되 이 잔은 내 피로 세우는 새 언약이니 곧 너희를 위하여 붓는 것이라

'예수'는 '예수의 피'를 떼어놓고 말할 수 없고, '예수의 피'는 '새 언약'을 떼어놓고 말할 수 없습니다. '예수의 피'는 '새 언약을 세우기 위한 피'입니다. 이것을 성경이 아주 분명하게 말하고 있음에도 예수의 피를 말하면서 새 언약을 말하지 않습니다. 예수님은 아무런 이유나 목적 없이 피를 흘리신 것이 아닙니다. 예수님이 피를 흘리신 분명한 목적이 있었는데, 그것은 바로 새 언약을 세우기 위한 것이었습니다.

> 마 26:28(쉬운말) 이것은 새 언약을 표시하는 나의 피다. 곧 많은 사람의 죄를 용서하기 위하여 흘리는 나의 피다.

예수님의 피는 새 언약을 표시하는 피입니다. 성경을 짜고 짜면 예수의 피가 나오는데, 예수의 피는 새 언약을 나타내고 있습니다.

> 막 14:24(쉬운말) 그런 뒤, 예수께서 제자들에게 말씀하셨다. "이 잔은 내 피다. 곧 모든 사람을 위하여 흘리는 새 언약의 피다."

"내 피는 새 언약의 피다!" 이것은 예수님이 직접 하신 말씀입니다. 예수님의 피가 얼마나 중요합니까? 예수의 피로 우리는 영원히 속죄

함을 받고 영원한 구원을 얻습니다. 예수의 피로 언제라도 담대하게 하나님 앞에 나아가 예배하는 자가 됩니다. 예수의 피로 죄 씻음을 받고 하나님의 자녀가 됩니다. 그런데 이렇게 중요한 예수님의 피가 바로 '새 언약'을 가리키고 있는 것입니다.

> 예수의 피로 죄를 씻고 하나님 앞에 나아가게 하신 것이 새 언약입니다.

> 고후 4:3-4 만일 우리의 **복음이 가리었으면 망하는 자들에게 가리어진 것이라** 그중에 **이 세상의 신이** 믿지 아니하는 자들의 마음을 혼미하게 하여 그리스도의 영광의 **복음의 광채가 비치지 못하게 함이니** 그리스도는 하나님의 형상이니라

성경 전체는 아들 예수의 피를 말하고, 예수의 피는 새 언약을 가리키고 있는데 이렇게 중요한 새 언약을 왜 한국 교회에서 말하지 않을까요? 예수 피로 세운 새 언약의 진짜 복음을 마귀가 가리고 있기 때문입니다.

☘ 아들의 음성

> 히 1:1-2 옛적에 선지자들을 통하여 여러 부분과 여러 모양으로 우리 조상들에게 말씀하신 하나님이 이 모든 날 **마지막에는 아들을 통하여 우리에게 말씀하셨으니** 이 아들을 만유의 상속자로 세우시고 또 그로 말미암아 모든 세계를 지으셨느니라

이제는 아들의 음성을 들어야 합니다. 하나님께서는 예수 믿는

모든 사람, 예수 피로 세운 새 언약을 믿는 모든 사람에게 아들을 주십니다. 이것이 바로 새 언약입니다. 우리를 새 언약의 일꾼으로 살게 하시려고 우리 안에 아들을 주시는 것입니다. 아들이 와야 새 언약이 이루어집니다. 아들은 새 언약을 가지고 오신 분입니다.

하나님은 인격적인 분이십니다. 아들이 아니면 안 된다고 간절히 아들을 원할 때 우리에게 아들을 주십니다. 진정으로 아들을 사모하고 원할 때 아들이 내 안에 오십니다. 그런데 문제는 정말로 애통하면서 아들을 구하는 사람이 없다는 것입니다. 한 번만이라도 아들을 구하며 하나님 앞에 간절한 눈물을 흘려본 적이 있습니까? 아들이 없다면 차라리 죽는 것이 낫다고 하나님 앞에 매달려 본 적이 있습니까? 하나님은 아무 이유 없이 아들을 이 땅에 보내신 것이 아니라 아들을 내게 주셔서 아들과 동행하며 함께 살도록, 아들을 통해 말씀하시는 그 말씀을 듣고 천국까지 갈 수 있도록 이끌어 주시려고 아들을 이 땅에 보내신 것입니다. 그러므로 간절히 사모하는 자에게 반드시 아들을 주십니다.

요 5:24-25 내가 진실로 진실로 너희에게 이르노니 내 말을 듣고 또 나 보내신 이를 믿는 자는 영생을 얻었고 심판에 이르지 아니하나니 사망에서 생명으로 옮겼느니라 진실로 진실로 너희에게 이르노니 **죽은 자들이 하나님의 아들의 음성을 들을 때가 오나니 곧 이때라 듣는 자는 살아나리라**

요 5:28 이를 놀랍게 여기지 말라 **무덤 속에 있는 자가 다 그의 음성을 들을 때가 오나니**

여기에서 '죽은 자들'은 '무덤 속에 있는 자'와는 다릅니다. 죽은 자는 죄로 인해 하나님과의 관계가 단절된 자들을 뜻합니다. 아직 사망에서 생명으로 옮겨지지 않은 자들을 말합니다. 그들이 하나님의 아들의 음성을 들을 때가 오는데, 듣는 자는 살아납니다. 새 언약을 가져오신 아들의 음성을 들으면 하나님과 끊어졌던 관계가 새 언약으로 다시 회복되는 것입니다.

그렇다면 죽은 자들에게 가장 먼저 들리는 아들의 음성이 무엇일까요?

> 막 2:17 예수께서 들으시고 그들에게 이르시되 건강한 자에게는 의사가 쓸 데 없고 병든 자에게라야 쓸 데 있느니라 나는 의인을 부르러 온 것이 아니요 죄인을 부르러 왔노라 하시니라

하나님의 음성을 듣는다고 하면 무슨 신비한 음성을 듣는다고 생각하는 사람들이 있습니다. 기도하다가 신령한 하나님의 음성을 들었다고 말하는 사람들을 조심해야 합니다. 대부분 거짓말이고 가짜입니다. 예수님이 오신 이후부터는 하나님께서 반드시 아들을 통해 말씀하시겠다고 약속하셨습니다. 그러므로 죄로 인해 하나님과의 관계가 단절되었던 우리가 가장 먼저 듣는 하나님의 음성은 아들을 통해 듣는 음성이고, 그 아들은 죄에서 우리를 구원하러 오셨기 때문에 아들의 음성은 죄인을 불러 구원하고 살리려는 음성입니다.

"나는 의인을 부르러 온 것이 아니요 죄인을 부르러 왔노라!" 이것

> "나는 의인을 부르러 온 것이 아니요 죄인을 부르러 왔노라!"

03 _ 마지막 때는 아들을 통해 말씀하신다

이 죄인인 우리가 가장 먼저 듣게 되는 하나님의 음성입니다. 이 아들의 음성을 듣는 자가 살아나는 것입니다. 이 음성 외에 다른 음성을 들었다는 사람들은 다 거짓말을 하는 것입니다. 왜냐하면 죄가 하나님과 나 사이를 가로막았기 때문에 다른 음성을 들을 수가 없는 것입니다.

죄인을 부르러 오신 주님의 음성은 세상의 어둠에 갇혀 있던 나, 흑암 속에 있던 나에게 빛으로 임합니다. 예수님은 "나는 세상의 빛이라!"(요 8:12)고 말씀하셨습니다. 주님의 음성이 빛입니다. 주님의 음성을 들으면 빛으로 나아가게 됩니다. 그러면 순식간에 어둠이 확 벗어집니다. 아들의 음성을 들으면 살아납니다.

> 요 5:37-42(쉬운말) 그리고 나를 보내신 아버지께서도 친히 나에 관해 증언해 주셨소. 당신들은 그분의 음성을 듣거나, 그분의 모습을 본 적이 없소. 또한 그분의 말씀이 당신들 안에 머물고 있지도 않소. 그 이유는 분명하오. 곧 당신들이 그분께서 보내신 이를 믿지 않기 때문이오. 당신들이 성경을 열심히 연구하는 것은, 성경에서 영원한 생명을 얻을 수 있다고 생각하기 때문이오. 그렇소. 그 성경이 바로 나를 증언하고 있소. 그런데도 당신들은 생명을 얻기 위해 나에게 오려고 하지 않소. 나는 사람들에게서 영광을 받지 않소. 또 나는 당신들 속에 하나님을 사랑하는 마음이 없다는 것을 잘 알고 있소.

왜 사람들이 아들의 음성을 듣지 못할까요? 아들의 음성을 들어야 살아나는데, 하나님의 아들을 믿지 않고 아들에게 나아가려고 하지도 않기 때문입니다. 생명을 얻는 유일한 길은 아들의 음성을 듣는 것입니다. 그런데 사람들은 생명을 얻으려고 성경을 열심히 연구하면서도 정작 그 성경이 아들에 관하여 말하고 있다는 것을 알지 못하고 생명을 얻으려고 아들에게 가지도 않습니다.

> 행 22:14 그가 또 이르되 우리 조상들의 하나님이 너를 택하여 너로 하여금 자기 뜻을 알게 하시며 그 의인을 보게 하시고 그 입에서 나오는 음성을 듣게 하셨으니
>
> (현대인) 그리고서 아나니아는 나에게 이렇게 말했습니다. '우리 조상들의 하나님이 당신을 택하여 그분의 뜻을 알게 하시고 의로우신 그리스도를 보게 하셨으며 그 의로우신 분이 하신 말씀을 듣게 하셨습니다.

누구도 아들의 음성을 듣지 못하는데, 하나님께서 택한 사람에게는 반드시 그 입에서 나오는 음성을 듣게 하십니다. 그 입은 하나님의 아들 예수 그리스도의 입을 말합니다. 이것은 아나니아가 바울에게 한 말입니다. 바울이 새 언약을 알게 된 것입니다.

새 언약을 알지 못하고 하나님의 아들 예수를 알지 못하여 예수 믿는 사람들을 죽이고 핍박하던 바울에게 어느 날 아들의 음성이 들려옵니다. "사울아, 사울아, 네가 왜 나를 박해하느냐! 나는 네가 박해하는 나사렛 예수라!" 이 말은 "나는 네가 박해하는 하나님의 아들 예수다!" 이런 뜻입니다. 바울이 이 말씀을 듣는 순간 그동안 베일에 싸여 있던 성경의 모든 비밀이 일시에 확 벗어지게 되었습니다. 바울이 어떤 사람입니까? 그는 성경을 잘 알고 있는 사람이었습니다. 당대 최고의 율법 학자인 가말리엘의 문하에서 공부했던 수재였습니다. 그러나 '보이는 눈'이 없었던 바울은 성경 전체가 예수께서

하나님의 아들 그리스도이심을 믿게 하려고 기록되었는데도 이것을 알지 못하고 예수 믿는 사람들을 핍박하고 죽이려 했습니다. 그러다가 주님의 음성을 듣는 순간, 자기 백성을 죄에서 구원하려고 메시아로 오신 하나님의 아들 예수 그리스도의 실체를 알게 되었고, 자신의 죄를 깨닫게 되었으며, 하나님께서 자신을 택하셔서 아들의 입에서 나오는 음성을 듣게 하셨음을 알게 된 것입니다. 왜 그를 택하여 아들의 음성을 듣게 하셨을까요? 하나님의 아들 예수 그리스도의 증인이 되게 하시려고 그분의 음성을 듣게 하신 것입니다(행 22:15).

요 10:3 문지기는 그를 위하여 문을 열고 양은 그의 음성을 듣나니 그가 자기 양의 이름을 각각 불러 인도하여 내느니라

요 10:27 내 양은 내 음성을 들으며 나는 그들을 알며 그들은 나를 따르느니라

주님의 양은 주님의 음성을 듣습니다. 염소는 못 듣습니다. 늑대는 못 듣습니다. 그러나 하나님께 속한 하나님의 양들은 반드시 하나님의 음성을 들을 수 있습니다. 양의 귀에만 목자의 음성이 들리는 것입니다. '내 양'은 하나님께서 택하신 하나님의 소유라는 뜻입니다.

요 18:37 빌라도가 이르되 그러면 네가 왕이 아니냐 예수께서 대답하시되 네 말과 같이 내가 왕이니라 내가 이를 위하여 태어났으며 이를 위하여 세상에 왔나니 곧 진리에 대하여 증언하려 함이로라 무릇 진리에 속한 자는 내 음성을 듣느니라 하신대

진리에 속한 자는 주님의 음성을 듣습니다. 그러므로 주님의 음성을 듣지 못한다면 진리에 속한 자가 아닙니다. 진리에 속하지 않은 자는 누구에게 속한 자입니까? 진리가 그 속에 없으므로 진리에 서지 못하는 자, 그는 곧 거짓의 아비 마귀에게 속한 자입니다.

요 8:44 너희는 너희 아비 마귀에게서 났으니 너희 아비의 욕심대로 너희도 행하고자 하느니라 그는 처음부터 살인한 자요 진리가 그 속에 없으므로 진리에 서지 못하고 거짓을 말할 때마다 제 것으로 말하나니 이는 그가 거짓말쟁이요 거짓의 아비가 되었음이라

히 3:7 그러므로 성령이 이르신 바와 같이 오늘 너희가 그의 음성을 듣거든

히 3:15 성경에 일렀으되 오늘 너희가 그의 음성을 듣거든 격노하시게 하던 것같이 너희 마음을 완고하게 하지 말라 하였으니

히 4:7 오랜 후에 다윗의 글에 다시 어느 날을 정하여 오늘이라고 미리 이같이 일렀으되 오늘 너희가 그의 음성을 듣거든 너희 마음을 완고하게 하지 말라 하였나니

성경에서 "오늘 너희가 그의 음성을 듣거든…"이라고 말하는 것은 음성을 들을 수 있다는 것입니까, 없다는 것입니까? 누구나 다 그 음성을 들을 수 있다는 뜻입니다. 하나님은 들을 수 없는데 들을 수 있다고 거짓말하시는 분이 아닙니다. 누구나 다 듣게 하셨고, 그래서 "오늘 너희가 그의 음성을 듣거든…"이라고 말씀하시는 것입니다.

마지막 때에는 하나님께서 반드시 아들을 통해서만 말씀하시기 때문에 이 아들의 음성을 듣는 자가 구원받는 자이고, 새 언약의 일꾼이며, 하나님의 자녀요, 하나님의 아들입니다.

계 3:20 볼지어다 내가 문 밖에 서서 두드리노니 누구든지 내 음성을 듣고 문을 열면 내가 그에게로 들어가 그와 더불어 먹고 그는 나와 더불어 먹으리라

지금도 주님은 문밖에 서서 두드리고 계십니다. 누구든지 문을 두드리시는 주님의 음성을 듣고 마음의 문을 열면 주님이 그 마음에 들어가셔서 함께 거하십니다. 이것은 하나님의 약속입니다. 하나님의 아들 예수 그리스도를 십자가에 못 박아 피 흘려 죽게까지 하시며 반드시 이루어 주겠다고 하신 약속입니다. 그런데 왜 이루어 주시지 않겠습니까? 왜 아들의 음성을 들려주지 않겠습니까? 저는 하나님의 약속을 믿었고, 계속해서 그분의 음성을 들어왔기에 이렇게 담대하게 주님의 음성을 듣고 말씀을 전하는 것입니다. 그런데 왜 하나님의 말씀을 믿는다고 하면서도 주님의 음성을 듣지 못합니까? 아들은 오늘도 반드시 그분의 음성을 들려주십니다.

히 1:1-2(현대인) 옛날 하나님께서는 예언자들을 통하여 여러 가지 방법으로 수없이 우리 조상들에게 말씀하셨습니다. 그러나 이 마지막 때에는 아들을 통해 우리에게 말씀해 주셨습니다. 하나님은 그 아들을 모든 것의 상속자로 삼으시고 또 아들을 통해 우주를 창조하셨습니다.

하나님의 말씀은 거짓이 없습니다. 하나님은 함부로 가볍게 말씀하시는 분이 아닙니다. 그 하나님께서 마지막 때에는 반드시 아들을 통해서 말씀하신다고 하셨습니다. 그렇다면 말씀을 들려주시지 않을 이유가 없습니다. 하나님은 인격적인 분입니다. 하나님은 사모하는 자에게 반드시 아들의 음성을 들려주십니다. 하나님의 말씀을 펼쳐놓고 "하나님, 마지막 때에는 아들을 통해서 나에게 말씀하신다고 하셨는데, 저에게 아들의 음성을 들려주세요" 이렇게 한번 간구해 보십시오.

> 요 16:24 지금까지는 너희가 내 이름으로 아무것도 구하지 아니하였으나 구하라 그리하면 받으리니 너희 기쁨이 충만하리라

이 말씀은 "지금까지는 너희가 내 이름으로 아들의 음성을 들려달라고 한 번도 구하지 아니하였으나, 구하라! 그리하면 아들의 음성을 들으리니 너희 기쁨이 충만하리라!" 이런 뜻입니다. 지금까지는 아무리 하나님께서 아들을 통해서 말씀하시겠다고 하셔도 단 한 번도 아들의 음성을 듣게 해 달라고 구하지 않고 내 생각과 욕심대로 이것 달라, 저것 달라 하면서 엉뚱한 것들만 구했는데, 이제는 아들의 음성 듣기를 구해보라는 것입니다. 아들의 음성을 들으면 하나님의 영으로 충만해져서 행복해집니다. 아들의 음성을 들으면 세상이 줄 수 없는 기쁨을 맛보게 됩니다. 아들의 음성을 들으면 사람의 말이나 환경에 따라 신앙생활이 이리저리 흔들리지 않습니다. 아들의 음성을 들으면 누가

> "아들의 음성 듣기를 구하면 아들의 음성을 들으리라!"

울라고 말하지 않아도 가슴 벅찬 감격으로 저절로 눈물이 줄줄 쏟아집니다. 그런 감동을 느껴 보셨습니까? 경험해 보지 못한 사람은 알 수 없습니다. 아들의 음성을 들으면 내가 움켜쥐고 있던 모든 것을 다 내려놓게 됩니다. 그리고 주님의 말씀이 곧 내 마음이 되어버립니다. 주님의 음성이 강퍅한 내 마음을 뒤집어엎고 모든 것을 새롭게 하는 것입니다. 이러한 기쁨과 감격은 세상의 것을 얻어서 누리는 기쁨과는 비교할 수가 없습니다.

과거에 은혜받으셨습니까? 주님이 주시는 기쁨을 맛보셨습니까? 그런데 어느 순간 보면 은혜를 다 빼앗긴 모습으로 살고 있습니다. 그저 육신을 좇아가거나 세상을 따라가 어느 순간 하나님의 은혜와 기쁨을 다 빼앗기고 또다시 세상에 찌들어 살아갑니다. 그렇게 살아서는 안 됩니다.

새 언약의 일꾼 되기에 만족하게 하셨다(고후 3:6)는 것은 주의 음성을 듣기에 만족하게 하셨다는 뜻입니다. 내가 그렇게 노력해도 안 되었던 것들이 주님의 음성을 들으면 저절로 이루어집니다. 자연스럽게 주님의 마음을 갖게 되고 주님의 마음으로 하나님을 사랑하고 형제를 사랑하며 살게 됩니다.

하나님께서 아들의 음성을 듣게 하시려고 마지막 때에는 아들을 통해서 말씀하시는 것입니다. 아들의 음성을 듣게 하시려고 아들을 죄 없는 몸으로 이 땅에 보내시고, 우리의 모든 죄를 담당시키시고, 십자가에 피 흘려 죽게 하심으로 우리의 모든 죄를 사하셨습니다. 이 아들의 피가 바로 새 언약을 세우는 피, 새 언약을 표시하는 피, 아들의 음성을 듣게 하는 피입니다. 이 피로 하나님과 우리의 관계를 다시금 새롭게 하시고 영원토록 아들의 음성을 듣게 하신 것입니다.

아들의 음성을 다른 말로 '성령의 음성'이라고 합니다. 헛된 귀신의 음성을 듣지 말고, 이제부터는 아들의 음성을 듣고 기쁨이 넘쳐나는 신앙생활을 할 수 있기를 주님의 이름으로 축원합니다.

04

아들의 죽음과 부활 그리고 보좌 우편

히브리서 1장

히 1:1-14 옛적에 선지자들을 통하여 여러 부분과 여러 모양으로 우리 조상들에게 말씀하신 하나님이 이 모든 날 마지막에는 아들을 통하여 우리에게 말씀하셨으니 이 아들을 만유의 상속자로 세우시고 또 그로 말미암아 모든 세계를 지으셨느니라 이는 하나님의 영광의 광채시요 그 본체의 형상이시라 그의 능력의 말씀으로 만물을 붙드시며 죄를 정결하게 하는 일을 하시고 높은 곳에 계신 지극히 크신 이의 우편에 앉으셨느니라 그가 천사보다 훨씬 뛰어남은 그들보다 더욱 아름다운 이름을 기업으로 얻으심이니 하나님께서 어느 때에 천사 중 누구에게 너는 내 아들이라 오늘 내가 너를 낳았다 하셨으며 또다시 나는 그에게 아버지가 되고 그는 내게 아들이 되리라 하셨느냐 또 그가 맏아들을 이끌어 세상에 다시 들어오게 하실 때에 하나님의 모든 천사들은 그에게 경배할지어다 말씀하시며 또 천사들에 관하여는 그는 그의 천사들을 바람으로, 그의 사역자들을 불꽃으로 삼으시느니라 하셨으되 아들에 관하여는 하나님이

여 주의 보좌는 영영하며 주의 나라의 규는 공평한 규이니이다 주께서 의를 사랑하시고 불법을 미워하셨으니 그러므로 하나님 곧 주의 하나님이 즐거움의 기름을 주께 부어 주를 동류들보다 뛰어나게 하셨도다 하였고 또 주여 태초에 주께서 땅의 기초를 두셨으며 하늘도 주의 손으로 지으신 바라 그것들은 멸망할 것이나 오직 주는 영존할 것이요 그것들은 다 옷과 같이 낡아지리니 의복처럼 갈아입을 것이요 그것들은 옷과 같이 변할 것이나 주는 여전하여 연대가 다함이 없으리라 하였으나 어느 때에 천사 중 누구에게 내가 네 원수로 네 발등상이 되게 하기까지 너는 내 우편에 앉아 있으라 하셨느냐 모든 천사들은 섬기는 영으로서 구원 받을 상속자들을 위하여 섬기라고 보내심이 아니냐

히브리서 1장에서는 '아들'에 관해서 말씀하고 있습니다. 이 아들이 누구냐면 '하나님의 아들'입니다. 아들이 만물의 상속자 곧 만물의 주인이요, 천지를 창조한 창조주 하나님이신데, 마지막 때에는 하나님께서 이 아들을 통해 말씀하시겠다고 하십니다. 아들을 통해 말씀하시겠다는 것은 이제부터 아들을 통해 모든 것을 새롭게 하시겠다는 뜻입니다. 이것이 하나님의 계획이고 하나님의 뜻입니다. 예전에는 죄를 지은 자들이 하나님 앞에 나아갈 때 짐승을 잡아서 짐승의 피로 나아갔는데, 이제부터는 아들의 피로만 죄 사함을 받고 하나님 앞에 나아갈 수 있게 하겠다, 아들의 피로만 영원한 속죄를 주겠다는 것입니다. 예수님이 "아버지께 참되게 예배하는 자들은 영과 진리로 예배할 때가 오나니 곧 이때라…예배하는 자가 영과 진리로 예배할지니라"(요 4:23-24) 하시고, "내가 곧 길이요 진리요 생명이니 나로 말미암지 않고는 아버지께로 올 자가 없느니라"(요 14:6)고 말

씀하시지 않았습니까? 예배도 아들을 통해서 드리는 예배만 받으시 겠다는 것입니다. 예배만 그렇습니까? 기도도 마찬가지입니다. 기도도 아들을 통해서 드리는 기도만 받으시기에 우리가 아들 예수의 이름으로 기도하는 것입니다. 말씀도, 죄 사함도, 예배도, 기도도, 아들이 오신 이후로는 모든 것을 아들을 통해서 새롭게 하십니다.

아들을 통해서 모든 것을 새롭게 하겠다는 것이 새 언약입니다. 옛 언약을 폐하고 새 언약을 이루기 위해 하나님이 직접 인간의 몸을 입고 아들로 이 땅에 오셨습니다. 모든 것을 새롭게 하기 위해 창조주 하나님이 육신이 되어 오신 것입니다.

> 아들을 통해서 모든 것을 새롭게 하시겠다는 것이 새 언약입니다.

요 20:31 오직 이것을 기록함은 너희로 예수께서 하나님의 아들 그리스도이심을 믿게 하려 함이요 또 너희로 믿고 그 이름을 힘입어 생명을 얻게 하려 함이니라

'예수'께서 '하나님의 아들' 그리스도이심을 믿게 하는 것이 성경을 기록한 목적입니다. 아들의 이름이 예수입니다. 히브리서 강해 첫 번째 시간에 아들과 그 이름의 비밀에 대해 말씀드렸습니다. '예수'의 이름은 아들에게 주신 '하나님 아버지의 이름'입니다. 두 번째 시간에는 '하나님의 아들'이 왜 오셨는지 그 이유에 대해 말씀드렸습니다. 뱀의 머리를 밟으러 오신 여자의 후손, 마귀의 일을 멸하려고 오신 하나님의 아들, 바다를 밟고 그 위로 걸어오신 예수 그리스도를 볼 수 있기를 바랍니다. 예수님은 아무 이유 없이 바다를 밟고 걸어오신

것이 아니라 그 속에 복음의 비밀이 감추어져 있는 것입니다.

> 롬 1:2-4 이 복음은 하나님이 선지자들을 통하여 그의 아들에 관하여 성경에 미리 약속하신 것이라 그의 아들에 관하여 말하면 육신으로는 다윗의 혈통에서 나셨고 성결의 영으로는 죽은 자들 가운데서 부활하사 능력으로 하나님의 아들로 선포되셨으니 곧 우리 주 예수 그리스도시니라

아들에 관해서 말하는 것이 성경입니다. 하나님의 아들이 육신으로, 우리와 똑같은 인간의 몸을 입고 이 땅에 오셨습니다.

> 마 16:13-19 예수께서 빌립보 가이사랴 지방에 이르러 제자들에게 물어 이르시되 사람들이 인자를 누구라 하느냐 이르되 더러는 세례 요한, 더러는 엘리야, 어떤 이는 예레미야나 선지자 중의 하나라 하나이다 이르시되 너희는 나를 누구라 하느냐 시몬 베드로가 대답하여 이르되 주는 그리스도시요 살아 계신 하나님의 아들이시니이다 예수께서 대답하여 이르시되 바요나 시몬아 네가 복이 있도다 이를 네게 알게 한 이는 혈육이 아니요 하늘에 계신 내 아버지시니라 또 내가 네게 이르노니 너는 베드로라 내가 이 반석 위에 내 교회를 세우리니 음부의 권세가 이기지 못하리라 내가 천국 열쇠를 네게 주리니 네가 땅에서 무엇이든지 매면 하늘에서도 매일 것이요 네가 땅에서 무엇이든지 풀면 하늘에서도 풀리리라 하시고

하나님의 아들이신 예수께서 육신으로 오셨다는 것을 알게 하시려고 예수님이 제자들에게 묻습니다. "사람들이 나를 누구라고 하

느냐?" 사람들은 예수님을 선지자 중 하나로 생각했습니다. 그래서 예수님이 제자들에게 다시 물었습니다. "너희는 나를 누구라고 하느냐?" 그러자 베드로가 "주는 그리스도시요 살아 계신 하나님의 아들입니다"라고 대답합니다. 예수님은 기뻐하셨습니다. 드디어 예수님이 기다리던 답이 나왔기 때문입니다. 예수께서 '하나님의 아들'이라는 것은 하나님이 알게 하셔야만 알 수 있습니다.

'예수'는 하나님 아버지의 이름입니다. 하나님이 당신의 이름을 아들에게 주어서 아들을 '하나님의 아들'로, 다시 말하면 죄 없는 몸으로 이 땅에 보내셨습니다. 왜 그렇게 하셨을까요? 마귀의 일을 멸하게 하시려고 보내신 것입니다. 이것이 얼마나 중요한지, 주님은 이 고백 위에 교회를 세우셔서 음부의 권세가 이기지 못하게 하셨습니다. 아버지의 이름으로 오신 '예수'께서 마귀의 일을 멸하려고 오신 '하나님의 아들'이심을 믿는 자들은 음부의 권세가 이기지 못합니다. 그뿐만 아니라, 이렇게 고백한 베드로에게 천국 열쇠를 주셨습니다.

> 아버지의 이름으로 오신 '예수'께서 마귀의 일을 멸하려고 오신 '하나님의 아들' 이심을 믿는 자들은 음부의 권세가 이기지 못합니다.

이 사건은 성경이 무엇을 말하고 있는지, '예수'께서 '하나님의 아들'이심을 알고 믿는 것이 얼마나 중요한지를 보여주는 사건입니다.

요일 3:8 죄를 짓는 자는 마귀에게 속하나니 마귀는 처음부터 범죄함이라 하나님의 아들이 나타나신 것은 마귀의 일을 멸하려 하심이라

하나님의 아들이 나타나신 것은 마귀의 일을 멸하기 위해서입니

다. 하나님의 아들을 믿는 사람들은 이 사실을 알고 믿는 사람들입니다. 주님은 이 신앙고백 위에 교회를 세우셨습니다. 다시 말하면, 이 신앙고백 위에 사는 사람들은 음부의 권세가 절대로 이기지 못하도록 하신 것입니다.

> 요일 5:5 예수께서 하나님의 아들이심을 믿는 자가 아니면 세상을 이기는 자가 누구냐

세상을 누가 이긴다고 했습니까? '예수'께서 '하나님의 아들'이심을 믿는 자가 세상을 이깁니다.

> 요 16:33 이것을 너희에게 이르는 것은 너희로 내 안에서 평안을 누리게 하려 함이라 세상에서는 너희가 환난을 당하나 담대하라 내가 세상을 이기었노라

예수님이 세상을 이기셨습니다. 세상을 이기신 하나님의 아들 예수 그리스도를 믿는 자가 세상을 이깁니다. 이것이 지식으로 머무는 것이 아니라 삶 속에서 경험되어야 합니다. 말씀이 능력으로 임해야 합니다. 아들과 함께하지 않으면 아무 소용 없습니다. 우리는 아들과 함께 천국에 가는 것입니다. 아들을 통해서 구원받는 것입니다. 아들을 통해서 기도하는 것입니다. 아들을 통해서 하나님께 나아가는 것입니다. 아들을 통해서 죄 사함을 받는 것입니다. 아들을 통해서만 이 모든 일을 이루겠다는 것이 하나님의 계획입니다. 옛날에는 선지자를 통해서 말씀하셨지만 마지막 때는 아들을 통해서 말씀하십니다.

> 마 16:19 **내가 천국 열쇠를 네게 주리니 네가 땅에서 무엇이든지 매면 하늘에서도 매일 것이요 네가 땅에서 무엇이든지 풀면 하늘에서도 풀리리라** 하시고

"주는 그리스도시요 살아 계신 하나님의 아들입니다"라고 고백했더니, 다시 말하면 예수께서 하나님의 아들이심을 믿었더니 천국 열쇠를 주겠다고 하십니다. 왜 이렇게 큰 선물을 주실까요? 그것이 성경을 기록한 목적이기 때문입니다. 그것을 알게 하려고 이 모든 일들을 준비하셨는데, 마침내 예수께서 하나님의 아들이심을 믿고 고백하자 기뻐하셔서 천국 열쇠를 주시는 것입니다. 말씀을 깨닫지 못하는 사람들은 천국 열쇠를 주겠다고 해도 아무런 감흥이 없습니다. 돈이라도 100만 원 준다고 하면 좋아서 입이 귀에 걸릴 텐데, 천국 열쇠를 주겠다고 하는데도 '그런가 보다…' 하고 무덤덤하게 반응합니다. 그것은 천국 열쇠가 무엇인지를 몰라서 그러는 것입니다.

하늘이 먼저인가요, 땅이 먼저인가요? "네가 땅에서 무엇이든지 매면 하늘에서도 매일 것이요 네가 땅에서 무엇이든지 풀면 하늘에서도 풀리리라"고 말씀하십니다. 땅이 먼저입니다. 땅에서 형제를 사랑하고 용서하면, 하늘에서 역사합니다. 하늘이 열리는 것입니다. 그런데 땅에서 묶었기 때문에 하늘에 묶여 있는 것입니다. 그러므로 누구든지 미워하지 말고 땅에서 다 풀어야 합니다. 그래야 하늘에서 축복의 문이 열립니다.

> 렘 5:25 너희 허물이 이러한 일들을 물리쳤고 **너희 죄가 너희로부터 좋은 것을 막았느니라**

(개역한글) 너희 허물이 이러한 일들을 물리쳤고 너희 죄가 너희에게 오는 좋은 것을 막았느니라

왜 나에게는 복이 오지 않느냐고 물을 필요가 없습니다. 죄가 있으면 하나님이 우리를 위해 예비하신 좋은 것을 누릴 수 없습니다. 좋은 것이 내려오는 통로가 죄로 인해 막혔기 때문입니다. 그러므로 반드시 축복의 통로를 뚫어야 합니다. 땅에서 묶어 놓은 것을 풀어야 합니다. 그래서 반드시 천국 열쇠가 있어야 하는 것입니다.

다시 말씀드립니다. 성경을 기록한 목적은 '예수가 하나님의 아들'이심을 믿게 하려는 것입니다. '예수가 하나님의 아들'이라고 고백하는 것은 너무나도 중요하기 때문에 하나님께서 베드로에게 특별한 감동을 주셔서 이러한 고백을 하게 하셨습니다. 그래서 예수님이 베드로에게 "이를 네게 알게 한 이는 혈육이 아니요 하늘에 계신 내 아버지시니라"고 하신 것입니다. 그리고 '예수가 하나님의 아들'이라는 고백이 얼마나 중요한지, 이 고백 위에 교회를 세워서 음부의 권세가 이기지 못하게 하시고, 이 고백을 한 자들에게 하늘의 모든 복을 누릴 수 있도록 천국열쇠까지 주시는 것입니다. 이것은 정말 놀라운 은혜입니다.

그렇다면 '예수가 하나님의 아들'이라는 고백이 구체적으로 무엇을 의미하는지 조금 더 살펴보겠습니다. 예수는 근본 하나님의 본체인데(빌 2:6), 그분이 하나님의 아들로 이 땅에 오셨습니다. '하나님의 아들'로 오셨다는 것은 '죄 없는 몸'으로 오셨다는 뜻입니다. '인간의 아들'은 죄가 있

> '하나님의 아들'로 오셨다는 것은 '죄 없는 몸'으로 오셨다는 뜻입니다.

04 _ 아들의 죽음과 부활 그리고 보좌 우편

습니다. 아담 이후로 모든 인간, 모든 육신은 타락했기 때문입니다. 예수님은 타락한 인간의 혈통을 따라 인간의 아들로 오신 것이 아니라 동정녀 마리아를 통해 죄가 없는 하나님의 아들로, 아담의 씨가 아닌 하나님의 씨 곧 성령으로 이 땅에 오셨습니다.

그렇다면 아들이 왜 '하나님의 아들'로, '죄 없는 몸'으로 오셨을까요?

♣ 아들의 죽음

> 사 53:6 우리는 다 양 같아서 그릇 행하여 각기 제 길로 갔거늘 여호와께서는 우리 모두의 죄악을 그에게 담당시키셨도다

하나님께서 우리의 모든 죄를 아들에게 담당시키셔서 아들을 통해 모든 만물을 새롭게 하시려고 아들을 '죄 없는 몸'으로, '하나님의 아들'로 이 땅에 보내셨습니다.

> 요 1:29 이튿날 요한이 예수께서 자기에게 나아오심을 보고 이르되 보라 **세상 죄를 지고 가는 하나님의 어린 양이로다**

하나님의 아들 예수 그리스도는 세상 죄를 지고 가는 하나님의 어린 양으로 오셨습니다. 우리 모두의 죄악을 담당하셨다는 것은 그 죄를 지시고 십자가에 피 흘려 죽으셨음을 말합니다. 이것이 바로 '십자가의 도'입니다. 하나님의 아들 예수 그리스도께서, 다시 말하면 죄 없는 몸으로 오신 예수 그리스도께서 우리 모두의 죄악을 담당하시고 십자가에 피 흘려 죽으셨다는 십자가의 도가 멸망하는 자들

에게는 미련한 것이지만, 구원을 받는 우리에게는 하나님의 능력이 됩니다(고전 1:18).

> 눅 22:20 저녁 먹은 후에 잔도 그와 같이 하여 이르시되 **이 잔은 내 피로 세우는 새 언약이니** 곧 너희를 위하여 붓는 것이라

'십자가'와 뗄 수 없는 것이 '예수의 피'입니다. 십자가를 지셨다는 것은 예수께서 피 흘려 죽으셨다는 뜻입니다. 예수의 피가 없는 십자가는 아무 의미가 없습니다. 그저 나무 막대기에 불과합니다. 우리가 '예수의 십자가'를 말할 때, 그것은 곧 '예수의 피'를 말하는 것입니다. 그런데 '예수의 피'는 '새 언약을 세우는 피'입니다.

> 마 26:28(쉬운말) **이것은 새 언약을 표시하는 나의 피다.** 곧 많은 사람의 죄를 용서하기 위하여 흘리는 나의 피다.

> 막 14:24(쉬운말) 그런 뒤, 예수께서 제자들에게 말씀하셨다. **"이 잔은 내 피다. 곧 모든 사람을 위하여 흘리는 새 언약의 피다."**

예수님이 피 흘린다는 것은 예수님의 죽음을 의미합니다. 예수님이 무엇 때문에 죽으셨습니까? 예수님이 무엇 때문에 피 흘리셨습니까? 우리에게 새 언약을 이루어 주시려고 죽으신 것입니다. 이것이 하나님의 아들 예수의 죽음의 의미입니다.

> 하나님의 아들은 우리에게 새 언약을 이루어 주려고 죽으셨습니다.

> 히 9:12 염소와 송아지의 피로 하지 아니하고 오직 자기의 피로 영원한 속죄를 이루사 단번에 성소에 들어가셨느니라

예수님은 자기의 피로 영원한 속죄를 이루어 주셨습니다. 다시 말하면 하나님의 아들 예수의 죽음이 우리에게 영원한 속죄를 이루어 준 것입니다. 우리는 아들을 통해 새 언약의 일꾼이 되었고, 아들을 통해 영원한 속죄를 받게 되었습니다.

> 히 10:17 또 그들의 죄와 그들의 불법을 내가 다시 기억하지 아니하리라 하셨으니

아들의 피로 영원한 속죄를 이루어 주신 것뿐만 아니라 우리의 죄와 불법을 다시는 기억하지 않겠다고 말씀하셨습니다.

> 골 1:14 그 아들 안에서 우리가 속량 곧 죄 사함을 얻었도다

우리는 아들 안에서, 그 아들의 피로 속량 곧 죄 사함을 얻었습니다. 죄 사함도 아들을 통해서만 받는 것입니다. 하나님은 이제 아들을 통하지 않고서는 어떤 것도 받지 않으십니다. 아들의 피로 우리 죄를 사하시고, 아들을 통해 하나님께 나아가게 하십니다. 아들을 통해 말씀하시고, 아들을 통해 드리는 예배만 받으시는 것입니다. 이것이 하나님께서 만들어 놓으신 새로운 법입니다. 율법을 지킨다고 하나님은 기뻐하시지 않습니다. 예수께서 하나님의 아들이심을 믿고 고백하는 자들을 기뻐하십니다. 하나님께서 이 아들을 이제 우리 안에 주셨습니다.

♣ 아들의 부활

히 1:5 하나님께서 어느 때에 천사 중 누구에게 **너는 내 아들이라 오늘 내가 너를 낳았다** 하셨으며 또다시 **나는 그에게 아버지가 되고 그는 내게 아들이 되리라** 하셨느냐

하나님의 아들로 이 땅에 오신 예수님에게 하나님께서 다시 "너는 내 아들이라 오늘 내가 너를 낳았다!"라고 선포해 주십니다. 언제 이렇게 말씀하셨습니까?

행 13:33 곧 하나님이 **예수를 일으키사 우리 자녀들에게 이 약속을 이루게 하셨다** 함이라 시편 둘째 편에 기록한 바와 같이 **너는 내 아들이라 오늘 너를 낳았다** 하셨고

(현대인) 하나님은 예수님을 다시 살리심으로써 그들의 후손인 우리에게 그 약속이 이루어지게 하셨습니다. 시편 둘째 편에도 예수님에 대하여 '**너는 내 아들이다. 오늘 내가 너를 낳았다**'라고 쓰여 있습니다.

(쉬운말) 하나님께서는 예수를 다시 살리심으로써 그들의 후손인 우리를 위해 **자신의 약속을 이루셨습니다.** 이것은 시편 제2편에 '**너는 내 아들이다. 오늘 내가 너를 낳았다**'라고 하신 말씀 그대로입니다.

예수님이 우리의 죄를 위해서 죽으셨습니다. 그리고 하나님께서 다시 그 아들을 살리셨습니다. 그러고 나서 "너는 내 아들이다. 오

늘 내가 너를 낳았다"라고 선포하신 것입니다. 무엇 때문에 사랑하는 아들 예수님을 십자가에 못 박으시고 다시 살리셔서 이렇게 선포하신 것일까요? 그것은 하나님의 약속이 우리에게 이루어지게 하시려고 그런 것입니다. 시편 2편에 기록된 말씀, "너는 내 아들이다. 오늘 내가 너를 낳았다!"라는 말씀이 그대로 우리에게 이루어지게 하시려고 예수님을 다시 살리시고 이렇게 선포하신 것입니다. 할렐루야!

> 예수님이 부활하셔서 '하나님의 아들'로 선포되신 것은 그것을 믿는 우리도 '하나님의 아들'로 선포해 주시기 위한 것입니다.

예수님의 부활은 예수님만의 부활이 아닙니다. 예수님의 부활이 곧 나의 부활입니다. 예수와 하나 된 우리는 예수와 함께 죽고 예수와 함께 부활한 것입니다(롬 6:5). 육신의 생명으로 태어난 나, 인간의 아들로 태어난 나는 예수와 함께 십자가에 못 박혀 죽었고, 하나님의 아들로 선포된 예수님의 부활과 함께 나도 다시 하나님의 아들로, 하나님의 생명으로 태어났습니다. 하나님께서 나를 하나님의 아들로 낳아주신 것입니다. 이것이 놀라운 복음의 비밀입니다. 예수께서 왜 하나님의 아들로, 죄 없는 몸으로 이 땅에 오셨는지, 왜 하나님의 아들이 피 흘려 죽으셨는지, 왜 부활하시고 하나님의 아들로 선포되셨는지, 이 모든 일에 나를 하나님의 아들로 삼기 위한 하나님의 뜻과 계획이 담겨 있는 것입니다.

고전 4:15 그리스도 안에서 일만 스승이 있으되 아버지는 많지 아니하니 그리스도 예수 안에서 내가 복음으로써 너희를 낳았음이라 하나님이 복음으로써 우리를 하나님의 아들로 낳아주셨습니다. 복음은 하나님의 아들 우리 주 예수 그리스도입니다(롬 1:2-4).

> 엡 1:4-5 곧 창세 전에 그리스도 안에서 우리를 택하사 우리로 사랑 안에서 그 앞에 거룩하고 흠이 없게 하시려고 그 기쁘신 뜻대로 우리를 예정하사 예수 그리스도로 말미암아 자기의 아들들이 되게 하셨으니

하나님의 아들 예수 그리스도로 말미암아 우리를 하나님의 아들이 되게 하시는 것은 하나님께서 이미 오래전에 예정하시고 기뻐하신 일입니다. 이 얼마나 놀라운 은혜입니까!

> 갈 4:4-7 때가 차매 하나님이 그 아들을 보내사 여자에게서 나게 하시고 율법 아래에 나게 하신 것은 율법 아래에 있는 자들을 속량하시고 우리로 아들의 명분을 얻게 하려 하심이라 너희가 아들이므로 하나님이 그 아들의 영을 우리 마음 가운데 보내사 아빠 아버지라 부르게 하셨느니라 그러므로 네가 이 후로는 종이 아니요 아들이니 아들이면 하나님으로 말미암아 유업을 받을 자니라

> 갈 3:26 너희가 다 믿음으로 말미암아 그리스도 예수 안에서 하나님의 아들이 되었으니

성경 전체는 아들을 말하고 있습니다. "때가 차매 하나님이 그 아들을 보내사…"에서 '그 아들'은 '하나님의 아들'입니다. '아들'을 '여자에게서 나게 하신 것'은 '죄 없는 몸'으로 보내셨고, '여자의 후손'

으로 보내셨다는 뜻입니다. 여자에게서 난 '여자의 후손'은 뱀의 머리를 밟으러 왔습니다(창 3:15). 하나님의 아들이 마귀의 일을 멸하려고 나타나셔서(요일 3:8) 십자가를 지신 것입니다. 그리고 십자가에서 우리의 죄를 위해서 죽으시고 부활하셔서 하나님의 아들로 선포되셨는데, 이것은 예수께서 하나님의 아들이심을 믿는 우리로 하여금 그 아들로 말미암아 하나님의 아들이 되게 하기 위해서라는 말입니다. 성경 전체가 이것을 말하려 하는 것입니다.

🍀 아들의 승천(보좌 우편)

요 16:7-11 그러나 내가 너희에게 실상을 말하노니 **내가 떠나가는 것이 너희에게 유익이라 내가 떠나가지 아니하면 보혜사가 너희에게로 오시지 아니할 것이요 가면 내가 그를 너희에게 보내리니 그가 와서 죄에 대하여, 의에 대하여, 심판에 대하여 세상을 책망하시리라** 죄에 대하여라 함은 그들이 나를 믿지 아니함이요 **의에 대하여라 함은 내가 아버지께로 가니 너희가 다시 나를 보지 못함이요** 심판에 대하여라 함은 이 세상 임금이 심판을 받았음이라

죽으시고 부활하신 예수님은 승천하셔서 하나님 보좌 우편에 앉아 하나님의 아들이 된 우리가 하나님 앞에서 의로운 자라는 것을 증거하고 계십니다. 우리의 죄를 담당하시고 십자가에 피 흘려 죽으신 예수께서 그 피로 우리의 죄를 깨끗하게 씻어 주셨기 때문에, 예수께서 하나님의

> 하나님의 아들은 하나님 보좌 우편에서 우리가 하나님의 아들이 되었음을 증언해 주십니다.

아들이심을 믿는 우리는 하나님 앞에 의로운 자가 되었습니다. 예수님은 택한 자로 하여금 그 사실을 알게 하시려고 성령을 보내주셨습니다.

> 히 1:2-3 이 모든 날 마지막에는 아들을 통하여 우리에게 말씀하셨으니 이 아들을 만유의 상속자로 세우시고 또 그로 말미암아 모든 세계를 지으셨느니라 이는 하나님의 영광의 광채시요 그 본체의 형상이시라 그의 능력의 말씀으로 만물을 붙드시며 죄를 정결하게 하는 일을 하시고 높은 곳에 계신 지극히 크신 이의 우편에 앉으셨느니라

말씀을 맺습니다. 히브리서 1장은 아들에 관해서 말씀합니다. 하나님께서 마지막 때에는 아들을 통해서 말씀하시는데, 이 아들에게 하나님이 만유를 상속하시고 아들을 만물의 주인으로 삼으셨습니다. 그리고 아들을 통해서 천지를 창조하셨는데, 이 아들이 곧 하나님입니다. 하나님이 아들을 죄 없는 몸으로, 하나님의 아들로 이 세상에 보내어 우리의 죄를 담당시키사 십자가에 피 흘려 죽이심으로 우리의 죄를 사하시고, 그 아들을 다시 살리신 후에 "너는 내 아들이다. 오늘 내가 너를 낳았다!"라고 말씀하셨는데, 이 모든 일은 예수께서 하나님의 아들이심을 믿는 우리에게 하나님의 약속을 이루어 주려고 하신 일입니다. 그 약속은 우리를 복음으로 낳아서 하나님의 아들로 삼는 것입니다.

05

아들 그리스도와 하나님의 형상

히브리서 1장

히 1:1-5 옛적에 선지자들을 통하여 여러 부분과 여러 모양으로 우리 조상들에게 말씀하신 하나님이 이 모든 날 **마지막에는 아들을 통하여 우리에게 말씀하셨으니 이 아들을 만유의 상속자로 세우시고 또 그로 말미암아 모든 세계를 지으셨느니라 이는 하나님의 영광의 광채시요 그 본체의 형상이시라** 그의 능력의 말씀으로 만물을 붙드시며 **죄를 정결하게 하는 일을 하시고 높은 곳에 계신 지극히 크신 이의 우편에 앉으셨느니라** 그가 천사보다 훨씬 뛰어남은 그들보다 더욱 아름다운 이름을 기업으로 얻으심이니 하나님께서 어느 때에 천사 중 누구에게 **너는 내 아들이라 오늘 내가 너를 낳았다** 하셨으며 또 다시 **나는 그에게 아버지가 되고 그는 내게 아들이 되리라** 하셨느냐

성경은 '아들'에 관해 말합니다. 히브리서 1장도 마찬가지입니다.

> 요 20:31 오직 이것을 기록함은 너희로 예수께서 하나님의 아들 그
> 리스도이심을 믿게 하려 함이요 또 너희로 믿고 그 이름을 힘입어
> 생명을 얻게 하려 함이니라

성경을 기록한 목적은 예수께서 하나님의 아들이심을 믿게 하려는 것입니다. 성경 전체가 '아들'을 말하고 있다는 것을 마음에 새기길 바랍니다.

> 롬 1:2-4 이 복음은 하나님이 선지자들을 통하여 그의 아들에 관
> 하여 성경에 미리 약속하신 것이라 그의 아들에 관하여 말하면 육
> 신으로는 다윗의 혈통에서 나셨고 성결의 영으로는 죽은 자들 가운
> 데서 부활하사 능력으로 하나님의 아들로 선포되셨으니 곧 우리 주
> 예수 그리스도시니라

복음은 '아들'에 관해서 성경에 미리 말한 것입니다. 그 아들이 누구인가 하면, 바로 '하나님의 아들'인데 그 이름이 '예수'입니다. 앞에서 예수 이름의 비밀에 대해 하나님이 주신 은혜를 나눈 것처럼 '예수'는 아들에게 주신 '하나님 아버지의 이름'입니다.

아들이 왜 '하나님의 아들'로 오셨습니까? 뱀의 머리를 밟으러(창 3:15), 마귀의 일을 멸하러 오셨는데(요일 3:8), 바다를 밟고 오신 하나님의 아들 예수 그리스도(마 14:24-33)의 사건도 이것을 나타내고 있습니다. 성경 전체가 '아들'에 관해서 말씀하고 있다는 것이 보이십니까?

히브리서 1장도 '아들'에 관해서 말씀하고 있는데, 옛적에는 선지자들을 통해서 말씀하신 하나님께서 마지막 때에는 '아들'을 통해서

05 _ 아들 그리스도와 하나님의 형상

우리에게 말씀하겠다고 하십니다. 또한 '아들'을 통해서 우리를 구원하시고, '아들'의 피로 우리의 죄를 사하시고, '아들'을 통해서 우리를 천국까지 인도하시는 것입니다. 그래서 예수님은 "나를 통하지 않고는 아버지께로 갈 수 없다"라고 말씀하셨습니다. 그러므로 다른 것은 다 잊어도 '아들'만 기억하면 됩니다. 그런데 우리는 '아들'은 잊어버리고 다른 것만 기억하려고 합니다. '아들'이 전부입니다.

하나님께서 아들을 이 땅에 보내신 이유는 아들을 통해서 인류의 새로운 역사를 쓰시기 위함입니다. 하나님의 뜻과 계획은 앞으로 하나님이 이루실 모든 일을 '아들'을 통해서만 하시겠다는 것입니다. 예배도 '아들'을 통해서 드리는 예배를 받으시고 기도도 '아들'을 통해서 드리는 기도만 받으십니다.

히 1:3 이는 하나님의 영광의 광채시요 그 본체의 형상이시라 그의 능력의 말씀으로 만물을 붙드시며 죄를 정결하게 하는 일을 하시고 높은 곳에 계신 지극히 크신 이의 우편에 앉으셨느니라

(쉬운성경) 그 아들은 하나님의 영광을 나타내며 하나님의 본성을 그대로 보여 줍니다. 능력 있는 말씀으로 만물을 붙드시고, 사람들의 죄를 깨끗이 하시는 그분은 하늘에 계시는 위대하신 하나님의 오른편에 앉아 계십니다.

(현대어) 하나님의 아들은 하나님의 영광으로 눈부신 광채를 드러내고 인격과 모든 행하신 일에서 하나님 그 자체임을 보이셨습니다. 그리고 그분의 전능하신 능력의 말씀으로 우주를 통제하고 계십니다. 그분의 아들은 우리의 모든 죄를 깨끗이 씻어 정결케 하시려고

죽으셨으며, 지금은 지극히 높은 영광을 받아 하늘에 계신 위대한 하나님 오른편에 앉아 계십니다.

그 아들이 누구입니까? 바로 '하나님 그 자체'입니다. 또 아들에 대해 무엇이라고 말씀합니까? '하나님 본체의 형상'이라고 말씀합니다. 오늘은 여기에 담겨 있는 복음의 비밀을 함께 나눠보고자 합니다.

🍀 하나님의 형상

> 창 1:27 하나님이 자기 형상 곧 하나님의 형상대로 사람을 창조하시되 남자와 여자를 창조하시고

하나님이 인간을 지으실 때 하나님의 형상대로 창조하셨습니다. 짐승이나 다른 만물을 지으실 때는 그런 말씀이 없었는데, 사람을 지으실 때만 "하나님의 형상대로 사람을 창조하시되…"라고 하였습니다. 왜 그렇게 하셨을까요? 여기에 복음의 비밀이 숨겨져 있습니다.

'하나님의 형상'에는 두 가지 의미가 있습니다. 하나는 '모양'이고, 다른 하나는 '실체'입니다.

> 출 20:4 너를 위하여 새긴 우상을 만들지 말고 또 위로 하늘에 있는 것이나 아래로 땅에 있는 것이나 땅 아래 물 속에 있는 것의 어떤 형상도 만들지 말며

여기서 말하는 '형상'은 '모양'을 말합니다.

출 25:33 이쪽 가지에 살구꽃 형상의 잔 셋과 꽃받침과 꽃이 있게 하고 저쪽 가지에도 살구꽃 형상의 잔 셋과 꽃받침과 꽃이 있게 하여 등잔대에서 나온 가지 여섯을 같게 할지며

'살구꽃 형상'은 '살구꽃 모양'을 말합니다.

출 32:4 아론이 그들의 손에서 금 고리를 받아 부어서 조각칼로 새겨 송아지 형상을 만드니 그들이 말하되 이스라엘아 이는 너희를 애굽 땅에서 인도하여 낸 너희의 신이로다 하는지라

'송아지 형상'을 만들었다는 것은 '송아지 모양'으로 만들었다는 뜻입니다.

신 4:17-18 땅 위에 있는 어떤 짐승의 형상이든지, 하늘을 나는 날개 가진 어떤 새의 형상이든지, 땅 위에 기는 어떤 곤충의 형상이든지, 땅 아래 물 속에 있는 어떤 어족의 형상이든지 만들지 말라

짐승의 형상, 새의 형상, 곤충의 형상, 어족의 형상은 각각 짐승의 모양, 새의 모양, 곤충의 모양, 어족의 모양을 말합니다. 여기서도 형상은 '모양'의 뜻으로 쓰였습니다.

인간은 하나님의 형상으로 지음을 받았는데, 타락하면 하나님을 잃어버리고 온갖 짐승의 형상을 만들어서 그것을 신처럼 우상으로 섬깁니다. 이웃 나라 일본은 800만의 형상을 만들어 놓고 그 모양의 귀신을 섬기는 나라가 되었습니다. 이에 대해 깨닫는 은혜가 있기를 바랍니다.

삼상 6:5 그러므로 너희는 너희의 독한 종기의 형상과 땅을 해롭게 하는 쥐의 형상을 만들어 이스라엘 신께 영광을 돌리라 그가 혹 그의 손을 너희와 너희의 신들과 너희 땅에서 가볍게 하실까 하노라

여기서도 종기의 형상과 쥐의 형상은 종기의 모양과 쥐의 모양을 말합니다.

왕상 7:22 그 두 기둥 꼭대기에는 백합화 형상이 있더라 두 기둥의 공사가 끝나니라

대하 3:5 그 대전 천장은 잣나무로 만들고 또 순금으로 입히고 그 위에 종려나무와 사슬 형상을 새겼고

백합화 형상은 백합화 모양, 사슬 형상은 사슬 모양입니다. 이처럼 성경에서는 '형상'이 '모양'의 의미로 쓰였습니다.

신 4:12 여호와께서 불길 중에서 너희에게 말씀하시되 음성뿐이므로 너희가 그 말소리만 듣고 형상은 보지 못하였느니라

다른 하나는 형상이 '실체'의 의미로 쓰인 경우입니다. 말소리만 듣고 '형상'은 보지 못했다는 것은 그 '실체'는 보지 못했다는 의미입니다. 이렇게 형상에는 '모양'과 '실체'의 뜻이 있는데, 그렇다면 왜 인간을 지으실 때 하나님의 형상의 모양대로 지으셨는지 예를 들어 설명해 보겠습니다.

장갑과 손이 있습니다. 그렇다면 여기에서 '모양'은 무엇이고 '실

체'는 무엇입니까? 장갑이 모양이고 실체는 손입니다. 왜 장갑을 손의 모양을 따라 만들었을까요? 그것은 장갑의 실체인 손을 그 장갑 안에 넣기 위해서 그렇게 만든 것입니다. 마찬가지입니다. 왜 사람을 지으실 때 하나님의 형상의 모양대로 지으셨을까요? 하나님의 형상의 실체를 그 안에 담기 위해서입니다. 이것이 하나님께서 사람을 창조하실 때 거기에 숨겨놓으신 복음의 비밀입니다. 그렇다면 하나님의 형상의 실체는 무엇일까요?

골 1:15 그는 보이지 아니하는 하나님의 형상이시요 모든 피조물보다 먼저 나신 이시니

고후 4:4 그중에 이 세상의 신이 믿지 아니하는 자들의 마음을 혼미하게 하여 그리스도의 영광의 복음의 광채가 비치지 못하게 함이니 그리스도는 하나님의 형상이니라

그리스도가 하나님의 형상입니다. 하나님의 형상의 실체이신 하나님의 아들 예수 그리스도를 우리 안에 담으시려고 하나님께서 사람을 지으실 때 하나님의 형상을 따라 지으신 것입니다. 할렐루야! 하나님이 우리와 영원히 함께하시기 위해서, 우리 안에 들어오셔서 우리와 함께 살기 위해서 우리를 하나님의 형상대로 지으신 것입니다. 히브리서 1장 3절의 말씀은 이러한 맥락에서 보아야 합니다.

> 하나님의 형상의 실체인 아들 예수 그리스도를 우리 안에 담으시려고 우리를 하나님의 형상대로 지으셨습니다.

히 1:3 이는 하나님의 영광의 광채시요 그 본체의 형상이시라 그의 능력의 말씀으로 만물을 붙드시며 죄를 정결하게 하는 일을 하시고 높은 곳에 계신 지극히 크신 이의 우편에 앉으셨느니라

(쉬운성경) 그 아들은 하나님의 영광을 나타내며 하나님의 본성을 그대로 보여 줍니다. 능력 있는 말씀으로 만물을 붙드시고, 사람들의 죄를 깨끗이 하시는 그분은 하늘에 계시는 위대하신 하나님의 오른편에 앉아 계십니다.

이 말씀이 깨달아지십니까? 하나님께서 마지막에는 아들을 통하여 말씀하시는데 그 아들이 만유의 상속자요 그로 말미암아 모든 세계를 지으신 창조주 하나님이시며, 그 아들이 바로 우리 안에 담으시려고 하나님이 천지만물을 창조하실 때부터 이미 계획하셨던 하나님의 형상의 본체, 실체라는 것입니다. 이것은 성령이 가르쳐 주시지 않으면 깨달을 수도, 설명할 수도 없는 것입니다. 말씀이 지식이 되면 안 됩니다. 말씀이 지식을 넘어, 능력이 되고 생명이 되고 경험이 되어야 합니다. 이미 들어본 말씀이라고 하면서 교만해서는 안 됩니다.

저는 말씀을 볼 때마다 얼마나 은혜가 되는지 모릅니다. 하나님의 형상이신 아들이 우리 안에 있어야 합니다. 하나님의 형상을 회복해야 합니다. 그냥 교인 행세를 하며 껍데기 신자로 있어서는 안 됩니다. 하나님의 형상의 실체이신 아들 예수께서 우리 안에 있지 않으면, 우리는 마귀에게 종노릇하며 하나님을 대적하는 삶을 살 수밖에 없습니다. 그래서 복음이 중요합니다. 복음은 타락한 우리를 다시 하나님의 아들 곧 하나님의 형상으로 회복시키기 위해서 주신 기쁜 소식입니다.

아들은 하나님의 형상이며, 하나님의 본체이며, 영광의 광채입니다. 우리가 아무리 잘해도 아들을 통하지 않으면 하나님은 영광을 받지 않으십니다. 반드시 아들을 통해야만 하나님께서 영광을 받으시는 것입니다. 기도도 아들을 통해서 기도하는 것을 하나님이 들어주십니다. 그래서 우리 안에 아들이 있느냐 없느냐가 아주 중요합니다. 아들이 있느냐 없느냐에 따라 하나님께서 영광을 받으시기도 하고 받지 않으시기도 합니다. 내 안에 계신 하나님의 아들이 하나님의 영광을 나타내시는 분이기 때문에, 그분이 없이는 하나님의 영광을 나타낼 수 없습니다. 내 노력으로는 절대 하나님께서 영광을 받지 않으십니다. 내 안에 아들이 있을 때 전도하는 것도 영광이요, 기도하는 것도 영광이요, 밥하고 설거지하는 것도 하나님께 영광이 됩니다. 반드시 우리 안에 아들이 있어야 할 줄 믿습니다.

> 아들이 하나님의 영광의 광채이므로 아들이 없이는 하나님의 영광을 나타낼 수 없습니다.

🍀 하나님의 형상을 우리 안에 담으시려고 하나님께서 행하신 일

하나님의 형상의 실체가 아들 예수 그리스도요, 그 실체를 우리 안에 담으시려고 하나님께서 인간을 지으실 때 하나님의 형상대로 창조하셨다는 것을 살펴보았습니다. 그렇다면, 하나님의 형상의 실체인 하나님의 아들 예수 그리스도를 우리 안에 담으시려고 그 후에 하나님께서 하

> 하나님의 형상의 실체를 우리 안에 담으시려고 예수를 하나님의 아들로 이 땅에 보내셨습니다.

신 일은 무엇일까요? 하나님의 형상의 실체이신 아들 예수 그리스도를 이 땅에 '하나님의 아들'로 보내신 것입니다. '하나님의 아들로 오셨다는 것은 '죄 없는 몸'으로 오셨다는 뜻입니다. 왜 죄가 없는 몸으로 오셨을까요? 우리의 죄를 담당하시기 위해서입니다.

> 사 53:6 우리는 다 양 같아서 그릇 행하여 각기 제 길로 갔거늘 여호와께서는 우리 모두의 죄악을 그에게 담당시키셨도다

하나님께서 우리의 모든 죄를 그 아들 예수 그리스도께 담당시키셨습니다. 하나님의 형상의 실체인 아들 예수 그리스도께서 이 땅에 죄 없는 몸으로 오셔서 우리의 모든 죄를 담당하시고 십자가에서 죽으셨습니다.

> 요 1:29 이튿날 요한이 예수께서 자기에게 나아오심을 보고 이르되 보라 세상 죄를 지고 가는 하나님의 어린 양이로다

예수님은 세상 죄를 지고 가는 하나님의 어린 양으로 오셨습니다. 사람들은 그것을 알지 못했지만 세례 요한은 그것을 깨닫고 사람들에게 외쳤습니다.

> 고전 1:18 십자가의 도가 멸망하는 자들에게는 미련한 것이요 구원을 받는 우리에게는 하나님의 능력이라

'십자가의 도'는 십자가를 통해서 이루시려고 하는 하나님의 뜻을 말합니다. 십자가를 통해 이루고자 하셨던 하나님의 뜻과 계획, 곧

하나님 형상의 실체인 아들이 우리 안에 들어오게 하시려고 우리의 모든 죄를 담당시키고 십자가에 피 흘려 죽게 하셨다는 것은, 구원받는 우리에게는 우리를 하나님의 아들로 만드는 하나님의 능력입니다. 세상 사람들에게는 십자가가 미련한 것처럼 보이지만, 구원을 받는 사람들에게는 하나님의 형상의 실체이신 아들 예수 그리스도가 그 안에 들어오게 하시는 것이므로 십자가가 구원의 능력이 되는 것입니다. 십자가는 하나님의 아들 예수 그리스도께서 우리 안에 들어오시게 하려고 하나님께서 만들어 놓으신 통로입니다. 우리 안에 죄가 있으면 그리스도께서 들어오실 수 없기 때문에 십자가로 죄의 문제를 모두 해결하시고, 십자가에서 흘리신 그 피로 우리의 죄를 사하신 후 우리 안에 들어오시는 것입니다.

> 십자가는 하나님의 형상의 실체인 아들 예수 그리스도를 우리 안에 들어오게 하시려고 하나님께서 만들어 놓으신 통로입니다.

'예수'와 '십자가'는 뗄 수 없는 관계입니다. 예수가 없는 십자가는 의미가 없고, 십자가가 없는 예수도 의미가 없습니다. 마찬가지로 '십자가'와 '예수의 피'도 뗄 수 없는 관계입니다. '십자가'는 곧 '예수의 피'를 의미합니다.

찬송가 가사에 "주의 보혈 능력 있도다! 주의 피 믿으오!"라는 가사가 있습니다. '주의 피', '예수의 피'를 믿으라고 하는 말은 '예수'를 믿으라는 말과 마찬가지입니다. 이처럼 성경 전체가 예수를 말하고 있는데, 성경을 짜고 짜면 예수의 피가 나옵니다. '십자가'와 '예수'와 '예수의 피'는 결국 다 하나입니다. 천하에 우리를 구원할 이름이 예수밖에 없다는 것은(행 4:12) 예수의 피로만 죄 사함을 주시고 영원한 속죄를 이루어 주신다는 것과 같은 말입니다. 이토록 중요한 '예수의 피'를 성경은 어떻게 말하고 있습니까?

눅 22:20 저녁 먹은 후에 잔도 그와 같이 하여 이르시되 이 잔은 내 피로 세우는 새 언약이니 곧 너희를 위하여 붓는 것이라

마 26:28(쉬운말) 이것은 새 언약을 표시하는 나의 피다. 곧 많은 사람의 죄를 용서하기 위하여 흘리는 나의 피다.

'예수님의 피'는 '새 언약을 표시하는 피'라고 말씀합니다. 예수님의 피로만 하나님의 형상의 실체이신 아들을 우리 안에 담을 수 있는데, 그 피가 바로 새 언약을 세우는 피입니다. 그러므로 새 언약은 하나님의 아들 예수를 우리 안에 담겠다는 언약, 약속이라고 말할 수 있습니다.

막 14:24(쉬운말) 그런 뒤, 예수께서 제자들에게 말씀하셨다. "이 잔은 내 피다. 곧 모든 사람을 위하여 흘리는 새 언약의 피다."

> 새 언약은 하나님의 형상의 실체인 하나님의 아들 예수 그리스도를 우리 안에 담겠다는 하나님의 약속입니다.

예수의 피는 모든 사람을 하나님의 자녀로 만들기 위해 흘리신 피입니다. 하나님께서 사람을 지으실 때 하나님의 형상대로 지으시고 그 형상의 실체이신 아들 예수 그리스도를 우리 안에 담으시려고 계획하셨는데, 그 계획을 이루는 피, 하나

05 _ 아들 그리스도와 하나님의 형상

님의 형상의 실체이신 아들 예수 그리스도를 우리 안에 담을 수 있는 유일한 피가 예수의 피입니다.

> 히 9:12 염소와 송아지의 피로 하지 아니하고 오직 자기의 피로 영원한 속죄를 이루사 단번에 성소에 들어가셨느니라

예수님의 피는 우리의 모든 죄, 과거에 저질렀던 죄뿐만 아니라 현재와 미래의 모든 죄를 영원히 용서받게 하는 피입니다.

> 히 10:17 또 그들의 죄와 그들의 불법을 내가 다시 기억하지 아니하리라 하셨으니

예수가 나를 위해 흘리신 피 곧 하나님의 형상의 실체인 아들을 내 안에 담게 하는 유일한 피를 믿는 자는, 그의 죄와 불법을 하나님께서 다시는 기억하지 않겠다고 약속하셨습니다. 이것이 새 언약입니다.

> 골 1:14 그 아들 안에서 우리가 속량 곧 죄 사함을 얻었도다

하나님의 아들 안에서, 아들의 피로 하나님의 형상의 실체이신 아들이 우리 안에 들어오심으로 말미암아 우리는 모든 죄를 속량 받았습니다.

> 히 1:5 하나님께서 어느 때에 천사 중 누구에게 너는 내 아들이라 오늘 내가 너를 낳았다 하셨으며 또다시 나는 그에게 아버지가 되

고 그는 내게 아들이 되리라 하셨느냐

아들을 이 땅에 보내시고 아들을 십자가에 못 박으신 하나님께서 또 아들에게 "너는 내 아들이라 오늘 내가 너를 낳았다!"라고 선포하셨습니다. 무엇 때문에 이런 선포를 하셨을까요?

행 13:33 곧 하나님이 예수를 일으키사 우리 자녀들에게 이 약속을 이루게 하셨다 함이라 시편 둘째 편에 기록한 바와 같이 너는 내 아들이라 오늘 너를 낳았다 하셨고

(현대인) 하나님은 예수님을 다시 살리심으로써 그들의 후손인 우리에게 그 약속이 이루어지게 하셨습니다. 시편 둘째 편에도 예수님에 대하여 '너는 내 아들이다. 오늘 내가 너를 낳았다.'라고 쓰여 있습니다.

(쉬운말) 하나님께서는 예수를 다시 살리심으로써 그들의 후손인 우리를 위해 자신의 약속을 이루셨습니다. 이것은 시편 제2편에 '너는 내 아들이다. 오늘 내가 너를 낳았다'라고 하신 말씀 그대로입니다.

그리스도의 형상을 우리 안에 담으시려고 아들을 죄 없는 몸으로 보내셔서 우리의 모든 죄를 담당시킨 후 십자가에 피 흘려 죽게 하신 하나님께서, 그 아들을 죽은 자 가운데서 다시 살리시고 "너는 내 아들이다. 오늘 내가 너를 낳았다!"라고 선포하셨습니다. 왜 그렇게 하셨을까요? 현대인의 성경을 보면, 우리에게 하나님의 약속이 이루어지게 하시려고 예수님을 다시 살리셨다는 것입니다. 그 약

속이 무엇입니까? 시편에 기록된 "너는 내 아들이다. 오늘 내가 너를 낳았다!"라는 말씀입니다. 예수님을 죽은 자 가운데서 다시 살리셔서 "너는 내 아들이다. 오늘 내가 너를 낳았다!"라고 선포하신 것처럼, 우리도 하나님의 아들로 낳아, 다시 말하면 우리 안에 하나님의 아들을 담으셔서 우리도 하나님의 아들로 선포하시려는 것입니다. 우리를 하나님의 아들로 낳아주시겠다는 하나님의 약속이 새 언약입니다.

> 하나님의 형상의 실체인 아들 예수 그리스도를 우리 안에 담으셔서 우리를 하나님의 아들로 선포해 주십니다.

> **고전 4:15** 그리스도 안에서 일만 스승이 있으되 아버지는 많지 아니하니 **그리스도 예수 안에서 내가 복음으로써 너희를 낳았음이라**

하나님께서 하나님의 아들 예수 그리스도를 우리 안에 담으셔서 우리를 하나님의 아들로 선포해 주십니다. 이것이 바로 복음으로 낳아주시는 것입니다.

> **엡 1:5** 그 기쁘신 뜻대로 우리를 예정하사 **예수 그리스도로 말미암아 자기의 아들들이 되게 하셨으니**

하나님께서 우리를 예수 그리스도로 말미암아, 하나님의 형상의 실체이신 아들 예수 그리스도를 우리 안에 담으셔서, 우리를 하나님의 아들들이 되게 하셨습니다.

갈 4:4-7 때가 차매 하나님이 그 아들을 보내사 여자에게서 나게 하시고 율법 아래에 나게 하신 것은 율법 아래에 있는 자들을 속량하시고 우리로 아들의 명분을 얻게 하려 하심이라 너희가 아들이므로 하나님이 그 아들의 영을 우리 마음 가운데 보내사 아빠 아버지라 부르게 하셨느니라 그러므로 네가 이 후로는 종이 아니요 아들이니 아들이면 하나님으로 말미암아 유업을 받을 자니라

히 9:15 이로 말미암아 그는 새 언약의 중보자시니 이는 첫 언약 때에 범한 죄에서 속량하려고 죽으사 부르심을 입은 자로 하여금 영원한 기업의 약속을 얻게 하려 하심이라

하나님이 아들을 보내신 것은 율법 아래에 있는 자들을 속량하시고 우리를 하나님의 아들이 되게 하시려는 것입니다. '율법 아래에 있는 자들을 속량하신다'(갈 4:5)는 것은 '첫 언약 때에 범한 죄에서 속량하신다'(히 9:15)는 것과 같은 뜻입니다. 첫 언약이 율법입니다. 또한 우리로 '아들의 명분을 얻게 하시는 것', '유업을 받게 하는 것'이 곧 '영원한 기업의 약속을 얻게 하시는 것'입니다. 아들을 죄 없는 몸으로 보내사 우리의 죄를 담당시키시고 십자가에 피 흘려 죽게 하심으로 우리를 죄에서 속량하시고, 죽은 자 가운데서 살리신 그 아들의 영을 우리 마음 가운데 보내셔서, 다시 말하면 하나님의 형상의 실체이신 아들 예수 그리스도를 우리 안에 담으셔서 우리도 하나님의 아들이 되어 하나님을 아빠 아버지라 부르게 하시는 것입니다.

갈 3:26 너희가 다 믿음으로 말미암아 그리스도 예수 안에서 하나님의 아들이 되었으니

우리는 예수께서 하나님의 아들이심을 믿음으로 그리스도 예수 안에서 하나님의 아들이 되었습니다.

> 요일 5:11-13 또 증거는 이것이니 하나님이 우리에게 영생을 주신 것과 이 생명이 그의 아들 안에 있는 그것이니라 아들이 있는 자에게는 생명이 있고 하나님의 아들이 없는 자에게는 생명이 없느니라 내가 하나님의 아들의 이름을 믿는 너희에게 이것을 쓰는 것은 너희로 하여금 너희에게 영생이 있음을 알게 하려 함이라

내 안에 하나님의 아들이 있으면 생명이 있고, 아들이 없으면 생명이 없습니다.

> 갈 2:20 내가 그리스도와 함께 십자가에 못 박혔나니 그런즉 이제는 내가 사는 것이 아니요 오직 내 안에 그리스도께서 사시는 것이라 이제 내가 육체 가운데 사는 것은 나를 사랑하사 나를 위하여 자기 자신을 버리신 하나님의 아들을 믿는 믿음 안에서 사는 것이라

예수 그리스도와 함께 십자가에 못 박힌 자들이 하나님의 아들을 믿는 믿음 안에서 사는 것입니다. 하나님의 아들을 믿는 믿음은, 하나님 형상의 실체인 아들 예수께서 죄 없는 몸으로 이 땅에 오셔서 내 모든 죄를 지고 십자가에 피 흘려 죽으시고 부활하사 하나님의 형상의 모양대로 지음 받은 내 안에 오셔서 나로 하여금 하나님의 아들이 되어 아들로 살게 하심을 믿는 믿음입니다.

> 살후 3:2 또한 우리를 부당하고 악한 사람들에게서 건지시옵소서

하라 **믿음은 모든 사람의 것이 아니니라**

    그런데 이런 믿음은 모든 사람의 것이 아닙니다. 믿는 자의 것입니다. 하나님께 은혜 입기를 원하는 자, 사모하는 자, 믿기를 원하는 자에게 하나님께서 믿음을 주십니다. 그런 자들이 하나님께 택함을 받은 자입니다.

06
구원받을 사람을 섬기라고 보내신 천사

히브리서 1장

히 1:14 모든 천사들은 섬기는 영으로서 구원받을 상속자들을 위하여 섬기라고 보내심이 아니냐

(개역한글) 모든 천사들은 부리는 영으로서 구원 얻을 후사들을 위하여 섬기라고 보내심이 아니뇨

천사는 지금도 존재합니다. 이 천사를 통해 눈에 보이지 않는 영의 세계에 대한 말씀을 드리려고 합니다.

요 8:47 하나님께 속한 자는 하나님의 말씀을 듣나니 너희가 듣지 아니함은 하나님께 속하지 아니하였음이로다

요일 4:5-6 그들은 세상에 속한 고로 세상에 속한 말을 하매 세상이 그들의 말을 듣느니라 우리는 하나님께 속하였으니 하나님을 아

는 자는 우리의 말을 듣고 하나님께 속하지 아니한 자는 우리의 말을 듣지 아니하나니 진리의 영과 미혹의 영을 이로써 아느니라

하나님께 속한 자는 하나님의 말씀을 듣고, 세상에 속한 자는 세상의 말을 듣습니다. 오늘도 말씀이 들려지는 은혜가 있기를 축원합니다.

갈 3:26 너희가 다 믿음으로 말미암아 그리스도 예수 안에서 하나님의 아들이 되었으니

히브리서 1장의 결론은 우리가 아들 예수 안에서 하나님의 아들이 되었다는 것입니다. 마지막 때에는 아들을 통하여 말씀하시는 하나님이 아들을 통해 모든 것을 새롭게 하시는데, 하나님의 본체이신 아들이 죄 없는 몸으로 이 땅에 오셔서 우리의 모든 죄를 담당하시고 십자가에 피 흘려 죽으심으로 우리의 모든 죄를 사하신 후 우리 안에 들어오셔서 우리를 아들로 삼아주십니다.

아들이 되었다면 아들로 살아가는 것을 경험해야 합니다. 이제까지는 마귀의 종이 되어 살아왔지만, 하나님의 생명으로 다시 태어났다면 하나님의 자녀답게 살아야 하는 것입니다. 문제는 하나님의 자녀가 어떻게 살아야 하는지 아직 한 번도 경험해 본 적이 없고 누가 가르쳐 준 적도 없다는 것입니다. 하지만 걱정할 필요가 없습니다. 개는 개라는 생명으로 태어나면 어미가 가르쳐 주지 않아도 개처럼 살고, 바다 거북이는 바다 거북이로 태어나서 누가 가르쳐 주지 않아도 바다 거북이처럼 삽니다. 어미 거북이가 바다 밖으로 나와 모래사장에 알을 낳고 파묻은 후 바다로 돌아갔습니다. 그런데 정말

로 신기하고 놀라운 일은, 알에서 부화되어 나온 새끼 거북이가 누가 알려주지도 않았는데 엉금엉금 기어서 바다로 가는 것입니다. 엄마에게 거북이로 사는 법을 배운 적도 없는데, 거북이 모양으로 태어나서 거북이처럼 사는 것입니다. 고양이는 고양이처럼, 돼지는 돼지처럼 삽니다.

마찬가지입니다. 하나님의 생명으로 태어났다면 하나님처럼 하나님의 생명으로 사는 것이 당연합니다. 누구한테 물을 것도, 배울 것도 없습니다. 하나님의 생명으로 태어난 사람이 그 생명으로 사는 것은 아주 자연스러운 일이기 때문입니다. 머리와 몸이 유기적으로 결합되어 하나가 되었기 때문에 머리가 생각하는 방향으로 머리의 지시를 따라 걷는 것이 아주 자연스러운 일입니다. 이처럼 머리 되신 주님의 음성을 듣고 그 음성에 따라 사는 것은 아주 자연스러운 일입니다. 하지만 "오른발 내밀어!", "왼발 내밀어!" 하고 누군가의 명령을 듣고 오른발과 왼발을 내디딘다면 걷는 것이 아주 부자연스러울 것입니다. 이것이 사람의 가르침에 따라 말씀을 지키려고 노력하는 율법적인 신앙생활의 모습입니다. 하나님의 생명이 되지 못한 사람의 신앙생활은 이처럼 아주 부자연스럽고 어렵고 불편합니다.

하나님의 아들이 내 안에 왔으면 나는 하나님의 생명으로 태어난 것이고, 그 생명으로 사는 것이 아주 자연스럽고 편안한 것입니다. 그냥 우리가 일상생활 가운데 편안하게 걷는 것처럼, 사는 것 자체가 하나님의 말씀대로 사는 것입니다. 누가 말하거나 시키지 않아도 자연스럽게 예배드리고 기도하고 십일조도 하고 그렇게 신앙생활을 하는 것입니다. 이제는 주님과 동행하는 삶이 자연스러울 수 있기를 주님의 이름으로 축원합니다.

살후 3:2 또한 우리를 부당하고 악한 사람들에게서 건지시옵소서 하라 **믿음은 모든 사람의 것이 아니니라**

우리는 믿음으로 말미암아 하나님의 아들이 되는데(갈 3:26), 문제는 믿음이 모든 사람의 것이 아니라는 것입니다. 그렇다면 믿음은 어떤 사람들의 것일까요? 믿음은 믿는 사람들의 것입니다. 믿음은 믿으려고 노력하거나 노력해서 믿게 되는 것이 아닙니다. 믿음은 하나님이 택한 자에게만 주시는 선물입니다.

하나님이 주신 믿음으로 말미암아 아들이 된 자들에게 오는 첫 번째 변화가 무엇일까요? 아버지가 대통령이라면 그 자녀에게도 경호원이 붙습니다. 마찬가지로 내가 하나님의 자녀가 되면 하늘에서도 나를 경호하고 수행하는 경호원이 붙는데, 그것이 바로 '천사'입니다. 그래서 히브리서 1장 14절에 아들을 경호하고 수행하는 천사에 대해 말하고 있는 것입니다. "모든 천사들은 섬기는 영으로서 구원받을 상속자들을 위하여 섬기라고 보내심이 아니냐"라는 말씀에서 구원받을 상속자가 한마디로 '하나님의 아들'입니다.

> 하나님의 아들이 되면 나를 경호하고 섬기기 위해 천사가 붙습니다.

🍀 부탁하는 자와 명령하는 자

요 1:12 영접하는 자 곧 그 이름을 믿는 자들에게는 **하나님의 자녀가 되는 권세를 주셨으니**

하나님의 아들에게는 하나님께서 주시는 아들의 권세가 있습니다. 아들이 되면 아버지의 모든 것을 누릴 수 있는 권세를 가지게 됩니다. 이 아들의 권세를 누리는 사람이 진짜 아들입니다. 아들의 권세를 누리고 있느냐, 아니냐로 진짜와 가짜가 구별됩니다.

> 히 1:2 이 모든 날 마지막에는 아들을 통하여 우리에게 말씀하셨으니 **이 아들을 만유의 상속자로 세우시고** 또 그로 말미암아 모든 세계를 지으셨느니라

하나님께서 아들을 만유의 상속자로 세우셨습니다. 아들이 만물의 상속자가 되어 주인의 권리를 누리는 것입니다. 이 복음을 알게 되면 우리의 삶이 달라집니다. 몸이 아파도, 물질이 없어도, 절망하고 한탄하지 않습니다. 하나님께서 우리 각자에게 주신 아들의 권세가 있기 때문입니다.

> 하나님의 아들에게는 만물의 주인 되시는 아들 예수의 권세를 주십니다.

내 안에 만물의 주인이신 아들 예수께서 계시므로 "예수의 이름으로 명하노니, 내 안에 질병으로 역사하는 더러운 귀신아, 떠나가라!" 하고 담대히 선포할 수 있는 것입니다. 권세가 있는 자들은 부탁하지 않습니다. 오히려 명령합니다. 그것을 '권세'라고 부릅니다. 부탁하는 사람과 명령하는 사람은 다릅니다. 그런데 하나님의 아들이 되었다고 하면서도 평생 부탁하며 사는 사람이 있고, 명령하며 사는 사람이 있습니다.

이제 우리의 삶은 부탁하며 사는 것이 아니라 명령하는 삶이 되어야 합니다. 내 안에 계신 주님은 나로 하여금 명령하게 하십니다.

예수의 이름으로 명령하기 시작할 때 우리의 삶이 달라집니다. 나는 부탁하며 살고 있습니까, 아니면 명령하며 살고 있습니까? 하나님께서 우리에게 아들을 주셔서 우리를 하나님의 아들로 삼으신 것은 세상에 종노릇하라고 그렇게 하신 것이 아닙니다. 하나님은 하나님의 아들이 세상을 다스리고 정복하기를 원하십니다.

> 요 16:33 이것을 너희에게 이르는 것은 너희로 내 안에서 평안을 누리게 하려 함이라 세상에서는 너희가 환난을 당하나 담대하라 내가 세상을 이기었노라

하나님의 아들 예수께서 세상을 이기셨습니다. 그러므로 담대할 수 있기를 바랍니다. 더 이상 세상에 머리를 조아리고 부탁하는 자가 아니라 세상을 다스리고 명령하는 자로 살아야 합니다.

> 요일 5:5 예수께서 하나님의 아들이심을 믿는 자가 아니면 세상을 이기는 자가 누구냐

예수께서 하나님의 아들이심을 믿었던 베드로가 예수님처럼 물 위를 걸어가다가 바람을 보고 그만 바다에 빠져들고 맙니다. 세상을 보면 세상에 빠집니다. 우리는 믿음의 주요 온전케 하시는 예수를 바라보아야 합니다(히 12:2). 우리는 주님을 보고 사는 자들입니다. 주님을 보고 사는 자들은 세상을 두려워할 필요가 없습니다. 세상을 두려워하는 자

> 하나님의 아들이 세상을 이기었으니, 세상을 다스리고 명령하며 살라!

들은 비굴하게 세상에 굴복하며 세상 앞에 엎드려 부탁합니다. 그러나 하나님께서 우리를 아들로 삼아주시고, 더 이상 그러한 굴욕적이고 비참한 삶을 살지 않게 하시려고 아들의 권세를 주셨습니다. 그러므로 이제부터는 세상에 명령하며 살아야 합니다. 예수께서 하나님의 아들이심을 믿는 자는 세상을 이깁니다. 건강 때문에, 물질 때문에 쩔쩔매지 말고 하나님께서 아들에게 만물을 상속하셨음을 믿고 예수의 이름으로 명령하시길 바랍니다.

> 히 1:14 모든 천사들은 섬기는 영으로서 구원받을 상속자들을 위하여 섬기라고 보내심이 아니냐
>
> (개역한글) 모든 천사들은 부리는 영으로서 구원 얻을 후사들을 위하여 섬기라고 보내심이 아니뇨

개역한글 성경을 보면 모든 천사들은 '부리는 영'이라고 말씀합니다. 누가 천사를 부립니까? 구원 얻을 후사들, 하나님의 자녀들, 곧 우리가 천사를 부리는 것입니다. 천사를 부려본 적이 있습니까? 하나님께서 구원받을 상속자들을 섬기라고 천사를 보내셨는데, 천사를 부리는 사람이 없습니다. 어떻게 천사를 부릴 수 있을까요?

🍀 어떻게 천사를 부리는가?

> 민 20:16 우리가 여호와께 부르짖었더니 우리 소리를 들으시고 천사를 보내사 우리를 애굽에서 인도하여 내셨나이다 이제 우리가 당신의 변방 모퉁이 한 성읍 가데스에 있사오니

천사는 기도로 부리는 것입니다. "여호와께 부르짖었더니…천사를 보내사…"라고 말씀하고 있지 않습니까? 우리는 성경을 믿는 것입니다. 성경이 그렇다고 하면 그런 것입니다. 내가 기도하면 하나님이 천사를 보내셔서 그 기도에 응답해 주십니다.

> 천사는 기도로 부리는 것입니다.

대하 32:20-21 이러므로 **히스기야 왕이 아모스의 아들 선지자 이사야와 더불어 하늘을 향하여 부르짖어 기도하였더니 여호와께서 한 천사를 보내어** 앗수르 왕의 진영에서 **모든 큰 용사와 대장과 지휘관들을 멸하신지라** 앗수르 왕이 낯이 뜨거워 그의 고국으로 돌아갔더니 그의 신의 전에 들어갔을 때에 그의 몸에서 난 자들이 거기서 칼로 죽였더라

위기가 닥쳤을 때 히스기야 왕이 선지자 이사야와 함께 합심하여 기도합니다. 그랬더니 하나님께서 어떻게 하셨습니까? 한 천사를 보내어 앗수르 왕의 진영에서 모든 큰 용사와 대장과 지휘관들을 멸하셨습니다. 천사를 여러 명 보낸 것도 아닙니다. 단 한 명의 천사를 보냈는데, 그 천사가 한 나라의 군대를 멸한 것입니다. 이렇게 천사의 능력은 대단합니다. 이러한 천사를 하나님의 아들에게 붙여주셨음을 믿으시길 바랍니다.

시 103:19-21 여호와께서 그의 보좌를 하늘에 세우시고 **그의 왕권으로 만유를 다스리시도다** 능력이 있어 **여호와의 말씀을 행하며** 그

06 _ 구원받을 사람을 섬기라고 보내신 천사

의 말씀의 소리를 듣는 여호와의 천사들이여 여호와를 송축하라 그에게 수종들며 그의 뜻을 행하는 모든 천군이여 여호와를 송축하라

(개역한글) 여호와께서 그 보좌를 하늘에 세우시고 **그 정권으로 만유를 통치하시도다** 능력이 있어 **여호와의 말씀을 이루며 그 말씀의 소리를 듣는 너희 천사여** 여호와를 송축하라 여호와를 봉사하여 그 뜻을 행하는 너희 모든 천군이여 여호와를 송축하라

하나님이 정권으로 만유를 다스리실 때 하나님의 말씀을 듣고 그 말씀을 수행하는 천사가 있습니다. 하나님의 말씀이 떨어지기만을 기다리고 있다가 말씀이 떨어지면 즉각적으로 그 말씀을 듣고 움직이기 시작하는 것입니다. 이처럼 천사는 하나님의 왕권을 수행하는 자들입니다. 하나님께서 이 천사를 누구에게 주십니까? 아들에게 주십니다. 아들에게 주셔서 아들을 섬기게 하십니다. 대통령이 도둑을 직접 잡습니까? 아닙니다. 도둑은 경찰관이 잡습니다. 불이 나면 대통령이 직접 불을 끄러 다닙니까? 아닙니다. 소방관이 불을 끕니다. 대통령이 정권을 잡았다고 해서 대통령이 직접 나라의 질서를 유지하고 통치하기 위해 모든 일을 다 수행하는 것이 아닙니다. 대통령이 국정을 잘 수행하도록 국무총리로부터 말단 공무원에 이르기까지 정권을 보좌하는 조직이 있으니, 그들이 대통령의 명령을 수행합니다.

마찬가지로 하나님께서 하나님의 정권을 수행하는 천사들에게 명령하시면 천사가 그 명령을 듣고 말씀을 수행하는 것입니다. 하나님께서 아들에게 이러한 천사를 붙여주십니다. 왜 그렇게 하실까요? 이제 하나님의 아들이 되었으니 더 이상 세상에 종노릇하지 말고 세

상을 향하여 명령하라는 것입니다. 천사가 듣고 수행할 것이니 마음 놓고 무엇이든 명령하라는 것입니다.

> 시 2:8 내게 구하라 내가 이방 나라를 네 유업으로 주리니 네 소유가 땅 끝까지 이르리로다

> 시 81:10 나는 너를 애굽 땅에서 인도하여 낸 여호와 네 하나님이니 네 입을 크게 열라 내가 채우리라 하였으나

이것이 아들이 누리는 권세입니다. 하나님의 아들이 되었다면 아들로 살아야 합니다. 세상에 구걸하고 비굴하게 살아서는 안 됩니다. 돈이 좀 있는 부잣집 아들만 되어도 폼을 잡고 사는데, 만물의 주인이신 하나님께서 나의 아버지라면서 왜 그렇게 비참하게 살고 있습니까? 이제는 "나 천사 있다!" 하고 자랑도 좀 하시고, 하나님이 나에게 붙여주신 능력 있는 천사가 있다는 것을 의식하며 살 수 있기를 바랍니다. 권한을 주셨는데도 쓰지 못하고 누리지 못한다면 그처럼 안타까운 일이 없을 것입니다. 하나님이 나에게 주신 말씀, 나에게 주신 하나님의 약속을 믿고 살 수 있기를 바랍니다. 나에게 아들의 권세를 주셨다는 것을 의식하는 순간 삶의 자세가 달라집니다. '오늘은 어디에서 누구에게 빌어먹을까?' 하는 생각을 버리고, 하나님의 아들답게, 만유의 상속자답게 당당하게 살 수 있기를 바랍니다. 하나님은 구하면 주시고 입을 크게 열면 채워주십니다.

> 마 18:10 삼가 이 작은 자 중의 하나도 업신여기지 말라 너희에게 말하노니 그들의 천사들이 하늘에서 하늘에 계신 내 아버지의 얼굴

을 항상 뵈옵느니라

하나님께서 아들에게 천사를 붙여주셨음을 영적으로 보는 사람들은 작은 자 한 사람이라도 업신여기지 않습니다. 겉모습만 보고 사람을 판단해서는 안 됩니다. 못생겼다고, 못 가졌다고, 못 배웠다고 사람을 함부로 대하면 큰일 납니다. 왜 그럴까요? 그들의 천사들이 하늘에 계신 아버지의 얼굴을 항상 뵙기 때문입니다. 얼굴을 뵙는다니까 그냥 얼굴만 보고 내려오는 것입니까? 아닙니다. 항상 얼굴을 뵙는다는 것은 사소한 일 하나하나까지도 다 보고한다는 뜻입니다. 하나님께 우리의 일거수일투족을 아뢰고 하나님의 명령을 받아 내려와 수행합니다. "우리 주인이 이렇게 아파하고 있습니다", "누가 우리 주인을 이렇게 조롱하고 괴롭히고 있습니다" 하고 우리 각자의 삶 속에서 벌어지는 모든 일들을 조목조목 하나님 앞에 올라가 아뢰는 것입니다.

행 10:4 고넬료가 주목하여 보고 두려워 이르되 주여 무슨 일이니이까 천사가 이르되 네 기도와 구제가 하나님 앞에 상달되어 기억하신 바가 되었으니

내 기도와 내가 한 행동들이 천사를 통해 다 하나님 앞에 상달됩니다. 내가 하나님께 무엇을 드렸는지, 구제와 선교와 모든 헌신을 하나님이 다 기억하십니다. 천사가 나를 주인으로 섬기는 것을 행복해하고 자랑스러워해야 부끄러워하게 만들어서는 안 됩니다. "하나님은 왜 하필이면 이런 사람을 주인으로 섬기라고 나를 보내셔서 이렇게 힘들게 하는 거야!" 하고 천사가 불평한다면 얼마나 부끄러

운 일입니까? "수많은 사람 중에 이런 분을 주인으로 섬기게 해 주셔서 너무너무 영광스럽고 행복합니다." 천사가 이렇게 고백할 만큼 아름다운 모습이 우리에게 있기를 축원합니다.

> 나를 섬기는 천사에게 자랑스러운 주인이 되라!

하나님의 아들인데도 아들답게 살지 못할 때, 세상 앞에 비굴하게 머리를 조아리고 살 때 천사들이 속삭이는 소리를 들을 수 있어야 합니다. "당신은 왕입니다. 당신은 하나님의 아들입니다!"

천사는 내가 부리는 존재이지만 거짓말을 못 합니다. 그래서 우리가 하는 행동을 있는 그대로 하나님 앞에 보고합니다. 천사가 부끄러워 고개를 들 수 없는 것이 아니라 자랑스러워할 수 있는 주인이 되기를 바랍니다.

> 단 3:28 느부갓네살이 말하여 이르되 사드락과 메삭과 아벳느고의 하나님을 찬송할지로다 그가 그의 천사를 보내사 자기를 의뢰하고 그들의 몸을 바쳐 왕의 명령을 거역하고 그 하나님 밖에는 다른 신을 섬기지 아니하며 그에게 절하지 아니한 종들을 구원하셨도다

하나님은 하나님의 사람들이 위기에 처했을 때 천사를 보내사 구원해 주십니다.

> 단 6:22 나의 하나님이 이미 그의 천사를 보내어 사자들의 입을 봉하셨으므로 사자들이 나를 상해하지 못하였사오니 이는 나의 무죄함이 그 앞에 명백함이오며 또 왕이여 나는 왕에게도 해를 끼치지

아니하였나이다 하니라

하루 세 번씩 기도하며 늘 하나님 앞에 살았던 다니엘이 사자 굴에 빠졌을 때 하나님께서 천사를 보내어 사자들의 입을 봉해 주셨습니다. 하나님은 하나님의 자녀들이 위기에 처했을 때 결코 방치하지 않습니다. 사자 굴에 던져진다 할지라도, 사자들의 입을 봉해서라도 그들을 건져주십니다.

행 12:5-12 이에 베드로는 옥에 갇혔고 교회는 그를 위하여 간절히 하나님께 기도하더라 헤롯이 잡아 내려고 하는 그 전날 밤에 베드로가 두 군인 틈에서 두 쇠사슬에 매여 누워 자는데 파수꾼들이 문 밖에서 옥을 지키더니 홀연히 주의 사자가 나타나매 옥중에 광채가 빛나며 또 베드로의 옆구리를 쳐 깨워 이르되 급히 일어나라 하니 쇠사슬이 그 손에서 벗어지더라 천사가 이르되 띠를 띠고 신을 신으라 하거늘 베드로가 그대로 하니 천사가 또 이르되 겉옷을 입고 따라오라 한대 베드로가 나와서 따라갈새 천사가 하는 것이 생시인 줄 알지 못하고 환상을 보는가 하니라 이에 첫째와 둘째 파수를 지나 시내로 통한 쇠문에 이르니 문이 저절로 열리는지라 나와서 한 거리를 지나매 천사가 곧 떠나더라 이에 베드로가 정신이 들어 이르되 내가 이제야 참으로 주께서 그의 천사를 보내어 나를 헤롯의 손과 유대 백성의 모든 기대에서 벗어나게 하신 줄 알겠노라 하여 깨닫고 마가라 하는 요한의 어머니 마리아의 집에 가니 여러 사람이 거기에 모여 기도하고 있더라

베드로가 옥에 갇혔을 때도 교회가 그를 위하여 간절히 기도했더

니 하나님께서 천사를 보내어 베드로를 옥에서 풀어주셨습니다. "기도는 여기서, 역사는 현장에서!" 늘 이것을 마음에 새길 수 있기를 바랍니다. 천사는 시공간을 초월하는 존재입니다. 하나님의 자녀들이 기도할 때, 하나님께서 천사를 보내어 현장에서 역사해 주십니다.

> "기도는 여기에서, 역사는 현장에서!"

> 계 5:8 그 두루마리를 취하시매 네 생물과 이십사 장로들이 그 어린 양 앞에 엎드려 각각 거문고와 향이 가득한 금 대접을 가졌으니 이 향은 성도의 기도들이라

향은 성도의 기도를 말합니다.

> 계 8:3-4 또 다른 천사가 와서 제단 곁에 서서 금 향로를 가지고 많은 향을 받았으니 이는 모든 성도의 기도와 합하여 보좌 앞 금 제단에 드리고자 함이라 향연이 성도의 기도와 함께 천사의 손으로부터 하나님 앞으로 올라가는지라

내가 기도하면 천사가 내 기도를 가지고 하나님 앞에 올라갑니다. 하나님의 아들 된 내가 기도할 때 하나님께서 반드시 천사를 통해 역사하실 것을 믿고 의식하며 살 수 있게 되기를 축원합니다. 눈에 보이지 않아도 내가 기도하면 천사가 움직입니다. 기도는 여기에서 할지라도 역사는 현장에서 일어납니다.

오래전 제 딸이 뉴질랜드에서 유학할 때의 일입니다. 한번은 한

밤중에 갑자기 뉴질랜드에 있는 딸에게서 전화가 왔습니다. 딸이 다 죽어 가는 목소리로 배가 너무 아프다며 전화를 한 것입니다. 딸이 아파서 다 죽어 가는데 당장 달려갈 수도 없고 낯선 환경에서 어린 딸이 혼자 병원에 찾아갈 수도 없고, 참으로 난감하고 위급한 상황이었습니다. 그래서 "아빠가 기도해 줄게!" 하고 전화상으로 강력하게 기도해 주었습니다. 예수님의 이름으로 기도하고 전화를 끊었는데 잠시 후에 다시 전화가 걸려 왔습니다. 조금 전에는 다 죽어 가는 목소리로 전화했던 딸이 "아빠! 다 나았어!" 하고 생생한 목소리로 전화를 한 것입니다. 할렐루야!

자녀들이 멀리 있어도 걱정할 필요가 없습니다. 기도는 여기에서 할지라도 역사는 현장에서 일어납니다. 우리는 명령권자입니다. 하나님의 아들이 된 우리가 명령할 때 천사가 그 명령대로 수행합니다.

07

내가 받은 큰 구원을 잃어버리지 않게 하라

히브리서 2장

히 2:1-4 그러므로 우리는 들은 것에 더욱 유념함으로 우리가 흘러 떠내려가지 않도록 함이 마땅하니라 천사들을 통하여 하신 말씀이 견고하게 되어 모든 범죄함과 순종하지 아니함이 공정한 보응을 받았거든 우리가 이같이 큰 구원을 등한히 여기면 어찌 그 보응을 피하리요 이 구원은 처음에 주로 말씀하신 바요 들은 자들이 우리에게 확증한 바니 하나님도 표적들과 기사들과 여러 가지 능력과 및 자기의 뜻을 따라 성령이 나누어 주신 것으로써 그들과 함께 증언하셨느니라

(새번역) 그러므로 우리는 들은 바를 더욱 굳게 간직하여, 잘못된 길로 빠져드는 일이 없어야 마땅하겠습니다. 천사들을 통하여 하신 말씀이 효력을 내어, 모든 범행과 불순종하는 행위가 공정한 갚음을 받았거든, 하물며 우리가 이렇게도 귀중한 구원을 소홀히 하고서야, 어떻게 그 갚음을 피할 수 있겠습니까? 이 구원은 주님께서

처음에 말씀하신 것이요, 그것을 들은 사람들이 우리에게 확증하여 준 것입니다. 그리고 하나님께서도 표징과 기이한 일과 여러 가지 기적을 보이시고, 또 자기의 뜻을 따라, 성령의 선물을 나누어주심으로써, 그들과 함께 증언하여 주셨습니다.

(현대인) 그러므로 우리는 들은 말씀에서 벗어나지 않도록 그것을 마음에 깊이 간직해야 합니다. 천사들을 통해 주신 말씀도 권위가 있어서 그것을 어기거나 순종치 않았을 때 모두 공정한 처벌을 받았는데 하물며 이같이 큰 구원을 우리가 소홀히 한다면 어떻게 형벌을 피할 수 있겠습니까? 이 구원은 맨 처음 주님께서 말씀하셨고 그 말씀을 들은 사람들이 우리에게 증거해 준 것입니다. 그리고 하나님께서도 놀라운 기적과 여러 가지 능력 있는 일들과 또 자신의 뜻을 따라 나누어 주신 성령님의 은혜의 선물로 그들의 증거를 뒷받침해 주셨습니다.

(쉬운말) 그러므로 우리는 그릇된 길로 빠져들지 않도록, 우리가 들은 것들을 마음속에 더욱 굳게 간직해야 합니다. 하나님께서 천사들을 통해 주신 율법의 말씀도 효력이 있어서, 그것을 거슬러 죄를 짓거나 또는 그 말씀에 순종하지 않았을 때, 그에 따른 공정한 처벌을 받았거든, 하물며 우리가 이 큰 구원을 가볍게 여긴다면, 어떻게 감히 그 형벌을 피할 수 있겠습니까? 이 큰 구원은 처음에 주께서 말씀하신 것이요, 또 주의 말씀을 들은 사람들이 우리에게 확신을 갖고 증거해 준 것입니다. 더욱이 하나님께서도 이 큰 구원의 말씀이 참되다는 것을 여러 표징들과 놀라운 일들과 기적들로, 또 자기 뜻에 나누어 주신 성령의 은사들로 함께 증거해 주셨습니다.

히브리서 2장은 세 부분으로 나눠서 말씀을 드릴 수 있습니다. 첫째는 1-4절, 둘째는 5-15절, 셋째는 16-18절입니다. 첫 부분 1-4절까지의 핵심은 우리가 받은 큰 구원을 소홀히 한다면 거기에 따른 형벌이 크다는 것입니다.

성경이 기록된 목적은 예수께서 하나님의 아들이심을 믿게 하려는 것입니다. 그래서 히브리서 1장에서는 아들에 관해 말하고 있습니다. 마지막 때는 하나님께서 아들을 통하여 말씀하십니다. 이 아들은 만물의 상속자 곧 만물의 주인이요, 말씀으로 천지를 창조하신 창조주 하나님이십니다. 이 아들을 우리 안에 담으셔서 우리를 하나님의 아들이 되게 하시려고 하나님께서 사람을 지으실 때 하나님의 형상을 따라 지으셨음을 말씀드렸습니다. 그리고 아들의 죽음과 부활, 그리고 승천하셔서 하나님의 보좌 우편에 앉아 계신 것이 우리와 무슨 상관이 있는지 하나님이 주신 은혜를 나누었고, 마지막으로 구원받을 우리를 위해 천사를 붙여주셨다는 것까지 1장에서 말씀드렸습니다.

이처럼 하나님께서 아들 예수 그리스도를 통해 우리에게 큰 구원을 이루어 주셨는데, 사람들이 이러한 큰 구원을 소홀히 여길 수 있다는 것입니다. 그래서 우리가 받은 큰 구원을 잃어버려서는 안 된다고 말하면서 2장의 문을 열고 있습니다.

'큰 구원', '귀중한 구원'은 구체적으로 무엇을 의미하는 것일까요? 한마디로 말하자면, 하나님의 아들이 내 안에서 말씀하시는 것이 '큰 구원'입니다. 구속사의 관점에서 조금 더 풀어서 말하자면, 하나님이 우리를 구원하시기 위해 이 땅에 오시고, 고난을 당하시고, 십자가에 죽으시며, 부활하시고, 승천하시고, 재림하셔서 우리를 천년 왕국으로 데려가시는 것이 바로 '큰 구원'입니다. 이것을 믿음으로 받아들이는 것이 바로 '복음의 7대 연합'입니다. 이 일을 위하여 하나님께서 하나님의 아들을 보내셨습니다. '인간의 아들'이 아닌 '하나님의 아들'로 보냈다는 말은 '죄 없는 몸'으로 보냈다는 말입니다.

왜 죄 없는 몸으로 보내셨습니까? 우리의 모든 죄를 담당시키기 위해서 죄 없는 몸으로 보내신 것입니다. 우주 만물을 창조하신 창조주 하나님이 우리와 똑같은 육신을 입고 이 땅에 오셔서 우리의 죄를 대신 지시고 고난당하시고 십자가에 죽으셨고 음부에까지 내려가셨다가 사흘 만에 부활하시고 승천하셨습니다. 그리고 하나님 보좌 우편에 앉아 계시다가 재림하신 후 택한 자들을 천년 왕국 곧 새 예루살렘으로 데려가시는 것입니다.

🍀 구원의 3단계

> 엡 2:8 너희는 그 은혜에 의하여 믿음으로 말미암아 **구원을 받았으니** 이것은 너희에게서 난 것이 아니요 하나님의 선물이라

예수님의 탄생과 고난, 십자가 죽음과 부활, 승천, 재림 그리고 천년 왕국으로 구분되는 '복음의 7대 연합'을 조금 더 단순화하면 '구원의 3단계'로 말씀드릴 수 있습니다. 말씀을 통해 구원의 그림이 확실하게 그려지는 은혜가 있기를 바랍니다.

1단계는 "구원을 받았으니"입니다. 예수를 믿는 우리는 믿음으로 구원을 받았습니다. 그런데 이것으로 다 끝난 것이 아닙니다. 한번 구원받았으니 영원히 구원받은 것이라며 구원받은 이후에 자기 마음대로 살아도 된다고 생각하는 사람들이 있습니다. 그래서 예배도 안 드리고 기도도 안 하고 헌신과 봉사도 없이 말씀과는 상관없는

신앙생활을 합니다. 그런 사람들은 대부분 사랑과 희락과 화평, 오래 참음과 자비와 양선과 충성과 온유와 절제와 같은 성령의 열매(갈 5:22-23)를 그 삶에서 찾아보기 어렵습니다. 그러므로 구원의 3단계를 반드시 알아야 합니다. 우리가 예수를 믿고 구원받은 것은 사실이지만, 구원을 받았다면 그다음 단계로 나아가야 합니다.

> **빌 2:12** 그러므로 나의 사랑하는 자들아 너희가 나 있을 때뿐 아니라 더욱 지금 나 없을 때에도 항상 복종하여 두렵고 떨림으로 너희 **구원을 이루라**

2단계는 "구원을 이루라"입니다. 구원을 받았다면 그 구원을 빼앗기거나 잃어버리지 않도록 계속해서 구원을 이루어 가야 합니다.

> **딤후 4:18** 주께서 나를 모든 악한 일에서 건져내시고 또 그의 천국에 들어가도록 **구원하시리니** 그에게 영광이 세세무궁토록 있을지어다 아멘

마지막 3단계는 "구원하시리니"입니다. 구원을 받은 후 그 구원을 계속해서 이루어 간 사람들을 마지막 날 천국에 들어가도록 주께서 재림하셔서 구원해 주십니다.

🍀 구원을 받았으니

> **엡 2:8** 너희는 그 은혜에 의하여 **믿음으로 말미암아 구원을 받았으니** 이것은 너희에게서 난 것이 아니요 하나님의 선물이라

(쉬운말) 여러분은 그리스도를 믿는 믿음을 통해서 하나님의 은혜로 구원을 받았습니다. 그러므로 구원은 결코 여러분에게서 나온 것이 아니라, 오직 하나님께서 베푸신 선물입니다.

1단계 "구원을 받았으니"부터 살펴보겠습니다. 우리가 구원을 받았는데, 어떻게 구원을 받았습니까? 예수 그리스도를 믿는 믿음을 통해서 구원을 받았습니다. 개역개정에는 "믿음으로 말미암아 구원을 받았으니"라고 했습니다. 쉬운말 성경에서는 "그리스도를 믿는 믿음을 통해서 하나님의 은혜로 구원을 받았습니다" 하고 조금 더 구체적으로 말씀하고 있습니다.

> 엡 1:13 그 안에서 너희도 진리의 말씀 곧 너희의 구원의 복음을 듣고 그 안에서 또한 믿어 약속의 성령으로 인치심을 받았으니

> (쉬운말) 그리고 여러분은 그리스도 안에서 진리의 말씀, 곧 여러분을 구원하는 복음을 듣고 그리스도를 믿었으므로, 그에 대한 증표로 하나님께서는 약속하신 성령으로 여러분 각자를 도장 찍으셨습니다.

여기서는 구원의 복음 곧 우리를 구원하는 복음을 듣고 그리스도를 믿어 성령으로 인치심을 받았다고 말씀합니다. 성령이 하시는 일은 예수 믿는 사람들을 도장 찍으시는 것입니다. 우리 눈에는 보이지 않지만, 성령께서 구원받은 한 사람 한 사람을 도장 찍으셔서 구별하시고 그들의 구원을 보증해 주십니다.

그러면 한번 확인해 보겠습니다. 여러분은 구원받았습니까? 어떻

게 구원받았습니까? 우리를 구원하는 '복음'을 듣고 '그리스도를 믿어' 구원받는 것입니다. 이것이 확실하게 마음에 새겨지기를 바랍니다. 그렇다면 구원의 복음, 우리를 구원하는 복음은 무엇을 말하는 것일까요?

> 구원의 복음을
> 듣고
> 그리스도를
> 믿어
> 구원을 받습니다.

> **롬 1:2-4** 이 복음은 하나님이 선지자들을 통하여 그의 아들에 관하여 성경에 미리 약속하신 것이라 그의 아들에 관하여 말하면 육신으로는 다윗의 혈통에서 나셨고 성결의 영으로는 죽은 자들 가운데서 부활하사 능력으로 하나님의 아들로 선포되셨으니 곧 우리 주 예수 그리스도시니라

'복음'은 '하나님의 아들 예수 그리스도'를 말합니다. 복음은 아들에 관하여 성경에 기록한 것인데, 아들에 관하여 말하자면 '죽은 자 가운데서 부활하셔서' 하나님의 아들로 선포되신 우리 주 예수 그리스도입니다.

> **롬 10:9-10** 네가 만일 네 입으로 예수를 주로 시인하며 또 하나님께서 그를 죽은 자 가운데서 살리신 것을 네 마음에 믿으면 구원을 받으리라 사람이 마음으로 믿어 의에 이르고 입으로 시인하여 구원에 이르느니라

마음으로 믿어 의에 이르고 입으로 시인하여 구원에 이르는데, 무엇을 마음으로 믿어야 할까요? 하나님께서 아들 예수를 '죽은 자

가운데서 살리신 것'을 마음으로 믿어야 합니다. 예수님이 나의 죄를 위해서 십자가에서 죽으셨다가 다시 부활하셨다는 것을 마음으로 믿는 것입니다. 이것이 구원의 복음입니다.

하나님의 아들 예수께서 왜 십자가에 죽으셔야 했습니까? 예수께서 '하나님의 아들'로 오셨다는 것은 '죄 없는 몸'으로 오셨다는 뜻입니다. 예수님은 죄 없는 몸으로 오셔서 우리의 모든 죄를 담당하셨습니다. 하나님께서 아들에게 우리의 모든 죄를 다 넘기신 것입니다. 그리고 그 죗값으로 아들 예수께서 십자가에 피 흘려 죽으셨습니다.

그러므로 우리가 믿어야 할 첫 번째는 바로 우리의 모든 죄가 예수께로 넘어갔다는 사실입니다. 이것이 구원의 복음입니다. 이스라엘 백성들이 출애굽할 당시 어린 양의 피를 좌우 문설주와 인방에 발라 장자가 죽는 죽음의 재앙을 면했습니다. 유월절의 '유월'은 재앙이 넘어갔다는

> 우리의 모든 죄가 예수께로 넘어갔다는 것이 구원의 복음입니다.

것을 뜻합니다. 재앙이 넘어가기 위해서는 먼저 내 죄가 예수께로 넘어가야 합니다. 죄의 삯이 사망이므로, 죄가 넘어가야 사망도 넘어가는 것입니다. "나의 모든 죄는 예수님께 넘어갔다!" 날마다 이것을 마음으로 믿고 입으로 시인할 수 있기를 바랍니다. 이것을 믿지 않으면 신앙생활을 해도 '무거운 짐을 나 홀로 지고 견디다 못해 쓰러질 때…'와 같이 힘들고 괴로운 삶에서 벗어나지 못합니다. 내 죄가 예수께로 모두 넘어갔다는 것을 잊어버리면 그 순간 구원의 반열에서 떨어지고, 내가 지은 죄를 내가 가지고 끙끙 앓게 되는 것입니다. 예수 믿고 구원을 받아도 육신을 입고 사는 동안 우리는 또 죄를 짓습니다. 오늘도 내가 죄를 지었다면 그 죄를 예수님께로 넘겨야 합니다.

그렇다면 죄를 어떻게 예수께로 넘길까요? 옛날에는 세례 요한을 통해서 인류의 죄가 예수님께 넘어갔습니다. 그리고 예수님은 인류의 모든 죄를 지시고 십자가에 죽으시고 부활하시고 승천하셔서 이 사실을 믿는 내 안에 들어오셨습니다. 그러면 예수를 믿고도 죄를 짓는 나의 죄는 어떻게 예수님께 넘길까요? 이제는 세례 요한이 아니라 내가 나의 죄를 직접 예수님께 넘기는 것입니다. 하나님은 하나님의 구원 계획 속에 이러한 과정을 만들어 놓으셨습니다. "하나님, 내가 지은 모든 죄를 내가 감당할 수 없사오니 내 죄를 감당하러 오신 예수님께 또 이 죄를 넘깁니다." 이렇게 넘기는 것입니다. 그러면 신기하게도 내 죄가 예수님께로 넘어갑니다. 그리고 "이 죄를 위해 예수님이 십자가에 못 박히신 것을 내가 믿습니다. 그 십자가의 보혈로 나의 죄를 씻어 주옵소서"라고 고백하면 예수님의 피로 우리의 죄를 깨끗하게 씻어 주십니다. 회개에서 가장 중요한 것은 "내 죄를 용서해 주세요"로 끝내는 것이 아니라, 내 죄를 예수께로 넘기고 예수께서 그 죄를 담당하시고 죽으셨음을 믿는 것입니다.

'예수 그리스도를 믿고 구원을 받았다', '구원의 복음을 듣고 그리스도를 믿어 구원을 받았다'는 것은 나의 죄가 예수께로 넘어갔으며, 예수께서 내 죄를 대신 지시고 십자가에 죽으심으로 내 죗값을 다 치르셨으며, 죽은 자 가운데서 부활하셔서 하나님의 아들로 선포되셨다는 것을 믿음으로 구원을 받았다는 뜻입니다. 내 죄가 예수께로 넘어가서 내가 더 이상 죄의 형벌을 받지 않는다는 것이 기쁜 소식이고 복음입

> 회개는 내 죄를 자백하여 예수께로 넘기고, 예수께서 그 죄를 담당하시고 죽으셨음을 믿는 것입니다.

니다. 이 구원의 복음을 듣고 모두 구원을 받으신 줄 믿습니다.

♣ 구원을 이루라

빌 2:12 그러므로 나의 사랑하는 자들아 너희가 나 있을 때뿐 아니라 더욱 지금 나 없을 때에도 항상 복종하여 두렵고 떨림으로 너희 구원을 이루라

(현대인) 사랑하는 여러분, 그러므로 여러분은 내가 그곳에 있을 때 뿐만 아니라 내가 없는 지금에도 더욱더 두렵고 떨리는 마음으로 여러분의 구원을 계속 이루어 가십시오.

구원을 받았다고 해서 구원이 완료된 것이 아니고, "천국에 들어가도록 구원하시리니…"(딤후 4:18)에서 볼 수 있듯이 주님이 다시 오셔야 구원의 완성이 이루어지는 것입니다. 그러므로 천국에 들어가는 그 순간까지 두렵고 떨리는 마음으로 계속해서 구원을 이루어 가야 합니다. 그렇게 구원을 이루어 가도록 하려고 우리에게 보내신 분이 성령입니다. 예수를 믿고 구원을 받으면 성령으로 도장 찍으셔서 우리가 구원받은 자라는 것을 보증해 주십니다. 그리고 성령을 내 안에 주셔서 계속해서 구원을 이루어 가게 하십니다.

그런데 '두렵고 떨리는 마음으로' 구원을 이루어 가라고 말씀합니다.

히 2:3 우리가 이같이 큰 구원을 등한히 여기면 어찌 그 보응을 피하리요 이 구원은 처음에 주로 말씀하신 바요 들은 자들이 우리에게 확증한 바니

(현대인) 하물며 이같이 큰 구원을 우리가 소홀히 한다면 어떻게 형벌을 피할 수 있겠습니까? 이 구원은 맨 처음 주님께서 말씀하셨고 그 말씀을 들은 사람들이 우리에게 증거해 준 것입니다.

"두렵고 떨리는 마음으로 구원을 이루어 가라"는 것은 "우리가 받은 구원이 이처럼 큰데, 이렇게 큰 구원을 소홀히 한다면 나중에 받을 형벌이 얼마나 크겠느냐"라는 것과 같은 의미의 말씀입니다. 구원을 소홀히 여긴 자들이 나중에 받을 형벌이 무엇이겠습니까? 지옥에 가는 것입니다. 구원을 소홀히 여긴다는 것은 복음을 소홀히 여긴다는 것이고, 믿음을 소홀히 여긴다는 말입니다. 믿음이 없이는 천국에 갈 수 없습니다. 얼마나 두렵고 떨리는 일입니까!

고전 2:1-5 형제들아 내가 너희에게 나아가 하나님의 증거를 전할 때에 말과 지혜의 아름다운 것으로 아니하였나니 내가 너희 중에서 예수 그리스도와 그가 십자가에 못 박히신 것 외에는 아무것도 알지 아니하기로 작정하였음이라 내가 너희 가운데 거할 때에 약하고 두려워하고 심히 떨었노라 내 말과 내 전도함이 설득력 있는 지혜의 말로 하지 아니하고 다만 성령의 나타나심과 능력으로 하여 너희 믿음이 사람의 지혜에 있지 아니하고 다만 하나님의 능력에 있게 하려 하였노라

(쉬운말) 형제들이여, 내가 여러분에게 가서 하나님의 말씀을 전할 때 유식한 말이나 인간의 지혜로 하지 않았습니다. 그것은, 내가 여러분과 함께 있는 동안 여러분 가운데서 예수 그리스도 곧 십자가에 못 박혀 죽으신 그분 외에는 아무것도 생각하지 않기로 작정했기

때문입니다. 내가 여러분에게 가서 여러분과 함께 있을 때, 나는 실로 연약하고 두려웠으며 몹시 떨었습니다. 그래서 내가 여러분에게 전하는 말과 설교는 그리 지혜롭지도 못했고, 설득력이 있는 것도 아니었습니다. 다만 나는 성령의 능력을 보여주고자 한 것뿐입니다. 그리하여 나는 여러분의 믿음이 사람의 지혜에 뿌리를 내리지 않고, 오직 하나님의 능력에 뿌리 내리기를 간절히 바랐던 것입니다.

바울이 구원을 받았지만 고린도 교회 성도들에게 구원의 복음을 전하며 자신은 두려워하고 몹시 떨었다고 말합니다. 성령의 나타남이 있어야 하기 때문입니다. 구원이 인간의 지혜로운 말로써 이루어지는 것이 아니라 성령의 능력으로 이루어져야 하고, 구원받는 믿음은 사람의 지혜에 뿌리내리는 것이 아니라 하나님의 능력에 뿌리내려야 하기 때문입니다. 구원을 이루어 가기 위해서는 성령이 아니면 안 됩니다. 그런데 우리는 어떻습니까? 구원을 받았는데 어떻게 살고 있습니까? 여전히 내 생각으로 삽니다. 성령이 나타나지 않을까 봐 두려워하고 떠는 마음이 없습니다.

성령이 오시면 죄에 대하여, 의에 대하여, 심판에 대하여 책망하십니다(요 16:8). "죄에 대하여라 함은 그들이 나를 믿지 아니함이요"라고 하셨습니다. 예수께서 우리의 죄를 담당하시고 십자가에 죽으심으로 우리의 모든 죄 문제를 해결하셨음에도 불구하고 계속 죄와 더불어, 세상과 더불어 육체의 욕심을 따라서 살고 있는 것이 우리의 모습입니다. 우리 주변에는 늘 죄가 있습니다. 죄의 유혹이 언제나 우리를 따라다닙니다. 그러므로 구원받았다고 안심해서는 안 됩니다. 바울이 말한 것처럼 언제든지 구원을 잃어버릴 수가 있으니 두렵고 떨림으로 귀중한 구원을 이루어 가야 합니다. 어떻게 받은 구원입니까? 그런데 그 구원을 쉽게 잃어버려서야 되겠습니까? 내가 가지고 있는 생각, 나의 지혜, 나의 노력, 나의 능력을 의지하고 살다 가는 구원을 잃어버릴 수 있으니 언제나 성령에 뿌리를 내리고 오직 성령의 능력으로 구원을 이루어 가야 합니다.

세상의 임금은 마귀입니다. 마귀는 가만히 있지 않고 구원에 이르지 못하도록 계속해서 우리를 공격합니다. 어떻게 해서든지 우리를 구원의 반열에서 끌어 내리려고 합니다. 마귀가 구원받지 못한 사람을 공격하겠습니까, 구원받은 사람을 공격하겠습니까? 당연히 구원받은 사람을 공격합니다. 구원받지 못한 사람은 공격할 필요도, 가치도 없습니다. 어차피 마귀에게 속한 사람이기 때문입니다. 그러나 구원받은 사람은 구원받은 그 순간부터 마귀의 공격 대상이 된다는 것을 명심해야 합니다. 마귀는 우리가 받은 구원을 빼앗으려고 공격합니다.

그러면 우리는 어떻게 해야 합니까? 구원을 빼앗기지 않도록 마귀와 싸워야 합니다. 이것이 바로 영적 전쟁입니다. 예수 믿지 않는 사람, 구원받지 못한 사람은 영적 전쟁이 무엇인지도 모르고 영적 전쟁을 할 수도 없습니다. 하지만 구원받는 사람은 영의 세계를 알게 되었기 때문에 마귀를 대적하여 영적 전쟁을 하는 것입니다.

> 구원을 잃어버리지 않도록 끝없이 마귀와 싸우고 죄와 싸우라!

다. 성경은 우리의 싸움이 혈과 육을 상대하는 것이 아니라 하늘에 있는 악의 영들을 상대하는 싸움이라고 말씀합니다. 두렵고 떨림으로 구원을 이루어 가라는 말은 내가 받은 구원을 잃어버리지 않도록 끝없이 영적 싸움을 하라는 말입니다. 죄와 싸우고, 마귀와 싸워야 하는 것입니다. 그런데 우리는 싸우려고 하지 않습니다. 이제까지 살아왔던 습관을 좇아 그냥 아무 생각 없이 육신대로 살면서 육신의 정욕과 탐심을 십자가에 못 박으려고 하지 않습니다. 구원을 받았다면 성령의 능력을 힘입어 영적인 싸움을 통해서 구원을 계속해서 이루어 가야 합니다.

"믿음의 선한 싸움을 싸우라!"(딤전 6:12)는 말씀은 구원받은 사람이 구원을 지키기 위해서 선한 싸움을 싸우라는 것입니다. 믿음이 구원입니다. 믿음으로 구원받기 때문입니다. 구원을 받았다면 그 구원을 지키기 위해 싸워야 합니다. 성령의 능력으로 싸우도록 하나님께서 구원받은 자에게는 성령을 주십니다.

🍀 구원하시리니

> 딤후 4:18 주께서 나를 모든 악한 일에서 건져내시고 또 그의 **천국에 들어가도록 구원하시리니** 그에게 영광이 세세무궁토록 있을지어다 아멘

구원을 잃어버리지 않도록 마귀를 대적하고 영적 싸움을 싸운 자들에게 주님이 주시는 은혜가 있습니다. 그것은 바로 주님이 다시 오실 때 천국에 들어가도록 구원하시는 것입니다.

> 빌 3:18-19 내가 **여러 번 너희에게 말하였거니와 이제도 눈물을 흘리며 말하노니** 여러 사람들이 그리스도의 십자가의 원수로 **행하느니라** 그들의 마침은 멸망이요 그들

> 구원을 잃어버리지 않도록 영적 싸움을 싸운 자들을 천국에 들어가도록 구원하십니다.

의 신은 배요 그 영광은 그들의 부끄러움에 있고 땅의 일을 생각하
는 자라

　바울이 여러 번 말했다는 것은 계속해서 강조하여 말했다는 뜻입니다. 한 번, 두 번, 세 번…그것도 부족해서 눈물을 흘리며 바울은 호소합니다. 눈물까지 흘렸다는 것은 바울이 되풀이하는 이 말이 매우 중요하다는 뜻입니다. 눈물까지 흘리면서 바울이 무슨 말을 하고 있습니까? 여러 사람들이 그리스도의 십자가의 원수로 행한다는 것입니다. 십자가는 우리에게 구원을 주었습니다. 천국에 들어가게 했습니다. 그러므로 십자가의 원수로 행한다는 말은 구원받지 못한 사람처럼, 구원을 모르는 사람처럼, 천국에 안 갈 것처럼 살고 있다는 말입니다. 구원을 받았으면 계속해서 구원을 이루어 가기 위해 쉼 없이 영적 싸움을 해야 하는데, 그렇게 하지 않고 십자가의 원수로 산다는 것입니다. 구원은 받았는데 구원받지 않는 사람처럼, 아니 그보다도 못한 삶을 산다는 것입니다. 천국에 들어갈 것을 알고 믿는다고 말하면서 천국에 안 갈 것처럼, 천국이 없는 것처럼 사는 것이 십자가의 원수로 사는 것입니다. 그래서 바울이 눈물을 흘리면서 빌립보 교인들에게 말합니다.
　십자가의 원수로 사는 자들은 땅의 일을 생각하는 자입니다. 주님은 우리를 천국에 들어가도록 구원하시는데(딤후 4:18) 천국이 없는 것처럼, 천국에 안 갈 것처럼 땅의 일만 생각하는 자, 그들의 마침은 멸망입니다. 지금도 예수를 믿고 구원받아 신앙생활을 하고 있는 사람들이 많습니다. 그런데 그들의 삶을 보면 십자가의 원수로 살고 있습니다. 천국이 없는 것처럼 땅의 일만 생각합니다. 그러나 이 세상은 다 지나가는 것입니다.

우리가 발붙이고 살고 있는 지구는 영원하지 않습니다. 벌써 세계 곳곳에서 마지막이 오고 있다는 징후가 보이지 않습니까? 지구 온난화로 빙하가 녹아서 해수면이 점점 상승하고 있다고 합니다. 남극에서 한겨울에 비가 내리고 있다는 말도 들립니다. 이대로 가면 낮은 지대의 나라들은 전부 물에 잠기고 말 것입니다. 이 땅에서 영원히 살 수 있을 것처럼 생각하지 마십시오. 그래봤자 100년도 못 사는 인생입니다. 하나님은 택한 자들에게 영원히 살아야 할 곳, 천국을 그리워하며 사모하는 마음을 주십니다. 천국을 사모하는 마음이 없다면 우리의 신앙은 아직도 갈 길이 먼 것입니다. 이 세상은 내 집이 아닙니다. 우리가 가야 할 본향은 따로 있습니다. 하늘 아버지가 계신 곳, 그 천국을 사모하고 그리워하는 마음을 하나님께서 자녀들에게 주십니다. 그런데 마귀는 그런 마음을 없애버리고 이 땅에 우리를 결박합니다. 마귀의 특징은 결박하는 것입니다. 돈에 결박하고 육신에 결박합니다. 그런데 예수께서 이 모든 결박에서 우리를 자유롭게 하셨습니다. 이것이 크고 놀라운 구원입니다. 그런데 이러한 구원이 얼마나 귀한 것인지를 모르고 구원을 소홀히 합니다.

"이 구원을 소홀히 해서 네가 나중에 당하는 형벌이 얼마나 큰지를 아느냐? 네가 받은 크고도 귀중한 구원을 잃어버리지 않도록 하라!" 성령의 감동으로 히브리서를 기록하고 있는 기자의 외침이 주님의 음성으로 들려지기를 축원합니다.

빌 3:20 그러나 우리의 시민권은 하늘에 있는지라 거기로부터 구원하는 자 곧 예수 그리스도를 기다리노니

우리가 받은 구원을 계속해서 이루어 가기 위해서 영적 전쟁을 수

행하는 자들에게, 그들을 구원하시려고 주님이 다시 오십니다. 우리는 땅에 속한 자가 아닙니다. 우리의 시민권은 하늘에 있습니다. 하늘에 속한 자로서 천국을 위하여 사는 자들, 구원을 빼앗기지 않으려고 죄와 싸우고 마귀와 싸웠던 그들에게 주 예수 그리스도께서 다시 오십니다. 우리는 그분을 기다리며 사는 것입니다. 그분을 기다리며 참는 것입니다. 그분을 기다리며 계속해서 구원을 이루어 가는 것입니다.

바울은 우리가 받은 구원을 빼앗기지 말고 지키기 위해 싸우라고, 천국에 안 갈 것처럼 땅의 일에 얽매여 십자가의 원수로 살지 말고 하늘의 시민권자답게 살라고 눈물을 흘리며 호소합니다. 그 당시에 바울이 눈물을 흘리며 호소했다면, 지금은 어떻습니까? 지금은 그때보다 더 악합니다. 그런데 지금은 바울과 같은 사람이 없습니다. 이런 바울 사도가 지금도 나와야 하는데, 바울 사도와 같은 사람이 지금 현실에 없다는 것입니다.

이제 저와 여러분이 바울 사도가 되어야 합니다. 그래서 외쳐야 합니다. "구원을 받았다고 그것으로 끝내지 말고, 구원을 계속해서 이루어 가기 위해서 영적 싸움을 계속하십시오! 우리를 구원하실 그분을 기다리며 인내하십시오! 우리의 시민권은 이 땅이 아니라 하늘에 있습니다! 땅의 일만 생각하는 자들의 마침은 멸망이요, 그들의 신은 배요, 그들의 영광은 그들의 부끄러움이 될 것입니다! 더 이상 십자가의 원수로 살아서는 안 됩니다!" 이렇게 외칠 수 있기를 바랍니다. 구원받은 자들은 우리를 천국에 들어가도록 구원하러 오시는 예수를 기다리며 고난을 받아도 참고 인내하며 이 땅의 시기를 살아가는 것입니다.

> 구원받은 자들은 천국에 들어가도록 구원하러 오시는 예수를 기다리며 사는 것입니다.

08

십자가로 보여주신 구원의 비밀

히브리서 2장

히 2:5-15 하나님이 우리가 말하는 바 장차 올 세상을 천사들에게 복종하게 하심이 아니니라 그러나 누구인가가 어디에서 증언하여 이르되 사람이 무엇이기에 주께서 그를 생각하시며 인자가 무엇이기에 주께서 그를 돌보시나이까 그를 잠시 동안 천사보다 못하게 하시며 영광과 존귀로 관을 씌우시며 만물을 그 발 아래에 복종하게 하셨느니라 하였으니 만물로 그에게 복종하게 하셨은즉 복종하지 않은 것은 하나도 없어야 하겠으나 지금 우리가 만물이 아직 그에게 복종하고 있는 것을 보지 못하고 오직 우리가 천사들보다 잠시 동안 못하게 하심을 입은 자 곧 **죽음의 고난 받으심으로 말미암아 영광과 존귀로 관을 쓰신 예수를 보니** 이를 행하심은 하나님의 은혜로 말미암아 **모든 사람을 위하여 죽음을 맛보려 하심이라** 그러므로 만물이 그를 위하고 또한 그로 말미암은 이가 많은 아들들을 이끌어 영광에 들어가게 하시는 일에 그들의 구원의 창시자를 고난을 통하여 온전하게 하심이 합당하도다 거룩하게 하시는 이와 거룩하

게 함을 입은 자들이 다 한 근원에서 난지라 그러므로 형제라 부르시기를 부끄러워하지 아니하시고 이르시되 내가 주의 이름을 내 형제들에게 선포하고 내가 주를 교회 중에서 찬송하리라 하셨으며 또 다시 내가 그를 의지하리라 하시고 또 다시 볼지어다 나와 및 하나님께서 내게 주신 자녀라 하셨으니 자녀들은 혈과 육에 속하였으매 그도 또한 같은 모양으로 혈과 육을 함께 지니심은 죽음을 통하여 죽음의 세력을 잡은 자 곧 마귀를 멸하시며 또 죽기를 무서워하므로 한평생 매여 종노릇하는 모든 자들을 놓아 주려 하심이니

본문의 내용이 좀 길고 복잡해 보이지만, 우리가 주목해야 할 것은 성경을 기록한 목적이 예수께서 하나님의 아들이심을 믿게 하려는 것(요 20:31)이고, 성경은 예수님에 대하여 증언하는 말씀이라는 점입니다(요 5:39). 그러므로 여기에서 핵심적인 말씀은 9절입니다.

히 2:9 오직 우리가 천사들보다 잠시 동안 못하게 하심을 입은 자 곧 죽음의 고난 받으심으로 말미암아 영광과 존귀로 관을 쓰신 예수를 보니 이를 행하심은 하나님의 은혜로 말미암아 모든 사람을 위하여 죽음을 맛보려 하심이라

(쉬운말) 하지만 우리 믿는 자들은 천사들보다 잠깐 동안 낮아지셨지만, 마침내 십자가 죽음의 고난을 이기고, 지금은 영광과 존귀의 면류관을 쓰신 채 아버지 하나님의 오른편에 앉아 계신 예수를 우러러 봅니다. 정녕 예수께서 십자가 죽음을 당하신 것은, 하나님의 은혜로 모든 믿는 자들에게 구원을 가져다 주기 위함이었습니다.

쉬운말 성경을 보면, '예수께서 십자가 죽음을 당하신 것'은 '모든 믿는 자들에게 구원을 가져다 주기 위함'이라고 말합니다. 모든 사람들에게 구원을 가져다 주기 위해서 '아들'이 십자가에 죽으신 것입니다.

히브리서 1장에서 '아들'이 얼마나 중요한지 살펴보았습니다. 하나님께서 아들을 이 땅에 보내신 이후부터는 아들을 통해 모든 것을 새롭게 하십니다. 하나님께 나아가는 것도 아들을 통하지 않고는 안 됩니다. 그래서 예수님은 "내가 곧 길이요 진리요 생명이니 나로 말미암지 않고는 아버지께로 올 자가 없느니라"(요 14:6) 하고 말씀하셨습니다. 예수님의 제자 빌립이 눈에 보이지 않는 하나님을 자꾸 보여달라고 말할 때 예수님이 무엇이라고 말씀하셨습니까? "나를 본 자는 아버지를 보았거늘 어찌하여 아버지를 보이라 하느냐"(요 14:9)라고 말씀하셨습니다. 이제는 하나님이 아들을 통해서만 당신을 보여주시고, 아들을 통해서만 하나님께 나아가게 하시는 것입니다. 아들이 아니고서는 하나님과 함께할 수 없고, 아들을 통하지 않고서는 아버지를 알 수 없습니다.

> **히 1:1-2** 옛적에 선지자들을 통하여 여러 부분과 여러 모양으로 우리 조상들에게 말씀하신 하나님이 이 모든 날 **마지막에는 아들을 통하여 우리에게 말씀하셨으니** 이 아들을 만유의 상속자로 세우시고 또 그로 말미암아 모든 세계를 지으셨느니라

하나님의 음성을 들었다고 말하는 사람들이 있습니다. 그런데 그 내용을 들어보면 귀신의 음성을 듣고 하나님의 음성을 들었다고 착각하는 경우가 대부분입니다. 마지막 때는 거짓의 영이 판치기 때문

에 이러한 것들을 잘 분별하지 않으면 안 됩니다. 마지막 때 하나님은 반드시 아들을 통해서 말씀하십니다. 아들이 오기 전 구약시대에는 하나님께서 선지자나 예언자와 같은 사람들에게 여러 가지 방법으로 말씀하셨습니다. 그러나 마지막 때, 예수님의 초림부터 재림 사이에는 아들을 통해서 말씀하시는 것입니다.

요 10:27 내 양은 내 음성을 들으며 나는 그들을 알며 그들은 나를 따르느니라

'내 양'은 하나님께 속한 사람, 하나님이 택한 사람, 하나님께서 구원하려고 작정하신 사람들을 말합니다. 그들은 아들의 음성을 듣습니다.

요 5:25 진실로 진실로 너희에게 이르노니 죽은 자들이 하나님의 아들의 음성을 들을 때가 오나니 곧 이때라 듣는 자는 살아나리라

죽은 자들은 '죄로 인하여 하나님과의 관계가 단절된 사람'을 뜻합니다. 그들이 하나님의 아들의 음성을 들을 때가 오는데, 그때 아들의 음성을 듣게 되면 살아나게 됩니다. 하나님과의 관계가 회복된다는 뜻입니다.

육신을 입고 사는 우리는 날마다 죄를 짓습니다. 죄를 지으면 죄로 인하여 하나님과의 관계가 단절됩니다. 죄로 인해 끊어진 하나님과의 관계를 다시 회복하는 길은 아들의 음성을 듣는 것 외에 다른 길이 없습니다. 그래서 평생 아들의 음성을 듣고 살게 하시려고 우리에게 아들을 주시는 것입니다. 아들을 영접하여 내 안에 아들이

있으면 생명이 있고, 아들이 없으면 생명이 없는 것입니다(요일 5:11-12). 왜 아들이 있으면 생명이 있는 것일까요?

> 요 6:63 살리는 것은 영이니 육은 무익하니라 내가 너희에게 이른 말은 영이요 생명이라

내 안에서 말씀하시는 아들의 음성이 생명입니다. 내 안에 계신 예수께서 말씀하시는 그 말씀을 들을 때 생명에 이르게 되는 것입니다.

다시 말씀드립니다. 하나님은 아들을 통해서만 우리를 향한 모든 구원의 계획을 이루십니다. 아들의 피로만 우리의 모든 죄를 사하시고, 십자가에서 흘리신 아들의 피로만 영원한 속죄를 이루어 주십니다. 아들을 통해서만 구원하시고, 아들을 통해서만 하나님께 나아가게 하십니다. 그리고 아들을 통해서만 우리에게 말씀하십니다. 이처럼 성경 전체는 아들에 관해서 말씀하고 있는 것입니다.

> 요 20:31 오직 이것을 기록함은 너희로 예수께서 하나님의 아들 그리스도이심을 믿게 하려 함이요 또 너희로 믿고 그 이름을 힘입어 생명을 얻게 하려 함이니라

성경을 기록한 목적은 예수께서 하나님의 아들 그리스도이심을 믿게 하려는 것입니다. 그 아들이 천지 만물을 창조한 창조주 하나님이요, 만물의 주인이라고 말씀드렸습니다. 그런데 그 아들이 오셔서 십자가를 지셨다는 것입니다. 왜 아들이 오셔서 십자가를 지셨는지, 그 십자가를 지심으로 이루신 일이 무엇인지, 히브리서 2장에서

살펴보고자 합니다.

🍀 십자가를 통해 이루신 일

히 2:9 (쉬운말) 하지만 우리 믿는 자들은 천사들보다 잠깐 동안 낮아지셨지만, 마침내 십자가 죽음의 고난을 이기고, 지금은 영광과 존귀의 면류관을 쓰신 채 아버지 하나님의 오른편에 앉아 계신 예수를 우러러 봅니다. 정녕 예수께서 십자가 죽음을 당하신 것은, 하나님의 은혜로 모든 믿는 자들에게 구원을 가져다 주기 위함이었습니다.

예수께서 십자가에 죽으신 것은 첫째, 모든 믿는 자들에게 구원을 가져다 주기 위한 것입니다.

> 예수께서 십자가 죽음을 당하신 것은 모든 믿는 자들에게 구원을 가져다 주기 위함입니다.

히 2:14 자녀들은 혈과 육에 속하였으매 그도 또한 같은 모양으로 혈과 육을 함께 지니심은 죽음을 통하여 죽음의 세력을 잡은 자 곧 마귀를 멸하시며

(쉬운말) 하나님의 자녀들인 우리는 피와 살을 가졌고, 예수께서도 우리와 마찬가지로 살과 피를 가진 인간의 모습으로 나셨습니다. 그런 까닭은, 자기 육신의 죽음을 통해서 죽음의 권세를 가진 자 곧 마귀를 멸망시키기 위해서이고

(쉬운성경) 이 자녀들은 모두 살과 피를 가진 사람이기 때문에, 예수님도 그들과 같은 모습으로 사람들이 겪는 것과 똑같은 것을 겪으셨습니다. 예수님께서는 죽음의 권세를 가진 마귀를 멸망시키기 위하여 죽으셨고

둘째, 예수께서 십자가를 지신 것은 마귀를 멸하기 위한 것입니다.

> 요일 3:8 죄를 짓는 자는 마귀에게 속하나니 마귀는 처음부터 범죄함이라 하나님의 아들이 나타나신 것은 마귀의 일을 멸하려 하심이라

> 예수께서 십자가 죽음을 당하신 것은 마귀를 멸하기 위함입니다.

하나님의 아들 예수 그리스도는 마귀의 일을 멸하려고 나타나셨습니다.

> 히 2:15 또 죽기를 무서워하므로 한평생 매여 종노릇하는 모든 자들을 놓아 주려 하심이니

(쉬운말) 또한 죽음의 공포 때문에 평생토록 마귀의 노예로 매여 사는 사람들을 해방시켜 주시기 위해서였습니다.

셋째, 예수께서 십자가에 죽으신 것은 죄로 인하여 마귀에게 노예가 된 자들을 해방시켜 주기 위한 것입니다.

정리하면, 아들이 오셔서 이루신 것은 십자가를 지심으로 모든

믿는 자들을 구원하시고, 마귀의 일을 멸하시고, 죄로 인하여 마귀에게 종노릇하는 우리를 자유롭게 하신 것입니다. 이 말씀이 경험되는 은혜가 있기를 바랍니다. 말씀이 경험되기 위해서는 십자가를 알아야 합니다. 정말 십자가를 알고 있습니까? 아마 십자가를 모르는 사람은 없을 것입니다. 하지만 문제는 십자가의 모양만 알고 있을 뿐 진정한 십자가의 의미를 모른다는 것입니다.

> 예수께서 십자가 죽음을 당하신 것은 마귀에게 노예가 된 자들을 해방하기 위함입니다.

> 고전 1:18 십자가의 도가 멸망하는 자들에게는 미련한 것이요 **구원을 받는 우리에게는 하나님의 능력이라**

십자가의 도가 구원을 받은 우리에게는 하나님의 능력이라고 바울은 기록합니다. 십자가를 통해서 우리를 구원하셨다는 것입니다. 십자가를 통해 우리를 어떻게 구원하셨는지 잘 알고 있는 바울이 교회를 향해 어떻게 말하고 있는지 보겠습니다.

> 빌 3:18-20 내가 여러 번 너희에게 말하였거니와 이제도 **눈물을 흘리며 말하노니 여러 사람들이 그리스도의 십자가의 원수로 행하느니라** 그들의 마침은 멸망이요 그들의 신은 배요 그 영광은 그들의 부끄러움에 있고 **땅의 일을 생각하는 자라** 그러나 **우리의 시민권은 하늘에 있는지라** 거기로부터 구원하는 자 곧 주 예수 그리스도를 기다리노니

08 _ 십자가로 보여주신 구원의 비밀

바울은 한두 번 이야기한 것이 아니라 여러 번 말했다고 합니다. 그리고 이제도 눈물을 흘리며 빌립보 성도들에게 말하고 있는 것입니다. 왜 그렇게까지 했을까요? 많은 사람이 복음이 가리어서 십자가의 원수로 살기 때문입니다. 십자가를 통해서 우리는 구원받고 천국에 갈 수 있습니다. 십자가의 원수로 산다는 것은 구원받지 못한 사람처럼 살고 있다는 것이고, 천국이 없는 것처럼, 천국에 가지 않을 것처럼 살고 있다는 뜻입니다. 예수 믿지 않는 사람처럼, 예수를 모르는 사람처럼 살고 있다는 것입니다.

기분 나쁘고 성질날 때 서로 으르렁거리고 눈을 뒤집어 까면서 막말을 하는 것은 십자가의 원수로 사는 것입니다. 예수 믿기 전이나 지금이나 달라진 것이 없습니다. 감정이 상하면 "너 죽고 나 죽자! 내가 더러워서 교회를 떠나고 만다!" 하면서 마치 구원받지 않은 사람처럼, 천국에 가지 않을 것처럼, 십자가의 은혜를 모르는 사람처럼 사는 것입니다. 집사도, 권사도 다 소용없습니다. 같은 집사끼리도 기분 나쁘면 '저년 꼴 보기 싫어서 내가 교회를 떠나야지!' 하고 눈을 흘기고 이를 갑니다.

이것이 고린도 교회와 빌립보 교회만의 문제입니까? 바울이 살던 시대에 그랬는데 지금은 괜찮아졌습니까? 지금도 마찬가지입니다. 우리 교회도 예외는 아닙니다. 십자가를 통해 받은 구원을 까맣게 잊어버리고 십자가의 원수가 되어 사는 사람들이 있습니다. 기분 나쁘면 하나님 사랑과 이웃 사랑은 온데간데없이 내팽개칩니다. 그리고 기분대로 감정대로 반응합니다.

지금의 시대는 바울이 살던 시대보다

> 예수 그리스도의
> 십자가로
> 구원받았으니,
> 구원받지 않은 자처럼
> 십자가의 원수로
> 살지 말라!

오히려 더 악한 시대입니다. 그렇다면 바울보다 더 크게 외치는 사람이 나타나야 합니다. "우리가 어떻게 받은 구원입니까! 하나님의 아들 예수 그리스도께서 십자가를 지심으로 받은 구원이 아닙니까! 그런데 왜 십자가의 원수가 되어 살고 있습니까!" 이러한 바울의 외침이 오늘날 우리에게도 들려야 하는 것입니다.

그런데 문제는 바울과 같은 사람이 없다는 것입니다. 진짜 부모라면 자식이 잘못된 길로 갈 때 몽둥이를 들더라도 그 길을 막는 것이 정상입니다. 자식이 잘못되도록 내버려 둘 수는 없습니다. 목자도 마찬가지입니다. 비록 욕을 먹는 일이 있더라도, 양들이 잘못된 길로 갈 때 그것을 말해 줄 수 있어야 합니다. 성도들의 비위를 맞추느라고 마땅히 해야 할 말을 하지 못한다면 하나님 앞에 책망을 피할 수 없을 것입니다. 주의 종을 통해 주시는 말씀을 주님의 음성으로 들을 수 있는 은혜가 있기를 바랍니다. 우리는 그리스도와 함께 십자가에 죽은 자들입니다.

구원받은 사람들은 영의 세계를 알아야 합니다. 나의 배후 세력이 있다는 것을 알아야 합니다. 나의 배후 세력은 누구입니까? 우리의 배후 세력은 성령 아니면 마귀 둘 중 하나입니다. 성령의 역사와 마귀의 역사를 구분할 수 있어야 합니다. 어떻게 구분할 수 있을까요? 내 말과 행동을 보면 됩니다. 왜 그런 말을 하고, 왜 그런 행동을 합니까? 나는 진짜 죽었습니까? 예수와 함께 십자가에 죽었다고 말하면서 아직도 육신으로 반응하는 나는 누구입니까? 계속해서 확인해야 합니다. 그리고 영적 싸움을 싸워야 합니다. "내가 그리스도와 함께 십자가에 못 박혔나니…"라고 고백했던 바울이 "나는 날마다 죽노라!"고 말했던 이유가 바로 그것입니다. 바울의 고백이 우리의 고백이 되기를 바랍니다.

십자가의 원수로 행하는 것의 결과가 무엇입니까? 그들의 마침은 멸망이고 그들의 신은 배입니다. 배는 육체를 가리킵니다. 신이 배라는 것은 자기 육체를 우상으로 삼고 섬긴다는 뜻입니다. 그들은 세상에서 영광을 추구하지만, 그것은 결국 그들의 부끄러움이 될 뿐입니다. 이 땅에서 아무리 돈을 많이 벌고 장관을 하고 회장을 해도 다 소용없습니다. 한 시대를 휘어잡고 이름을 날렸던 정치인이나 연예인들도 마찬가지입니다. 우리나라 역대 대통령들만 보더라도 알 수 있지 않습니까? 더 이상 누릴 수 없을 만큼 최고의 영광을 누렸던 그들의 마지막이 어떻게 되었습니까? 땅의 일을 생각하며 사는 사람들의 마지막은 비참합니다. 구원받는 우리는 땅에서 들리어 천국을 위하여 사는데, 십자가의 원수로 행하는 자들은 땅의 일에 결박당하여 멸망으로 달려가는 것입니다.

우리는 내일 일을 알 수 없습니다. 주어진 하루하루를 하나님의 은혜로 살 뿐입니다. 지금도 지구상의 수많은 사람이 죽어 가고 있습니다. 질병으로 죽고, 전쟁으로 죽고, 교통사고로 죽고, 재해로 죽습니다. 그런데 왜 하나님이 나를 지금까지 살려주셨을까요? 나를 구원하시려고, 나에게 은혜를 주시려고, 하나님의 말씀을 듣게 하려고 그런 것입니다. 내가 지금 살아있다는 것 자체가 하나님이 나를 사랑하신다는 증거요, 하나님의 크신 축복인 줄 믿습니다.

> 구원받은 자는 천국을 위하여 살고, 십자가의 원수는 땅의 일에 결박당하여 삽니다.

우리에게 은혜를 주시려고 하나님께서 아들을 이 땅에 보내셨습니다. 우리는 다 사람의 아들입니다. 그런데 예수님은 하나님의 아들입니다. 하나님의 아들이 사람의 아들과 다른 점은 무엇입니까?

죄가 없다는 것입니다. 예수께서 '하나님의 아들'로 오셨다는 것은 '죄 없는 몸'으로 오셨다는 뜻입니다. 죄가 없는 몸으로 오셔서 우리의 죄를 담당하시고 십자가에 죽으셨습니다. 왜 죽으셔야 했습니까? 예수께서 십자가 죽음을 당하신 것은, 하나님의 은혜로 모든 믿는 자들에게 구원을 가져다 주기 위함이었습니다(히 2:9, 쉬운말). 이것을 알고 믿는 우리들의 시민권은 하늘에 있습니다. 그 하늘로부터 우리를 구원하는 자 예수 그리스도께서 다시 오시기를 기다리는 것입니다. 그래야 구원이 완성되기 때문입니다.

구원받는 자들은 땅의 것을 바라보며 땅의 일을 생각하는 자가 아니라, 하늘로부터 우리를 구원하시려고 오시는 예수 그리스도를 기다리는 자들입니다. 그래서 바울이 "십자가의 원수로 살지 말라! 그들의 마침은 멸망이다! 그들은 땅의 일을 생각하는 자들이다!"라고 말하면서, "십자가의 도가 멸망하는 자들에게는 미련한 것이요 구원을 받는 우리에게는 하나님의 능력이라!"고 말하고 있는 것입니다.

🍀 십자가를 보아야 산다

> 요 3:14-16 모세가 광야에서 뱀을 든 것같이 인자도 들려야 하리니 이는 그를 믿는 자마다 영생을 얻게 하려 하심이니라 하나님이 세상을 이처럼 사랑하사 독생자를 주셨으니 이는 그를 믿는 자마다 멸망하지 않고 영생을 얻게 하려 하심이라

십자가로 우리에게 이루어 주신 일을 말하는데, 갑자기 모세가 광야에서 뱀을 든 사건을 말합니다. 이 두 가지가 서로 관계가 있다는 뜻입니다. 모세가 광야에서 뱀을 든 것은 불뱀에 물려 죽어 가고

있는 이스라엘 백성들을 살리기 위한 것이었습니다. 그것처럼 인자 곧 예수님도 십자가에 들려야 한다는 것입니다. 모세가 이스라엘 백성들을 살리려고 놋뱀을 들었던 것처럼, 예수님도 자기 백성을 살리려 십자가에 들려야 함을 말하고 있는 것입니다. '자기 백성을 살리는 것'이 곧 '구원'입니다.

> 요 12:31-33 이제 이 세상에 대한 심판이 이르렀으니 이 세상의 임금이 쫓겨나리라 내가 땅에서 들리면 모든 사람을 내게로 이끌겠노라 하시니 이렇게 말씀하심은 자기가 어떠한 죽음으로 죽을 것을 보이심이러라
>
> (현대인) 지금은 이 세상이 심판받을 때이다. 이제 이 세상 임금인 사탄은 쫓겨날 것이다. 내가 땅에서 들리면 모든 사람을 이끌어 나에게 오게 하겠다.' 예수님은 자기가 어떤 죽음을 당할 것인가를 보여주시기 위해서 이 말씀을 하셨다.

모세가 광야에서 뱀을 든 것같이 인자도 들려야 하는데, 왜 들려야 합니까? 예수님이 땅에서 들리면 마귀에게 속하여 죄에 종노릇하는 모든 사람을 예수께로 이끌게 되기 때문입니다. '땅에서 들리면'은 '십자가에 못 박히면'의 의미입니다. 하나님께서 죄 없는 아들을 이 땅에 보내셔서 우리의 모든 죄를 담당시키시고 십자가에 못 박히게 하신 것은, 모든 사람 곧 죄로 인해 마귀에게 눌리고 마귀의 종으로 살고 있는 모든 사람, 마귀에게 속한 모든 사람을 예수님께로 오게 하기 위한 것입니다. 이것이 십자가의 능력이고, 구원의 능력입니다. 그리고 십자가 위에서 죽으신 죽음을 모든 사람이 알 수 있도

록 보여주시는 것입니다. 이것을 본 사람들이 모두 예수께로 오게 하기 위해서입니다.

십자가를 보셨습니까? 십자가에서 이루신 일을 보셨습니까? 예수님이 왜 십자가를 지셨습니까? 예수님은 십자가 위에서 마귀의 권세를 짓밟으신 것입니다. 우리의 죄 문제를 해결해 주신 것입니다. 죄와 사망 권세를 짓밟으신 것입니다. 하나님께서 택한 자, 구원받을 자에게는 이것을 보여주시고, 이것을 본 모든 사람을 예수께로 이끌어 구원해 주십니다.

골 2:15(현대인) 그리고 그리스도께서는 사탄의 권세를 짓밟아 십자가로 승리하셔서 그것을 사람들에게 보여주셨습니다.

(현대어) 이렇게 해서 하나님께서는 여러분을 고발하는 사탄의 세력을 꺾어 버리셨습니다. 그리고 십자가 위에서 여러분의 모든 죄를 없애신 그리스도의 승리를 온 세상 사람들에게 보여주셨습니다.

예수님이 십자가 위에서 사탄의 권세를 짓밟아 승리하신 것을 모든 사람에게 보여주셨습니다. 왜 보여주실까요? 죄와 사망 권세로부터 우리를 해방하기 위해서입니다. 우리를 구원하시고 마귀의 일을 멸했다는 것을 보여주시려는 것입니다. 죄로 인하여 마귀에게 속한 모든 자들을 하나님께 속한 자로 만들었음을 보여주시려는 것입니다. 이것이 보여야 합니다. 주님

> 모든 사람을 구원하고 마귀를 멸하려고, 마귀의 노예가 된 우리를 해방하려고 예수께서 매달린 십자가를 보아야 산다.

이 오시는 날까지 보여야 합니다. 그런데 성질나면 보이지 않습니다. 시험에 들면 보이지 않습니다. 이것이 보이지 않으면 다시 마귀의 종이 되었다는 뜻이고, 다시 죄의 종이 되었다는 뜻입니다. 모든 사람을 구원하려고 십자가에 죽은 예수님, 마귀의 일을 멸하려고 십자가에 죽은 예수님, 마귀의 종이 되었던 우리를 해방시키려고 십자가에 죽은 예수님이 항상 우리에게 보여야 합니다.

히 2:9, 14-15(쉬운말) 하지만 우리 믿는 자들은 천사들보다 잠깐 동안 낮아지셨지만, 마침내 십자가 죽음의 고난을 이기고, 지금은 영광과 존귀의 면류관을 쓰신 채 아버지 하나님의 오른편에 앉아 계신 예수를 우러러봅니다. 정녕 예수께서 십자가 죽음을 당하신 것은, 하나님의 은혜로 모든 믿는 자들에게 구원을 가져다 주기 위함이었습니다. / 하나님의 자녀들인 우리는 피와 살을 가졌고, 예수께서도 우리와 마찬가지로 살과 피를 가진 인간의 모습으로 나셨습니다. 그런 까닭은, 자기 육신의 죽음을 통해서 죽음의 권세를 가진 자 곧 마귀를 멸망시키기 위해서이고, 또한 죽음의 공포 때문에 평생토록 마귀의 노예로 매여 사는 사람들을 해방시켜 주시기 위해서였습니다.

마지막으로 정리하겠습니다. 예수께서 십자가 죽음을 당하신 것은 모든 사람들에게 구원을 가져다 주기 위함이고, 마귀를 멸망시키기 위해서이고, 마귀의 노예로 매여 사는 사람들을 해방시켜 주시기 위한 것입니다. 이것이 예수 그리스도께서 십자가를 통해 우리에게 이루어 주신 일이고 십자가 구원의 비밀입니다. 십자가가 확실하게 보이는 은혜가 있기를 축원합니다.

09
아브라함의 자손을 도우려고 오신 예수님

히브리서 2장

히 2:16-18 이는 확실히 천사들을 붙들어 주려 하심이 아니요 **오직 아브라함의 자손을 붙들어 주려 하심이라** 그러므로 그가 범사에 형제들과 같이 되심이 마땅하도다 이는 하나님의 일에 자비하고 신실한 대제사장이 되어 백성의 죄를 속량하려 하심이라 그가 시험을 받아 고난을 당하셨은즉 시험 받는 자들을 능히 도우실 수 있느니라

천사들이 아니라 오직 아브라함의 자손을 붙들어 주려 한다는 것이 무엇을 의미하는지 살펴보면서 히브리서 2장 강해를 마무리하겠습니다. 본문의 내용이 무엇을 의미하는지, 여러 가지 성경을 통해 좀 더 보겠습니다.

히 2:16(새번역) 사실, **주님께서는** 천사들을 도와주시는 것이 아니라, **아브라함의 자손들을 도와주십니다.**

(현대인) 주님은 천사들을 도우려고 오신 것이 아니라 아브라함의 후손들을 도우려고 오셨습니다.

(쉬운말) 이처럼 예수께서는 천사들을 도우시려고 이 세상에 오신 것이 아니라, 분명 아브라함의 자손들을 도우시려고 오신 것입니다.

(쉬운성경) 예수님이 돕고자 했던 자들은 분명히 천사들이 아니라, 아브라함의 후손인 사람들입니다.

개역개정에는 누가 아브라함의 자손을 붙들어 준다는 것인지 정확하게 나와 있지 않지만, 여러 가지 번역본을 보면 '예수'께서 '아브라함의 자손을 도우려고' 오셨음을 알 수 있습니다. '붙들어 주신다'는 것은 '도와주신다'는 의미입니다. 주님은 천사들을 도우려고 오신 것이 아니라, 아브라함의 후손, 아브라함의 자손을 도와주시려고 오셨습니다. 다시 말하면, 아브라함의 자손을 구원하러 오셨다는 말입니다. 도와주신다는 것은 그 상황에서 건져주신다는 뜻이고 구원해 주신다는 것과 마찬가지입니다.

> 예수님은 아브라함의 자손을 구원하러 오셨습니다.

예수님이 아브라함의 자손을 구원하러 오셨다면, 누가 아브라함의 자손일까요? 아는 것을 말하지 말고 성경으로 말해야 합니다.

🍀 누가 아브라함의 자손인가?

롬 9:7-9 또한 아브라함의 씨가 다 그의 자녀가 아니라 오직 이삭으로부터 난 자라야 네 씨라 불리리라 하셨으니 곧 육신의 자녀가 하나님의 자녀가 아니요 오직 약속의 자녀가 씨로 여기심을 받느니라 약속의 말씀은 이것이니 명년 이때에 내가 이르리니 사라에게 아들이 있으리라 하심이라

성경을 보니까, 아브라함의 자손이 다 아브라함의 자손이 아니라 오직 이삭을 통해서 난 자만이 아브라함의 자손이라고 말합니다. 아브라함의 자녀는 이삭 말고도 이스마엘, 그리고 사라가 죽은 후에 후처 그두라를 통해 낳은 여러 명의 자녀도 있습니다. 그런데 그들이 다 아브라함의 자손이 아니라 오직 이삭으로부터 난 자만이 아브라함의 자손이라는 것입니다.

이삭으로부터 난 자들을 다른 말로는 '약속의 자녀'라고 합니다. 약속의 자녀라는 것은 약속의 말씀을 통해 낳은 자녀라는 뜻입니다.

갈 4:28 형제들아 너희는 이삭과 같이 약속의 자녀라

바울은 이방인인 갈라디아 교회에 편지를 보내면서 그들에게 '약속의 자녀'라고 말합니다.

갈 4:29 그러나 그때에 육체를 따라 난 자가 성령을 따라 난 자를 박해한 것같이 이제도 그러하도다

갈라디아서 4장 28절에서 이삭을 '약속의 자녀'라고 말하고 바로 뒤를 이어 29절에서 "그때에 육체를 따라 난 자가 성령을 따라 난 자를 박해한 것같이…"라고 말씀합니다. '약속의 자녀'를 다른 말로 '성령을 따라 난 자'라고 합니다. 육체를 따라 난 자가 성령을 따라 난 자를 박해한다고 하는데, 여기서 육체를 따라 난 자는 이스마엘, 성령을 따라 난 자는 이삭을 말합니다.

이스마엘이 육체를 따라 났다는 것이 무슨 의미일까요? 성경을 토대로 이스마엘의 탄생에 대해 좀 더 이해하기 쉽게 설명해 보겠습니다. 어느 날 사라가 "여보, 내가 애를 못 낳으니 내 몸종 하갈을 데리고 오늘 밤 당신의 후사를 이으세요" 하고 아브라함에게 말합니다. 그때 아브라함이 "이 사람아, 왜 쓸데없는 소리를 하고 그래! 나한테 여자는 당신 하나밖에 없어!"라고 말했다면 얼마나 멋지겠습니까! 아브라함이 정말 믿음의 사람이라면 그 정도는 되어야 하는 것 아닙니까? 아이를 낳지 못하는 사라의 마음이 그동안 얼마나 괴로웠겠습니까? 자기 남편에게 자신의 몸종을 통해서라도 자식을 낳으라고 말하는 사라의 마음이 얼마나 찢어지겠습니까? 그런데 아브라함은 사랑하는 아내가 남편을 위해 한마디 한 것을 기회로 삼아 "당신이 원한다면 뭐 어쩔 수 없지…" 하면서 마치 기다렸다는 듯 덥석 몸종 하갈을 데리고 들어가 관계를 맺고 자식을 낳습니다. 이것이 육체를 따라 낳은 것입니다.

성경은 육체를 따라 난 자가 성령을 따라 난 자를 박해한다고 말씀합니다. 이것은 육체를 따라 난 이스마엘이 성령을 따라 난 이삭을 놀렸던 사건을 두고 말하는 것입니다(창 21:8-9). 이스마엘과 이삭 두 사람에 대해 말하고 있는데 육체를 따라 난 자가 이스마엘이라면 성령을 따라 난 자는 나머지 한 사람 이삭을 가리키는 것 아니겠습니까? 그런데 우리 안에도 두 사람이 있습니다. 한 사람은 부모님으로부터 혈과 육을 받아서 육체를 따라 태어난 나요, 다른 한 사람은 예수를 믿고 성령을 따라 태어난 나입니다. 육체를 따라 난 내가 성령을 따라 난 나를 지배하면 죽습니다. 성령을 따라 난 내가 육체를 따라 난 나를 이겨야 하는 것입니다. 육신의 혈기가 올라올 때 성령을 따라 난 내가 확 밟아버려야 합니다. 그래야 내가 살게 됩니다. 성령으로 육신을 다스려야 합니다. 분노와 혈기, 염려와 근심, 시기와 질투 등 육신은 여러 가지로 나를 사로잡으려고 합니다. 그때마다 "어디서 감히 육신이 활개를 쳐!" 하면서 육체를 따라 난 나를 확 짓밟아 버려야 합니다. 육체를 따라 난 자가 성령을 따라 난 자를 박해하고 핍박하는데 그냥 내버려 두어서는 안 됩니다. 그런데 육체를 따라 난 자가 성령을 따라 난 자를 잡아먹을 듯이 으르렁거리는데도 기가 죽어서 기를 못 펴고 있으니 참으로 답답한 일입니다. 언제나 성령을 따라 난 자가 이겨야 할 줄 믿습니다.

'성령을 따라 난 자'를 다른 말로 하면 '복음을 따라 난 자'입니다(고전 4:15). 복음을 따라 난 자가 아브라함의 자손입니다. '이삭을 따라 났다'는 것은 '하나님의 약속을 따라 났다', '성령을 따라 났다', '복음을 따라 났다'는 뜻입니다.

> 아브라함의 자손은 이삭을 따라 난 자, 약속을 따라 난 자, 성령을 따라 난 자, 복음을 따라 난 자 입니다.

갈 3:29 너희가 그리스도의 것이면 곧 아브라함의 자손이요 약속대로 유업을 이을 자니라

"너희가 그리스도의 것이면 곧 아브라함의 자손"이라는 말은 "너희가 구원을 받은 자라면 곧 아브라함의 자손"이라는 말로 바꿔 쓸 수 있습니다. 그리스도는 아브라함의 자손을 붙들어 주시려고, 도와주시려고, 구원해 주시려고 오셨기 때문입니다. 내가 아브라함의 자손이라면 반드시 예수님은 나를 돕게 되어 있습니다. 예수님은 아브라함의 자손을 도와주려고 오셨기 때문입니다. 그런데 예수님이 나를 도와주시지 않는다면 그것은 곧 내가 아브라함의 자손이 아니고, 약속을 따라 나지 않았고, 성령을 따라 나지 않았고, 복음을 따라 나지 않았다는 뜻입니다. 예수께서 하나님의 아들로 이 땅에 오신 것이 아브라함의 자손을 구원하기 위함이라는 것은 세상 사람들은 알지 못하는 하나님의 비밀입니다.

♣ 왜 아브라함의 자손만 구원하시는가?

> 갈 3:8 또 하나님이 **이방을 믿음으로 말미암아 의로 정하실 것을 성경이 미리 알고 먼저 아브라함에게 복음을 전하되** 모든 이방인이 너로 말미암아 복을 받으리라 하였느니라

하나님께서 어느 날 갈대아 우르에서 아브라함을 부르시고 그에게 복음을 전하십니다. 어떤 사람들은 "아브라함은 구약의 창세기에 나오는 사람인데 무슨 아브라함에게 복음을 전합니까? 복음은 마태복음, 마가복음처럼 신약에서나 나오는 말인데…" 하면서 따집니다. 그런데 놀라운 것은, 하나님께서 창세기에 나오는 아브라함에게 복음을 전해서 그를 믿음의 조상으로 삼으셨다는 사실입니다. "아브라함아, 내가 아들을 세상에 보낼 것인데, 그 이름을 예수라

할 것이다. 내가 그를 보내어 내 백성들을 구원할 것이다." 이렇게 복음을 전하시고 하나님께서 보내실 아들을 아브라함에게 보여주신 것입니다. 아브라함은 깜짝 놀랐습니다. 하나님께서 말씀하십니다. "내가 이 아들을 통해서 내 백성을 구원할 것이니 너는 이제부터 이 복음을 전하라! 내가 너에게 말한 이 복음을 통해서 내가 이방인들을 구원하리라!"

> 하나님은 가장 먼저 아브라함에게 약속의 복음을 전하시고 그 실체인 예수 그리스도를 보여주셨습니다.

하나님은 아브라함에게 복음을 전하셨을 뿐 아니라 그 복음의 실체이신 아들 예수 그리스도를 보여주셨습니다. 이것을 아무도 몰랐는데 바울이 성령으로 깨닫게 되었습니다. 그리고 이 사실을 갈라디아서에 기록한 것입니다.

그렇다면 아브라함에게 무슨 복음을 전하셨을까요? 복음은 하나밖에 없습니다.

롬 1:2-4 이 복음은 하나님이 선지자들을 통하여 그의 아들에 관하여 성경에 미리 약속하신 것이라 그의 아들에 관하여 말하면 육신으로는 다윗의 혈통에서 나셨고 성결의 영으로는 죽은 자들 가운데서 부활하사 능력으로 **하나님의 아들로 선포되셨으니 곧 우리 주 예수 그리스도시니라**

'이 복음'은, 이것은 '아브라함에게 전한 복음은' 이렇게 바꿔 말할 수 있습니다. 복음은 하나밖에 없기 때문입니다. 아브라함에게 전한 복음이 무엇입니까? 하나님이 선지자들을 통하여 아들에 관하여 성경에 미리 약속하신 것인데, 그 아들에 관하여 말하면 하나님의 아들로 선포된 우리 주 예수 그리스도이십니다. 중간에 설명하는 내용을 빼고 결론만 말하면 "이 복음은…" 다시 말해 "아브라함에게 전한 복음은…곧 우리 주 예수 그리스도"라고 말할 수 있습니다.

복음은 하나님의 아들 예수 그리스도입니다. 하나님이 아브라함에게 복음을 전하셨다는 말은 복음의 실체인 아들 예수 그리스도를 아브라함에게 보여주셨다는 말입니다. 하나님께서 이방인을 구원하기 위해 앞으로 하실 일을 창세기에 나오는 아브라함에게 이미 보여주시고 알려주셨습니다. 사람의 몸으로 태어난 사람 중에서 처음으로 하나님으로부터 직접 복음을 받았던 사람이 아브라함입니다. 그래서 아브라함이 '믿음의 조상'이 된 것입니다. 오직 복음만이 우리를 믿음으로 믿음에 이르게 합니다(롬 1:17).

요 8:56-58 너희 조상 아브라함은 나의 때 볼 것을 즐거워하다가 보고 기뻐하였느니라 유대인들이 이르되 네가 아직 오십 세도 못 되었는데 아브라함을 보았느냐 예수께서 이르시되 진실로 진실로 너희에게 이르노니 아브라함이 나기 전부터 내가 있느니라 하시니

(새번역) 너희의 조상 아브라함은 나의 날을 보리라고 기대하며 즐거워하였고, 마침내 보고 기뻐하였다." 유대 사람들이 예수께 말하였다. "당신은 아직 나이가 쉰도 안되었는데, 아브라함을 보았다는 말이오?" 예수께서 그들에게 말씀하셨다. "내가 진정으로 진정으로 너희에게 말한다. 아브라함이 태어나기 전부터 내가 있다."

(현대인) 너희 조상 아브라함은 내 날을 보리라는 생각에 즐거워하

다가 마침내 보고 기뻐하였다.' 이때 유대인들이 '당신은 아직 쉰 살도 못 되었는데 아브라함을 보았단 말이오?' 하고 묻자 예수님은 '내가 분명히 너희에게 말하지만 나는 아브라함이 나기 전부터 있다' 하고 대답하셨다.

(쉬운말) 당신들의 조상 아브라함은 나의 날을 보기를 고대하면서 즐거워하였고, 마침내 그것을 보고 기뻐하였소." 그러자 유대인들이 예수께 대들었다. "당치도 않소. 당신은 아직 나이 쉰 살이 안 되었는데, 어떻게 아브라함을 보았단 말이오?" 예수께서 말씀하셨다. "내가 진정으로 당신들에게 밝히 말하겠소. 아브라함이 태어나기 전부터, 내가 있소!"

하나님께서 아브라함에게 직접 복음을 보게 하시고 알게 하셨기 때문에 복음의 실체이신 예수님께서 이렇게 말씀하십니다. "아브라함은 나의 때 볼 것을 즐거워하다가 보고 기뻐하였느니라." 다른 번역본에서는 "마침내 보고 기뻐하였다"라고 말합니다.

복음을 들은 사람에게 기대하는 마음이 생기는 것이 정상입니다. 하나님의 사람은 하나님을 기대하는 사람입니다. 하나님을 믿는 사람은 하나님을 기대하는 사람입니다. 복음은 하나님의 약속입니다. 기대하면서 즐거워하고, 마침내 보고서 더욱 기뻐하는 것입니다. 하나님께서 아브라함에게 복음을 전하고 "내가 너에게 전한 이 복음을 앞으로 계속해서 이루어 갈 것이다!" 하고 약속하셔서 아브라함이 아들 보기를 기대했었는데, 하나님이 정말로 보여주시니까 보고 기뻐한 것입니다.

그런데 지금 유대인들은 어떻습니까? 자신의 눈앞에서 주님을 보고 있는데도 모릅니다. 아들을 알아보지 못하는 것입니다. 보는 것은 축복입니다. 보는 눈을 가진 사람이 있고 보지 못하는 눈을 가진 사람이 있습니다. 보지 못하는 눈을 가진 사람은 보지 못하기 때문에 마지막 순간에 구원받지 못합니다. 하나님은 구원받는 자에게 보는 눈을 주셔서 결정적인 순간에 주님을 보게 하십니다. 그래서 구원의 기쁨을 누리게 하시는 것입니다.

> 요 6:40 내 아버지의 뜻은 아들을 보고 믿는 자마다 영생을 얻는 이것이니 마지막 날에 내가 이를 다시 살리리라 하시니라

아버지의 뜻이 무엇입니까? '아들'을 보고 믿는 것입니다. 아들을 보고 믿어야 생명을 얻을 수 있습니다. 그런데 유대인들은 아들을 보면서도 아들을 보지 못했습니다. 이것을 보시는 예수님의 마음이 얼마나 답답했겠습니까? "너희 조상 아브라함은 내가 올 것을 기대하고 내가 오는 것을 보고 싶어 하다가 마침내 보고 기뻐했다. 그런데 너희들은 어찌하여 나를 알아보지 못하느냐? 너희 조상 아브라함은 나를 보았는데 어찌하여 너희는 아브라함의 자손이라고 하면서도 나를 알아보지 못하느냐!"

그러니까 유대인들이 무엇이라고 말합니까? "이 사람, 미친 거 아냐? 아브라함이 언제 적 사람인데…아직 나이가 쉰 살도 안 되었는데 아브라함을 보았다고?" 그들의 말에 예수님은 아브라함이 나기 전부터 예수님이 계셨다고 말씀하십니다.

아들을 보고 믿어야 하는데, 보지 못하는 눈을 가진 사람들은 평생 보지 못하기 때문에 성질나면 성질나는 대로, 기분 나쁘면 기분 나쁜 대로 삽니다. 육신의 정욕대로 자신의 탐욕을 이루며 사는 것

입니다. 그렇게 살다가 결국에는 멸망의 나락으로 떨어집니다. 그런데 예수님이 아브라함의 자손을 도와주시려고, 구원하려고 오셨습니다. 다시 말하면, 예수님은 아브라함에게 전한 복음을 믿는 자들을 도와주려고, 구원하려고 오셨다는 뜻입니다. 이 말씀이 지식이 아니라 생명으로 임하기를 축원합니다. 말씀이 지식을 넘어 경험되어야 합니다.

> 복음의 실체인 아들을 보고 믿게 하시려고 예수 그리스도께서 오셨습니다.

누구도 알지 못했던 이 비밀을 바울이 알게 되었습니다. 성령을 받고 성령으로 이 사실을 알게 된 바울은 이것을 바울서신에 기록하고 있습니다.

🍀 아브라함에게 전한 복음을 이루어 가시는 성령

엡 3:3-7 곧 계시로 내게 비밀을 알게 하신 것은 내가 먼저 간단히 기록함과 같으니 그것을 읽으면 내가 그리스도의 비밀을 깨달은 것을 너희가 알 수 있으리라 이제 그의 거룩한 사도들과 선지자들에게 성령으로 나타내신 것같이 다른 세대에서는 사람의 아들들에게 알리지 아니하셨으니 이는 이방인들이 복음으로 말미암아 그리스도 예수 안에서 함께 상속자가 되고 함께 지체가 되고 함께 약속에 참여하는 자가 됨이라 이 복음을 위하여 그의 능력이 역사하시는 대로 내게 주신 하나님의 은혜의 선물을 따라 내가 일꾼이 되었노라

(새번역) 하나님께서는 나에게 그 비밀을 계시로 알려주셨습니다. 그것은 내가 이미 간략하게 적은 바와 같습니다. 여러분이 그것을

읽어보면, 내가 그리스도의 비밀을 어떻게 이해하고 있는지를 알게 될 것입니다. 지나간 다른 세대에서는 하나님께서 그 비밀을 사람의 아들들에게 알려주지 아니하셨는데, 지금은 그분의 거룩한 사도들과 예언자들에게 성령으로 계시하여 주셨습니다. 그 비밀의 내용인즉 이방 사람들이 복음을 통하여 그리스도 예수 안에서 유대 사람들과 공동 상속자가 되고, 함께 한 몸이 되고, 약속을 함께 가지는 자가 되는 것입니다. 나는 이 복음을 섬기는 일꾼이 되었습니다. 내가 이렇게 된 것은 하나님께서 그분의 능력이 작용하는 대로 나에게 주신 그분의 은혜의 선물을 따른 것입니다.

'계시'로 알려주셨다는 말은, 쉽게 말하면 하나님이 직접 가르쳐 주셨다는 뜻입니다. 아브라함에게 직접 복음을 전하신 하나님께서 바울에게도 하나님의 비밀을 계시해 주셨습니다. 지나간 다른 세대에서는 사람들에게 알려주시지 않았으나 지금은 성령으로 계시하여 주신 것입니다. 그래서 예수님이 십자가에 죽으시고 부활하시고 승천하시면서 성령을 기다리라고 말씀하신 것입니다(행 1:4). 성령이 오셔야 모든 것을 가르쳐주시고 가르치신 모든 것을 생각나게 하실 것이기 때문입니다(요 14:26). 성령이 오셔서 가르쳐주시는 하나님의 비밀이 무엇입니까?

우리는 '복음'이라고 하면 '예수'만 생각합니다. 그런데 이방인을 구원하기 위한 복음은 '아브라함에게 전한 복음'입니다. 그러므로 우리는 반드시 아브라함에게 전

> 아브라함에게
> 전한 복음을 통하여
> 그리스도 예수 안에서
> 우리를 구원하시려는
> 하나님의 계획을
> 성령께서
> 가르쳐 주십니다.

한 복음을 알아야 합니다. 아브라함에게 전한 복음을 알고 믿는 자가 아브라함의 자손이요, 아브라함에게 전한 복음을 모르면 복음을 모르는 것입니다. 예수님은 아브라함의 자손만 도우시고 구원하려고 오셨다는 것을 잊지 말아야 합니다. 성령으로 바울에게 알게 하신 비밀의 내용이 무엇입니까? 6절을 보면, 그 비밀의 내용인즉 이방 사람들이 복음을 통하여, 아브라함에게 전한 복음을 통하여 그리스도 예수 안에서 유대 사람들과 공동 상속자가 되고, 함께 한 몸이 되고, 약속을 함께 가지는 자가 되는 것입니다. 이방인인 우리를 아브라함에게 전한 복음을 통해서 하나님의 자녀로 삼으시고 구원하시려는 것이 하나님의 계획이라는 것입니다. 아무도 몰랐던 이 비밀을 바울이 성령의 계시로 깨닫게 되었습니다. 이 비밀은 이전에는 사람의 아들들에게 알려주지 않았던 것입니다. 그런데 그것을 이제 바울에게 알려주셨으니, 바울의 기쁨이 어떠했겠습니까?

우리는 성령이 오신 이유도 제대로 알지 못합니다. 하나님께서 성령을 보내신 이유가 있습니다.

행 2:4 그들이 다 **성령의 충만함을 받고 성령이 말하게 하심을 따라 다른 언어들로 말하기를 시작하니라**

(쉬운말) 그러자 제자들은 모두 **성령이 충만해져서**, 성령이 그들에게 부여한 능력에 따라 **각자 다른 나라 말을 하기 시작했다.**

(현대인) 그러자 그들은 모두 **성령이 충만하여 성령께서 주시는 능력으로 그들도 알지 못하는 외국어로 말하기 시작하였다.**

마가의 다락방에 처음 성령이 임하고 나서 무슨 일이 벌어졌습니까? 그들이 다른 나라 말을 하기 시작했습니다. 그들도 알지 못하는 외국어로 말하기 시작했다는 것입니다. 성령이 불의 혀같이 그들의 머리 위에 임하자 그들이 방언을 하기 시작했는데, 그 방언은 지금 우리가 하는 방언이 아니라 각 지방의 언어를 뜻하는 방언입니다. 미국말, 중국말, 일본말 등 한 번도 배운 적이 없는 외국어로 말하기 시작한 것입니다. 그들이 외국어로 무슨 말을 했겠습니까? 하나님께서 이방인을 구원하려고 먼저 아브라함에게 전했던 복음을 이방인들에게 전한 것입니다. 이방인에게 복음을 전하려면 그들의 말을 할 수 있어야 하지 않겠습니까? 그래서 성령의 능력으로 그들도 알지 못하는 외국어를 사용하게 해서 복음을 전하게 하신 것입니다. 이 얼마나 놀라운 일입니까! 아브라함에게 전한 복음을 하나님께서 이루어 가고 계신 것입니다.

갈 3:8 또 하나님이 이방을 믿음으로 말미암아 의로 정하실 것을 성경이 미리 알고 먼저 아브라함에게 복음을 전하되 모든 이방인이 너로 말미암아 복을 받으리라 하였느니라

이것을 해석하면 이방을 믿음으로 말미암아 구원하실 것을 성경이 미리 알고 먼저 아브라함에게 복음을 전했는데, 모든 이방인이 아브라함에게 전한 복음으로 말미암아 구원을 받으리라는 뜻입니다. 어떻게 모든 이방인이 아브라함에게 전한 복음으로 구원을 받을까요? 이것을 위해 예수님이 오시고 성령님이 오신 것입니다.

마 1:1 아브라함과 다윗의 자손 예수 그리스도의 계보라

예수 그리스도께서 오신 것은 아브라함으로부터, 아브라함에게 전한 복음으로부터 시작된 것입니다.

막 1:1 하나님의 아들 예수 그리스도의 복음의 시작이라

하나님의 아들 예수 그리스도의 복음의 시작이 누구로부터 시작된 것인가 하면, 바로 아브라함으로부터 시작된 것입니다. 하나님의 아들 예수 그리스도께서 왜 오셨느냐 하면 바로 아브라함에게 전한 복음을 이루어 주시기 위해서 오셨다는 말입니다. 그리고 예수님이 오셔서 죽으시고 부활하시고 승천하신 후에 다시 성령을 보내주신 것입니다. 성령이 왜 오셨을까요? 마찬가지로 아브라함에게 전한 복음을 이루어 주시기 위해서 오신 것입니다. 하나님께서 가장 먼저 아브라함에 전했던 복음, 그 복음을 이루시기 위해 예수님이 오셔서 일하시고 뒤이어 성령께서 오셔서 계속해서 그 복음을 이루어 가고 계신 것입니다. 할렐루야!

행 2:5-11(쉬운말) 당시 예루살렘 도성에는 세계 여러 나라에서 올라온 경건한 유대인들이 머물고 있었다. 그런데 이런 이상한 말소리가 들리자, 많은 사람들이 놀라서 모여들었다. 그들은 저마다 제자들의 입에서 자기네 나라의 말이 터져 나오는 것을 듣고는 어리둥절했다. 사람들은 너무나 놀라 이상하게 여기며 말했다. "이 사람들은 모두 갈릴리 사람들이 아닌가? 그런데 우리들 각자가 저마다 자기네 나라의 말로 듣고 있으니, 이게 도대체 어찌된 일인가? 우리들 가운데는 바대, 메대, 엘람, 메소포타미아, 유대, 갑바도기아, 본도, 아시아, 브루기아, 밤빌리아, 이집트, 그리고 구레네 근처의 리비야

지방에서 사는 사람들이 있고, 또 로마에서 온 유대인들과 유대교로 개종한 이방인들, 게다가 크레타 사람들과 아라비아 사람들까지 있지 않은가! 그런데 우리 각자가 *자기 나라의 말로 하나님께서 행하신 놀라운 일에 대해 이렇게 듣고 있다니!*"

하나님께서 아브라함에게 전한 복음은 누구를 구원하기 위한 것입니까? 이방인들을 구원하기 위한 것입니다. 이방인들을 복음으로 구원하려면 그들에게 복음을 전해야 할 것이 아닙니까? 그런데 바벨탑에서 언어가 갈라져서 나라와 민족 사이에 서로 말이 통하지 않는데, 어떻게 복음을 전하겠습니까? 그래서 성령이 오신 것입니다. 성령이 오셔서 성령의 능력으로 혀를 사로잡아 버리셔서 그들도 알지 못하는 외국어가 갑자기 입에서 튀어나오게 한 것입니다. 그들이 외국어로 복음을 전하기 시작하니까 거기에 모여 있던 각 나라의 사람들이 깜짝 놀랍니다. 말하는 사람들은 모두 분명히 갈릴리 사람들인데, 그들이 하는 말이 자기네 나라의 언어로 들렸기 때문입니다. 자기 나라의 말로 무엇을 들었습니까? 하나님께서 행하신 놀라운 일, 곧 '복음'을 듣게 된 것입니다. 하나님은 지금도 이렇게 놀라운 하나님의 능력으로 아브라함에게 전한 복음을 이루어 가고 계십니다.

그렇다면 우리는 어떻게 하나님의 아들로 선포되었을까요?

행 13:32 우리도 *조상들에게 주신 약속을* 너희에게 전파하노니

성령을 받은 바울이 그의 일행들과 함께 소아시아의 비시디아 안디옥에 이르러 유대인의 회당에 들어가 말합니다. "우리도 조상들에게 주신 약속을 너희에게 전파한다!" 여기서 조상들이란 누구를 말

할까요? 하나님은 아브라함과 이삭과 야곱의 하나님입니다. 그러므로 조상들은 아브라함과 이삭과 야곱을 뜻합니다.

> 롬 4:16 그러므로 상속자가 되는 그것이 은혜에 속하기 위하여 믿음으로 되나니 이는 그 약속을 그 모든 후손에게 굳게 하려 하심이라 율법에 속한 자에게뿐만 아니라 아브라함의 믿음에 속한 자에게도 그러하니 아브라함은 우리 모든 사람의 조상이라

아브라함은 우리 모든 사람의 조상입니다. 그러므로 '조상들에게 주신 약속'은 아브라함에게 주신 약속을 말합니다.

> 행 13:32(현대인) 그래서 우리도 하나님이 우리 조상들에게 약속하신 기쁜 소식을 여러분에게 전합니다.

> (바른성경) 우리도 조상들에게 하신 이 약속의 복음을 너희에게 전하니

아브라함에게 주신 '약속'을 현대인의 성경에서는 '약속하신 기쁜 소식'이라고 더 구체적으로 말씀합니다. '기쁜 소식'이 '복음'입니다. 아브라함에게 '약속하신 기쁜 소식'을 바른 성경에서는 '약속의 복음'이라고 합니다. 아브라함에게 하신 약속의 복음이 무엇입니까? 갈라디아서 3장 8절에 말씀하신 이방을 믿음으로 말미암아 구원하기 위해 먼저 아브라함에게 전하신 복음입니다.

> 행 13:33 곧 하나님이 예수를 일으키사 우리 자녀들에게 이 약속을 이루게 하셨다 함이라 시편 둘째 편에 기록한 바와 같이 너는 내

아들이라 오늘 너를 낳았다 하셨고

(현대인) 하나님은 예수님을 다시 살리심으로써 그들의 후손인 우리에게 그 약속이 이루어지게 하셨습니다. 시편 둘째 편에도 예수님에 대하여 '너는 내 아들이다. 오늘 내가 너를 낳았다'라고 쓰여 있습니다.

(쉬운말) 하나님께서는 예수를 다시 살리심으로써 그들의 후손인 우리를 위해 자신의 약속을 이루셨습니다. 이것은 시편 제2편에 '너는 내 아들이다. 오늘 내가 너를 낳았다'라고 하신 말씀 그대로입니다.

이방을 믿음으로 말미암아 구원하려고 먼저 아브라함에게 전하셨던 그 복음을 바울과 그 일행이 다시 전하고 있는데, 그것이 무엇이냐면 하나님께서 예수를 죽은 자 가운데서 다시 살리심으로써 아브라함의 자손인 우리에게 그 약속, 아브라함에게 주신 약속의 복음을 이루어주셨다는 것입니다. 이것이 부활의 목적이고 부활의 비밀입니다. 아브라함에게 전한 복음을 우리에게 이루어주셔서 우리를 구원하여 하나님의 아들로 삼으려고 하는 것이 부활의 목적입니다. 예수님에 대하여 "너는 내 아들이다. 오늘 내가 너를 낳았다!" 하신 것처럼, 우리도 하나님의 아들로 낳아서 "너는 내 아들이다. 오늘 내가 너를 낳았다!"라고 선포해 주시려는 것입니다.

하나님은 그냥 아들로 선포하시지 않습니다. 반드시 아들을 죽은 자 가운데서 살리신 후에 그를 하나님의 아들로 선포하시는 것입니다. 이것이 복음입니다.

롬 1:2-4 이 복음은 하나님이 선지자들을 통하여 그의 아들에 관하여 성경에 미리 약속하신 것이라 그의 아들에 관하여 말하면 육신으로는 다윗의 혈통에서 나셨고 성결의 영으로는 죽은 자들 가운데서 부활하사 능력으로 하나님의 아들로 선포되셨으니 곧 우리 주 예수 그리스도시니라

이 복음은, 다시 말해 아브라함에게 전한 복음은 죽은 자 가운데서 부활하셔서 하나님의 아들로 선포되신 예수 그리스도입니다.

행 13:33(현대인) 하나님은 예수님을 다시 살리심으로써 그들의 후손인 우리에게 그 약속이 이루어지게 하셨습니다. 시편 둘째 편에도 예수님에 대하여 '너는 내 아들이다. 오늘 내가 너를 낳았다.'라고 쓰여 있습니다.

하나님은 예수님을 다시 살리심으로써 아브라함의 후손인 우리에게도 아브라함에게 전한 복음이 이루어지게 하셨는데, 그것이 무엇이냐 하면 우리를 하나님의 아들로 낳으시고 "너는 내 아들이다. 오늘 내가 너를 낳았다"라고 선포해 주시는 것입니다. 이것이 예수께서 아브라함의 자손을 붙들어 주려고 오셨다는 것의 의미입니다.

히 2:16 이는 확실히 천사들을 붙들어 주려 하심이 아니요 오직 아브라함의 자손을 붙들어 주려 하심이라

(새번역) 사실, 주님께서는 천사들을 도와주시는 것이 아니라, 아브라함의 자손들을 도와주십니다.

(현대인) 주님은 천사들을 도우려고 오신 것이 아니라 아브라함의 후손들을 도우려고 오셨습니다.

(쉬운말) 이처럼 예수께서는 천사들을 도우시려고 이 세상에 오신 것이 아니라, 분명 아브라함의 자손들을 도우시려고 오신 것입니다.

(쉬운성경) 예수님이 돕고자 했던 자들은 분명히 천사들이 아니라, 아브라함의 후손인 사람들입니다.

개역개정 성경만 보면 의미를 제대로 알 수 없기 때문에 여러 가지 성경으로 보면, 다른 성경에서는 예수께서 아브라함의 자손들을 도와주시려고 오셨다고 표현한 것을 알 수 있습니다. 예수께서는 천사들을 도우려고 이 세상에 오신 것이 아니라, 분명 아브라함의 자손들을 도우려고 오셨습니다. 도우려고 오셨다는 것은 그 상황에서 건져주시려고, 구원하시려고 오셨다는 뜻입니다.

아브라함에게 전한 복음을 통해서 이방인을 구원하는 것이 하나님의 뜻이었는데, 그것을 이루기 위해 예수님이 오셨고 예수님이 승천하신 후에 성령이 오셔서 복음을 전하게 하신 것입니다. 바벨탑 사건으로 언어가 혼잡해져서 서로 말을 알아들을 수 없게 되었는데, 성령이 오셔서 각 나라의 말로 복음을 전하게 하심으로 이 복음이 소아시아를 비롯하여 유럽과 온 세계로 전파된 것입니다. 이것이 성령

> 아브라함에게 전한 복음으로 이방인을 구원하려는 하나님의 뜻을 예수 그리스도께서 오셔서 이루시고 승천하신 뒤, 성령이 오셔서 계속 이루어 가십니다.

이 오신 이유입니다.

> **고전 4:15** 그리스도 안에서 일만 스승이 있으되 아버지는 많지 아니하니 그리스도 예수 안에서 내가 복음으로써 너희를 낳았음이라

성경에 있는 '복음'이라는 단어 앞에는 '아브라함에게 전한'이 생략되어 있다고 보면 됩니다. 하나님께서 이방인을 구원하기 위해 직접 전하신 복음은 아브라함에게 전한 복음 외에는 없기 때문입니다. 바울은 하나님께서 먼저 아브라함에게 전했던 그 복음을 전하는 이방인의 사도가 되었습니다. 그래서 아브라함에게 전한 복음으로써 고린도 교회 성도들을 낳았던 것입니다.

> **롬 9:6-8** 그러나 하나님의 말씀이 폐하여진 것 같지 않도다 이스라엘에게서 난 그들이 다 이스라엘이 아니요 또한 아브라함의 씨가 다 그의 자녀가 아니라 오직 이삭으로부터 난 자라야 네 씨라 불리리라 하셨으니 곧 육신의 자녀가 하나님의 자녀가 아니요 오직 약속의 자녀가 씨로 여기심을 받느니라

예수님은 아브라함에게 전한 복음을 이루어 주심으로써 아브라함의 자손만 구원하려고 오셨습니다. 그렇다면 누가 아브라함의 자손입니까? 아브라함에게 전한 이 복음, 아브라함에게 전한 복음으로 우리를 하나님의 아들로 낳아주시겠다는 약속의 말씀을 듣고 믿는 자들이 참 이스라엘이고 아브라함의 자손입니다.

10
신앙의 사도요 대제사장이신 예수 그리스도
히브리서 3장

히 3:1-6 그러므로 함께 하늘의 부르심을 받은 거룩한 형제들아 우리가 믿는 도리의 사도이시며 대제사장이신 예수를 깊이 생각하라 그는 자기를 세우신 이에게 신실하시기를 모세가 하나님의 온 집에서 한 것과 같이 하셨으니 그는 모세보다 더욱 영광을 받을 만한 것이 마치 집 지은 자가 그 집보다 더욱 존귀함 같으니라 집마다 지은 이가 있으니 만물을 지으신 이는 하나님이시라 또한 모세는 장래에 말할 것을 증언하기 위하여 하나님의 온 집에서 종으로서 신실하였고 그리스도는 하나님의 집을 맡은 아들로서 그와 같이 하셨으니 우리가 소망의 확신과 자랑을 끝까지 굳게 잡고 있으면 우리는 그의 집이라

예수님을 '사도', 혹은 '대제사장'이라고 표현한 곳은 성경에서 히브리서밖에 없습니다. 히브리서 기자는 왜 예수님을 '사도'와 '대제사장'으로 표현하면서 그 예수를 깊이 생각하라고 했을까요?

당시 히브리인들에게 가장 존경받던 사람은 모세였습니다. 그래서 히브리서 기자는 모세와 예수님을 비교하면서 '모세'는 하나님의 온 집에서 '종'으로서 충성된 자였는데 '예수님'은 하나님의 집을 맡은 '아들'로서 하나님 앞에 신실했다고 하며, 예수 그리스도가 누구인지 말하려고 하는 것입니다.

♣ 신앙의 사도 예수 그리스도

히 3:1 그러므로 함께 하늘의 부르심을 받은 거룩한 형제들아 우리가 믿는 도리의 사도이시며 대제사장이신 예수를 깊이 생각하라

(새번역) 그러므로 하늘의 부르심을 함께 받은 거룩한 형제자매 여러분, 우리가 고백하는 신앙의 사도요, 대제사장이신 예수를 깊이 생각하십시오.

(현대인) 그러므로 함께 하나님의 부르심을 받은 거룩한 형제 여러분, 우리가 고백하는 신앙의 사도이시며 대제사장이신 예수님을 깊이 생각하십시오.

'우리가 믿는 도리의 사도'라는 말을 정확하게 해석하자면 '우리가 고백하는 신앙의 사도'라는 뜻입니다. '사도'가 무엇입니까? '보내심을 받은 사람'입니다. 우리가 고백하는 신앙을 위해 하나님이 보내신 사도가 예수 그리스도이십니다.

> 우리가 고백하는 신앙을 위해 하나님이 보내신 사도가 예수 그리스도입니다.

그렇다면 우리가 고백하는 신앙이란 구체적으로 무엇을 말할까요? 예배 시간마다 우리는 사도신경으로 신앙 고백을 합니다. "전능하사 천지를 만드신 하나님 아버지를 내가 믿사오며, 그 외아들 우리 주 예수 그리스도를 믿사오니…." 이것이 우리가 고백하는 신앙입니다. 우리의 입술로 신앙을 고백하기 시작할 때 귀신이 물러가고 악한 영들이 역사하지 못합니다.

그래서 예수님이 제자들에게 묻습니다. "사람들이 나를 누구라 하느냐?" 이에 제자들이 "더러는 세례 요한, 더러는 엘리야, 어떤 이는 예레미야나 선지자 중의 하나라 하나이다"라고 대답합니다. 그러자 예수님이 또다시 "너희는 나를 누구라 하느냐?" 하고 묻습니다. 그러자 베드로가 그 유명한 신앙 고백을 합니다.

> 마 16:16 시몬 베드로가 대답하여 이르되 **주는 그리스도시요 살아 계신 하나님의 아들이시니이다**

이것이 바로 우리가 고백하는 신앙입니다. 이것은 누구나 할 수 있는 고백이 아닙니다. 그 당시에는 이러한 고백을 하면 죽임을 당할 수도 있었습니다. 그래서 주님은 이것을 알게 하신 분이 하나님 아버지라는 것을 베드로에게 말씀해 주십니다. 그만큼 이것은 누구나 할 수 있는 고백이 아니며 매우 중요한 고백이라는 말입니다.

> "나의 주는 그리스도시요 살아 계신 하나님의 아들입니다!"

> 마 16:17-20 예수께서 대답하여 이르시되 바요나 시몬아 네가 복이

있도다 이를 네게 알게 한 이는 혈육이 아니요 하늘에 계신 내 아버지시니라 또 내가 네게 이르노니 너는 베드로라 내가 이 반석 위에 내 교회를 세우리니 음부의 권세가 이기지 못하리라 내가 천국 열쇠를 네게 주리니 네가 땅에서 무엇이든지 매면 하늘에서도 매일 것이요 네가 땅에서 무엇이든지 풀면 하늘에서도 풀리리라 하시고 이에 제자들에게 경고하사 자기가 그리스도인 것을 아무에게도 이르지 말라 하시니라

"이를 네게 알게 한 이는 혈육이 아니요 하늘에 계신 내 아버지시니라"고 하신 것은 이러한 신앙 고백이 얼마나 중요한지를 알아야 한다는 뜻입니다. 하나님이 택하셔서 구원할 자들이 아니라면 이러한 고백을 할 수 없습니다. 하나님께서 특별히 택한 자들에게만 이 비밀을 알게 하시고 그 입술로 고백하여 구원에 이르게 하십니다.

오늘날에도 교회에 다니는 사람들은 많지만 "주는 그리스도시요 살아 계신 하나님의 아들입니다!" 하고 고백하는 사람은 많지 않습니다. 그리스도는 메시아, 구원자를 뜻합니다. 지금도 살아 계셔서 나를 구원하고 계시는 하나님의 아들을 믿습니까? 믿는다면 입술로 시인해야 합니다. 문제가 생기고 어려움이 닥쳐올 때 다른 데서 해결책을 찾으려고 하지 말고 우리가 믿는 신앙을 고백해야 합니다. "주는 그리스도시요, 살아 계신 하나님의 아들입니다!" 귀신은 이 고백을 가장 싫어합니다. 하나님의 아들이 마귀의 일을 멸하려고 나타나셨기 때문입니다. 이 고백 속에 복음이 다 담겨 있습니다. 우리가 이렇게 신앙 고백을 할 때 우리를 결박하고 있던 마귀는 결코 우리 안에서 일할 수 없어 떠나갑니다. 그리고 그때부터 하나님의 아들 예수 그리스도께서 나의 주, 나의 주인이 되셔서 내 안에서 성령

이 역사하시기 시작하는 것입니다.

　이 땅에서 살다 보면 문제가 생기고 어려움이 닥칠 때가 있습니다. 그때 문제의 배후에 있는 악한 영을 분별할 수 있어야 합니다. 진짜 문제는 문제가 아니라 나를 넘어뜨리려고 하는 악한 마귀라는 것을 깨닫고 곧바로 "나의 주는 그리스도시요, 그분은 살아 계신 하나님의 아들이십니다!"라고 고백할 수 있기를 바랍니다. 그때 하나님께서 역사하시는 것입니다.

　베드로가 "주는 그리스도시요, 살아 계신 하나님의 아들이십니다!"라고 고백했더니 예수께서 이 고백을 반석으로 삼으시고, 그 반석 위에 교회를 세우겠다고 말씀하셨습니다.

　마귀가 제일 싫어하는 것은 교회를 세우는 것입니다. 그래서 공산주의자들은 정권을 잡으면 제일 먼저 교회를 없애려고 합니다. 북한을 한번 보십시오. 북한에서 평양 대부흥이 일어났고 그 당시 대부분의 교회가 북한에 집중될 만큼 성령의 폭발적인 역사가 일어났는데, 김일성이 북한을 점령하고 공산당 정권이 세워지면서 북한에 있는 모든 교회들을 다 없애버리고 예수 믿는 사람들을 모조리 죽이지 않았습니까? 중국도 마찬가지입니다. 공산주의자들이 얼마나 많은 교회를 무너뜨리고 십자가를 불태웠습니까! 마귀는 교회가 세워지는 것을 가장 싫어합니다. 교회의 머리는 예수 그리스도시요 우리는 그의 몸입니다. 교회가 세워지면 그리스도를 중심으로 그리스도의 몸 된 교인들이 모여 하나가 되기 때문에 마귀가 가장 싫어하는 것입니다.

　진짜 교회는 건물이 아니라 "주는 그리스도시요 살아 계신 하나님의 아들이십니다!"라고 신앙을 고백하는 우리의 모임입니다. 이렇게 신앙을 고백할 때 그때부터 우리가 교회로 세워지는 것입니다.

이 교회는 음부의 권세가 절대로 이길 수 없습니다. 그러므로 "나의 주는 그리스도시요 살아 계신 하나님의 아들입니다!"라는 고백을 최소한 하루에 열 번씩 할 수 있기를 주의 이름으로 축원합니다.

주변에 아픈 사람이 있습니까? 병든 사람이 있을 때도 이렇게 고백해 보십시오. 하나님께서 역사하실 줄 믿습니다. 교회가 '하나님의 집'입니다. 교회 된 내가 '하나님의 집'입니다. 예수님은 우리가 고백하는 신앙을 위해 하나님이 보내신 사도이십니다. 모세는 하나님의 온 집에서 종으로 신실했을 뿐이지만 예수님은 아들로서 '하나님의 집'을 맡아 신실하게 일하시는 분입니다.

"주는 그리스도시요, 살아 계신 하나님의 아들입니다!"라고 고백하면 또 무엇을 주십니까? '천국 열쇠'를 주십니다. 그래서 땅에서 무엇이든지 매면 하늘에서도 매이게 하시고, 땅에서 무엇이든지 풀면 하늘에서도 풀리게 해 주십니다. 땅에서 구하는 모든 것을 하늘에서 그대로 응답해 주시겠다는 뜻입니다. 이것은 정말 굉장한 일입니다.

말씀이 나를 사랑하사 나를 위하여 주시는 살아 계신 주님의 말씀으로 들리기를 바랍니다. 항상 듣는 말씀, 여러 번 보았던 말씀이 아니라 말씀이 살아서 지금 이 순간 나에게 주시는 음성으로 들려야 합니다. 말씀이 살아 꿈틀거리는 것이 경험되어야 합니다. 하나님을 믿는다는 것은 하나님을 기대한다는 뜻입니다. 말씀이 믿어지고 기대가 되니까 행복해지는 것입니다.

그런데 중요한 것은 20절입니다. 예수님이 '자기가 그리스도인 것'을 아무에게도 이르지 말라고 제자들에게 경고하십니다. 예수가 그리스도라는 고백으로 교회

> 예수가 그리스도라고 고백할 때 교회가 세워지고 천국 열쇠를 받습니다.

가 세워지고 천국 열쇠를 받아 누리게 되는데, 왜 말하지 말라고 하셨을까요? 그것은 하나님께서 감추어 놓으신 비밀이기 때문입니다. 하나님의 비밀은 하나님의 때에 하나님께서 알게 하십니다. "아무에게도 이르지 말라"는 것은, "지금은 때가 아니다"라는 말입니다.

> 골 1:26-27 이 비밀은 만세와 만대로부터 감추어졌던 것인데 이제는 그의 성도들에게 나타났고 하나님이 그들로 하여금 이 비밀의 영광이 이방인 가운데 얼마나 풍성한지를 알게 하려 하심이라 이 비밀은 너희 안에 계신 그리스도시니 곧 영광의 소망이니라

예수님께서 제자들에게 알리지 말라고 하셨던 그 비밀은 성령이 오신 이후에 하나님께서 택한 성도들에게 나타났습니다. 하나님이 허락한 자들, 구원받은 자들에게 나타난 것입니다. 그 비밀이 무엇입니까? '우리 안에 계신 그리스도'이십니다. 예수님은 우리가 고백하는 신앙의 사도, 즉 우리가 고백하는 신앙을 위해 하나님이 보내신 '하나님의 아들'입니다.

그렇다면 그 아들이 왜 오셨는지 한번 보겠습니다. 성경은 아들에 관한 이야기입니다. 하나님은 아들을 통하여 만물을 새롭게 하십니다. 하나님께 가는 것도 아들을 통해서만 갈 수 있고, 하나님께 기도하는 것도 아들을 통해서 아들의 이름으로 구해야 합니다. 하나님의 음성도 아들을 통해서 듣는 것입니다. 아들을 통하지 않고서는 아무것도 할 수 없도록 하나님이 만들어 놓으셨습니다.

> 요일 3:8 죄를 짓는 자는 마귀에게 속하나니 마귀는 처음부터 범죄함이라 하나님의 아들이 나타나신 것은 마귀의 일을 멸하려 하심이라

'하나님의 아들'이 나타나신 것은 마귀의 일을 멸하려는 것입니다. 이것을 마귀도 압니다. 그래서 마귀가 하나님의 아들을 말하지 못하게 하는 것입니다. 마귀는 예수께서 하나님의 아들이라는 사실을 감추어 놓고 알지도, 믿지도, 말하지도 못하게 합니다. 예수께서 하나님의 아들이라고 할 때 유대인들의 반응이 어떠했습니까? "이거 미친 거 아냐? 자기가 하나님의 아들이라네. 완전히 이단이네. 저런 놈은 살려 두면 안 돼! 당장 죽이자! 십자가에 못 박아라!" 이것이 마귀의 일입니다.

마귀는 여러 가지로 사람들을 누릅니다. 질병으로, 물질로, 환경으로, 세상에 있는 모든 것을 동원하여 사람들을 결박하고 누릅니다. 그중에서 가장 많이 사용하는 방식이 사람을 통해 누르는 것입니다. 영이 눌리면 해야 할 말을 하지 못합니다. "나의 주는 그리스도시요 살아 계신 하나님의 아들입니다!" 하고 당당하게 말해야 하는데 "말하면 죽을 줄 알아!" 하면서 윽박지르니까 할 말을 하지 못하는 것입니다.

> 행 10:38 하나님이 나사렛 예수에게 성령과 능력을 기름 붓듯 하셨으매 그가 두루 다니시며 선한 일을 행하시고 마귀에게 눌린 모든 사람을 고치셨으니 이는 하나님이 함께하셨음이라

그래서 하나님의 아들 예수 그리스도가 오셔서 마귀에게 눌린 모든 사람을 고치셨습니다. 마귀의 일을 멸하시고, 마귀에게 결박당하여 눌려 살았던 모든 사람을 고치신 것입니다.

아직도 눌려서 살고 있습니까? 돈에 눌리고 사람에 눌리고 환경에 눌려 살고 있습니까? 질병에 눌려 있습니까? 예수를 믿는다는 것

은 마귀의 눌림으로부터 고침을 받았다는 뜻입니다. 해방되었다는 뜻입니다. 자유롭게 되었다는 뜻입니다.

> 요 20:31 오직 이것을 기록함은 너희로 예수께서 하나님의 아들 그리스도이심을 믿게 하려 함이요 또 너희로 믿고 그 이름을 힘입어 생명을 얻게 하려 함이니라

예수님은 우리가 고백하는 신앙의 사도입니다. 우리가 고백하는 신앙은 "주는 그리스도시요 살아 계신 하나님의 아들"이라는 것입니다. 그런데 성경을 기록한 목적도 '예수께서 하나님의 아들 그리스도이심을 믿게 하려는 것'입니다. 그러므로 '예수가 그리스도'라는 것이 얼마나 중요한지 모릅니다. 성경은 예수께서 하나님의 아들 그리스도이심을 믿게 하여 그 이름으로 생명을 얻게 하려고 기록된 것입니다.

> 행 18:5 실라와 디모데가 마게도냐로부터 내려오매 바울이 하나님의 말씀에 붙잡혀 유대인들에게 예수는 그리스도라 밝히 증언하니

우리가 예배 시간마다 하는 신앙 고백인 "전능하사 천지를 만드신 하나님 아버지를 내가 믿사오며, 그 외아들 우리 주 예수 그리스도를 믿사오니…"를 줄이면 "주는 그리스도시요 살아 계신 하나님의 아들입니다"라고 표현할 수 있습니다. 이것을 더 줄이면 "예수는 그리스도"라고 말할 수 있습니다. 하나님의 말씀에 붙잡혔던 바울은 "예수는 그리

> 하나님의 말씀에 붙잡힌 자들은 '예수는 그리스도'라고 고백합니다.

스도"라고 밝히 증언했습니다.

　복음은 사람의 지혜로운 말로 설명해서 되는 것이 아닙니다. 그냥 말씀 그대로를 믿음으로 고백하는 것입니다. "예수는 그리스도입니다." 이것이 복음입니다. 길게 설명할 필요도 없습니다. 성령께서 그 사람의 마음속에 이 말씀이 들리게 하시고 믿어지게 하시면 기적이 일어나는 것입니다. 지나가는 사람을 붙들고 장황하게 설교를 늘어놓는다고 해서 그 사람이 예수를 믿고 변화되는 것이 아닙니다.

　바울이 전한 것도 마찬가지였습니다. "유대인들이여, 들으시오! 예수는 그리스도입니다! 예수는 그리스도입니다!" 이렇게만 전했습니다. 그런데 성경을 보십시오. 놀라운 일이 벌어졌습니다. 예수는 그리스도라고 외쳤을 뿐인데, 귀신이 떠나가고 병자가 고침을 받았습니다. 바울이 쓰던 손수건을 병든 사람에게 얹었을 뿐인데, 병이 떠나고 악한 귀신이 나갔습니다. 왜 이런 일이 벌어졌을까요? 바울 안에 무엇이 있었습니까? 예수밖에 없었습니다. 그 안에 예수 그리스도밖에 없으니 예수 그리스도밖에는 할 말이 없는 것입니다. 예수 그리스도를 말하니까 성령의 역사가 나타났습니다. 우리도 마찬가지입니다. 우리 안에 예수 그리스도만 있으면 됩니다. 예수 그리스도를 말하면 기적이 일어나는 것입니다.

　예전에 바울은 달랐습니다. 과거 바울 안에는 율법이 가득 차 있었습니다. 그런데 그 시절 바울이 자신의 이성과 논리, 율법적인 지식을 총동원하여 말씀을 유창하게 전했더니 엄청난 성령의 역사가 나타났다는 기록은 없습니다. 오히려 그때 그는 예수 믿는 사람들을 핍박하고 죽이려고 눈을 부라리고 쫓아다니던 살인자에 불과했습니다. 그러나 예수 그리스도를 믿은 후에 그는 완전히 달라졌습니다. 장황하게 이것저것 말할 필요가 없이 딱 한마디만 했습니다. "예수는 그리스도다!" 그런데 이 한마디 말에 얼마나 폭발적인 역사가 나타났는지, 그가 가는 곳마다 악한 영에 눌려 있던 사람들이 고침을 받고, 놀라운 회개의 역사가 일어나고, 교회가 세워진 것입니다.

예수가 마귀의 일을 멸하려고 하나님이 보내신 하나님의 아들 그리스도라는 비밀이 전파되기 시작하니까, 마귀가 이것을 말하지 못하도록 발악하고 날뛰기 시작했습니다.

행 4:18 그들을 불러 경고하여 도무지 예수의 이름으로 말하지도 말고 가르치지도 말라 하니

마귀는 무슨 수를 쓰든 '주는 그리스도시요 마귀의 일을 멸하려고 오신 살아 계신 하나님의 아들'이라는 것을 감추려고 하기 때문에, 예수 그리스도를 전했던 초대교회 성도들도 많은 핍박을 받았습니다. 하지만 성령을 받은 사람들은 예수 그리스도를 전하지 않을 수 없습니다.

행 4:20 우리는 보고 들은 것을 말하지 아니할 수 없다 하니

그 당시에는 예수를 말하지 못하도록 감옥에 가두고 채찍질하고 죽이기도 했지만, 아무리 목숨의 위협을 받아도 그들은 예수가 그리스도라고 전했습니다.

행 5:40 그들이 옳게 여겨 사도들을 불러들여 채찍질하며 예수의 이름으로 말하는 것을 금하고 놓으니

마귀는 자기를 멸하러 온 분이 바로 하나님의 아들 예수 그리스도라는 사실을 누구보다도 먼저 알기 때문에 그것을 말하지 못하도록 온갖 수단과 방법을 가리지 않고 예수의 이름을 말하지 못하게 합니다. 지금도 마찬가지입니다. 마귀에게 붙잡힌 자들의 배후는 마귀입니다. 그들이 교회를 없애려고 하고 예배를 드리지 못하게 합니다.

김일성 주체사상을 신봉하는 사상가를 존경한다고 말했던 문재인이 정권을 잡고 있을 때, 코로나를 핑계로 제일 먼저 시행했던 정책 중 하나가 무엇이었습니까? 예배를 드리지 못하게 한 것입니다. 문재인과 그 추종자들은 교회를 폐쇄하려고 법안까지 만들려고 하면서 교회 말살 작업에 들어갔습니다. 그 때문에 1만 개의 교회가 없어졌습니다. 코로나로 인해 어려움을 당한 상가들은 정부가 일부 보상을 해 주었습니다. 하지만 어려움을 당한 교회들은 어떻습니까? 19명만 예배를 드리라며 경찰을 동원하여 감시하고 그 난리를 피워 놓고서도 나 몰라라 하고 있습니다. 정부의 말도 안 되는 정책 때문에 교회가 얼마나 큰 타격을 입었는지 모릅니다. 그 배후에 성령이 있었겠습니까, 마귀가 있었겠습니까?

> 행 5:42 그들이 날마다 성전에 있든지 집에 있든지 예수는 그리스도라고 가르치기와 전도하기를 그치지 아니하니라

> 행 2:36 그런즉 이스라엘 온 집은 확실히 알지니 너희가 십자가에 못 박은 이 예수를 하나님이 주와 그리스도가 되게 하셨느니라 하니라

코로나가 왔어도 예배를 중단하지 않고 계속해서 예배를 드렸던 교회들이 있었던 것과 마찬가지로, 고난을 받아도 끝없이 예수가 그

리스도라고 가르치기와 전도하기를 그치지 않았던 사람들이 있어서 복음이 여기까지 전파된 줄 믿습니다. 그 당시에는 지금과는 비교할 수 없을 정도로 핍박이 심했습니다. 채찍으로 내려치고 감옥에 가두고 돌로 쳐 죽였습니다. 그러나 그들이 죽임을 당해도 예수는 그리스도라고 가르치기와 전도하기를 그치지 않았기 때문에 동쪽 끝에 있는 자그마한 나라 대한민국에까지 복음이 전해져서 오늘날 우리가 예수 그리스도를 믿게 된 줄 믿습니다.

앞으로도 마찬가지입니다. 예수는 그리스도라고 말하지 못하게 하는 그런 날이 또다시 찾아오고 계속해서 교회를 폐쇄하고 예수 믿는 사람들을 죽이려고 마귀가 발악하는 마지막 때가 올 것입니다. 그렇지만 성령의 사람들은 "예수는 그리스도다! 너희가 십자가에 못 박은 이 예수를 하나님이 주와 그리스도가 되게 하셨다!" 하고 가르치기와 전도하기를 그치지 않을 것입니다.

♣ 대제사장 예수 그리스도

히 3:1 그러므로 함께 하늘의 부르심을 받은 거룩한 형제들아 **우리가 믿는 도리의 사도이시며 대제사장이신 예수를 깊이 생각하라**

(새번역) 그러므로 하늘의 부르심을 함께 받은 거룩한 형제자매 여러분, **우리가 고백하는 신앙의 사도요, 대제사장이신 예수를 깊이 생각하십시오.**

우리가 고백하는 신앙을 위해 하나님이 보내신 사도, 하나님의 아들에 대해 살펴보았는데 그렇다면 대제사장이신 예수는 무엇을 뜻하는지 한번 생각해 보겠습니다. 당시 대제사장은 유일하게 지성소에 들어갈 수 있는 사람이었습니다. 1년에 한 번, 짐승의 피를 가지고 공동체의 죄를 사해달라고, 백성을 대표해서 하나님께 나아갔던 사람이 대제사장입니다. 한마디로 대제사장은 하나님과 죄인 사이에서 죄인들의 죄를 사할 수 있는 중보자의 역할을 했던 사람입니다. 예수님을 대제사장이라고 표현한 것은, 예수님이 하나님과 죄인인 인간 사이에서 모든 인류의 죄를 용서받게 할 수 있는 유일한 중보자라는 말입니다.

> 대제사장 예수는 모든 인류의 죄를 용서받게 하는, 하나님과 죄인인 인간 사이의 유일한 중보자입니다.

요 12:32 내가 땅에서 들리면 모든 사람을 내게로 이끌겠노라 하시니

인류의 죄를 해결하실 수 있는 유일한 중보자 되시는 예수님께서 말씀하십니다. 예수님이 땅에서 들리면, 다시 말해 십자가에 못 박혀 죽으면 모든 사람을 예수께로 이끌겠다는 것입니다. '모든 사람'은 "모든 사람이 죄를 범하였으매 하나님의 영광에 이르지 못하더니…"(롬 3:23)에서 말하는 모든 사람, 죄를 범하여 마귀에게 속하게 된 모든 사람(요일 3:8), 죄로 인해 마귀에게 결박당한 모든 사람을 말합니다.

골 2:15 통치자들과 권세들을 무력화하여 드러내어 구경거리로 삼으시고 십자가로 그들을 이기셨느니라

(현대어) 이렇게 해서 하나님께서는 여러분을 고발하는 사탄의 세력을 꺾어 버리셨습니다. 그리고 십자가 위에서 여러분의 모든 죄를 없애신 그리스도의 승리를 온 세상 사람들에게 보여주셨습니다.

우리가 고백하는 신앙의 사도이며 대제사장이신 예수 그리스도를 깊이 생각하라는 것은 그 대제사장 예수님이 어떤 일을 하셨는지 깊이 생각하라는 것입니다. 하나님과 죄인인 우리 사이에 유일한 중보자로 오신 예수께서 우리의 모든 죄를 사해주시기 위해서 어떤 일을 하셨습니까? 십자가에 못 박혀 죽은 것입니다. 우리의 죄를 대신해서 그분이 십자가에 죽으심으로 우리의 모든 죄를 없애신 것을 우리 모두에게, 온 세상 사람들에게 보여주셨습니다.

히 9:12-14 염소와 송아지의 피로 하지 아니하고 오직 자기의 피로 영원한 속죄를 이루사 단번에 성소에 들어가셨느니라 염소와 황소의 피와 및 암송아지의 재를 부정한 자에게 뿌려 그 육체를 정결하게 하여 거룩하게 하거든 하물며 영원하신 성령으로 말미암아 흠 없는 자기를 하나님께 드린 그리스도의 피가 어찌 너희 양심을 죽은 행실에서 깨끗하게 하고 살아 계신 하나님을 섬기게 하지 못하겠느냐

히 9:12(쉬운성경) 그리스도는 단 한 번 지성소로 들어가셨습니다. 그분은 염소나 송아지의 피가 아닌 자신의 피를 가지고 지성소로 들어가셔서 우리를 죄에서 완전히 자유롭게 해 주셨습니다.

(쉬운말) 그 장막으로 들어가실 때, 그리스도께서는 염소나 송아지의

피를 가지고 들어가신 것이 아니라, 자기 자신의 피를 가지고 단 한 번 지성소에 들어가셔서, 우리에게 영원한 구원을 가져다 주셨습니다.

(현대어) 그리스도께서는 단 한 번 안쪽에 있는 지성소에 들어가 피를 뿌리셨습니다. 그 피는 염소나 송아지의 피가 아닙니다. 그리스도께서는 자신의 피를 흘리셔서 그 피로 몸소 우리에게 영원한 구원을 보증해 주신 것입니다.

우리 죄를 완전히, 그리고 영원히 속죄할 수 있는 분은 바로 예수 그리스도 오직 한 분뿐입니다. 그러므로 그분만이 진짜 유일하고도 영원한 우리의 대제사장입니다. 예수 그리스도께서 짐승의 피가 아닌 자신의 피를 가지고 지성소로 들어가셔서 우리를 죄에서 완전히 자유롭게 해 주셨습니다.

히 9:15 이로 말미암아 그는 새 언약의 중보자시니 이는 첫 언약 때에 범한 죄에서 속량하려고 죽으사 부르심을 입은 자로 하여금 영원한 기업의 약속을 얻게 하려 하심이라

(쉬운성경) 그러므로 그리스도께서 새 언약의 중보자가 되셨습니다. 이제 하나님께 부르심을 받은 자들은 하나님께서 약속하신 영원한 복을 받을 수 있게 되었습니다. 옛 언약 아래에서 살던 사람들을 죄로부터 자유롭게 하기 위하여 그리스도께서 죽으셨기 때문에, 사람들이 그 축복을 누릴 수 있게 된 것입니다.

결론을 맺습니다. "우리가 고백하는 신앙의 사도이며 대제사장이

신 예수 그리스도를 깊이 생각하라!"(히 3:1) 이것이 오늘 히브리서 3장을 강해하는 핵심 말씀인데, 그것을 풀어서 한마디로 요약하면 히브리서 9장 15절의 말씀과 같습니다. 옛 언약 아래에서 살던 우리를 죄로부터 자유롭게 하려고 그리스도께서 죽으셨기 때문에, 우리는 새 언약의 중보자가 되신 대제사장 예수 그리스도로 인해 하나님께서 약속하신 영원한 복을 받을 수 있게 되었습니다.

눅 22:20 저녁 먹은 후에 잔도 그와 같이 하여 이르시되 이 잔은 내 피로 세우는 새 언약이니 곧 너희를 위하여 붓는 것이라

(쉬운말) 유월절 식사가 끝나자, 예수께서 또 잔을 들고 감사기도를 드리신 후에 제자들에게 말씀하셨다. "이 잔은 내가 너희를 위하여 흘리는 바, 내 피로 세우는 새 언약이다."

이것은 예수님이 십자가를 지시기 전 유월절 만찬을 제자들과 나누며 하신 말씀입니다. 십자가에서 흘리신 예수님의 피는 새 언약을 세우는 피입니다.

막 14:24 이르시되 이것은 많은 사람을 위하여 흘리는 나의 피 곧 언약의 피니라

(쉬운말) 그런 뒤, 예수께서 제자들에게 말씀하셨다. "이 잔은 내 피다. 곧 모든 사람을 위하여 흘리는 새 언약의 피다."

누가복음에서는 제자들에게 "너희를 위하여" 흘리는 피라고 했지

만, 마가복음에서는 "많은 사람을 위하여" 흘리는 피, 쉬운말 성경에서는 "모든 사람을 위하여" 흘리는 새 언약의 피라고 말씀합니다. 예수님의 피는 죄로 인해 마귀에게 붙잡혀 살던 모든 사람을 죄로부터 자유롭게 해 주시려고 흘리시는 새 언약의 피입니다.

> 마 26:28(쉬운말) 이것은 새 언약을 표시하는 나의 피다. 곧 많은 사람의 죄를 용서하기 위하여 흘리는 나의 피다.

성경은 다 예수에 대해 말합니다. 성경을 짜고 짜면 예수의 피가 나옵니다. 예수의 피는 우리의 모든 죄를 깨끗하게 하는 피입니다. 우리의 모든 죄를, 많은 사람의 죄를 사하는 피인데, 그것이 곧 새 언약을 표시하는 피입니다. 그러므로 예수의 피로 우리의 모든 죄를 사해 주시겠다는 것이 바로 새 언약입니다.

> 요일 1:7 그가 빛 가운데 계신 것같이 우리도 빛 가운데 행하면 우리가 서로 사귐이 있고 그 아들 예수의 피가 우리를 모든 죄에서 깨끗하게 하실 것이요

하나님의 아들 예수의 피로 우리를 모든 죄에서 깨끗하게 하시겠다는 약속이 새 언약입니다. 그러므로 "우리가 고백하는 신앙의 사도이며 대제사장이신 예수 그리스도를 깊이 생각하라!"(히 3:1)는 말씀은 "하나님의 아들 예수의 피로 우리의 모든 죄를 사해주시겠다고 약

> "하나님의 아들 예수의 피로 우리의 모든 죄를 영원히 사해주겠다고 약속하신 새 언약을 깊이 생각하라!"

10 _ 신앙의 사도요 대제사장이신 예수 그리스도

속하신 새 언약을 깊이 생각하라!"는 말과 마찬가지입니다. 새 언약은 짐승의 피가 아니라 오직 예수의 피로만, 아들의 피로만 우리를 모든 죄에서 깨끗하게 하시겠다는 것입니다. 그렇게 하시겠다고 약속하신 것이 새 언약입니다. 그래서 예수님은 "내 피는 새 언약을 표시하는 피다! 많은 사람의 죄를 용서하기 위해 흘리는 피다! 모든 사람을 위하여 흘리는 새 언약의 피다!"라고 말씀하시는 것입니다.

대제사장은 1년에 한 번씩 지성소에 들어갑니다. 공동체를 대신하여 그들의 죄를 용서받기 위해 들어가는 것입니다. 예수님을 대제사장이라고 표현하는 것은, 인류의 모든 죄를 용서받게 하는 하나님과 우리 사이의 유일한 중보자가 예수님이기 때문입니다. '사도'라는 말은 '보내심을 받은 자'라는 뜻입니다. 성경에서는 예수님의 제자들을 사도라고 표현할 뿐 예수님을 사도라고 말씀한 부분은 없습니다. 유일하게 히브리서에서만 예수님을 사도로 표현합니다. 사도는 보내심을 받은 자인데, 무엇 때문에 보내심을 받았느냐 하면 대제사장으로서 짐승의 피가 아닌 자신의 피를 가지고 지성소에 들어가 영원히 우리의 죄를 속죄하기 위해 보내심을 받은 것입니다. 모든 사람의 죄를 용서해 주기 위해 흘린 예수의 피가 바로 새 언약을 표시하는 피입니다.

11

오늘 너희가 그의 음성을 듣거든

히브리서 3장

히 3:7-11 그러므로 성령이 이르신 바와 같이 **오늘 너희가 그의 음성을 듣거든 광야에서 시험하던 날에 거역하던 것같이 너희 마음을 완고하게 하지 말라** 거기서 너희 열조가 나를 시험하여 증험하고 사십 년 동안 나의 행사를 보았느니라 그러므로 내가 이 세대에게 노하여 이르기를 그들이 항상 마음이 미혹되어 내 길을 알지 못하는도다 하였고 내가 노하여 맹세한 바와 같이 **그들은 내 안식에 들어오지 못하리라** 하였다 하였느니라

"오늘 너희가 그의 음성을 듣거든…너희 마음을 완고하게 하지 말라!" 이것이 오늘의 핵심 말씀입니다. 주님의 음성을 듣고도 잘못된 길을 가는 사람들에게는 하나님의 심판이 있고, 그들은 결코 안식에 들어가지 못합니다.

저는 목회를 하면서 항상 세 가지를 마음에 담고 살았습니다. 첫째, 나는 나를 믿지 않고 나의 기도를 믿었습니다. 둘째, 나는 나를 믿지 않고 나에게 말씀하신 하나님의 말씀을 믿었습니다. 셋째, 나는 나를 믿지 않고 나를 주의 종으로 세우신 하나님의 능력을 믿었습니다. 어리석고 미련한 사람들은 자신의 주먹을 믿고, 지식을 믿고, 건강을 믿고, 돈을 믿고 살다가 무너집니다. 언제나 나를 믿지 말고 나의 기도를 믿고, 나에게 말씀하신 하나님의 말씀을 믿고, 나를 세우신 하나님의 능력을 믿으며 하나님 앞에 위대한 사람으로 쓰임 받기를 바랍니다.

"오늘 너희가 그의 음성을 듣거든…"이라는 말씀에는 하나님께서 오늘 반드시 음성을 들려주신다는 의미가 내포되어 있습니다. 오늘 들려주지도 않으면서 "오늘 너희가 그의 음성을 듣거든…"이라고 말하는 것은 말이 안 됩니다. "오늘은 하나님의 음성을 듣는 날이다! 하나님이 나에게 오늘을 주셨다!" 이것을 마음에 새길 수 있기를 바랍니다. 하나님은 사랑하는 자에게 '오늘'을 주십니다. 어제로 인생을 마감한 사람도 많이 있습니다. 지구촌 곳곳에서 산불로, 지진으로, 전쟁으로 얼마나 많은 사람이 죽어 가고 있습니까? 그런데 오늘 이렇게 살아서 하나님 앞에 나올 수 있다는 것이 하나님께서 주신 큰 은혜인 줄 믿습니다. 그래서 저는 항상 아침에 일어날 때마다 오늘을 허락하신 하나님께 이렇게 감사기도를 드립니다. "하나님, 오늘을 어제와는 전혀 다른 새날로 주심에 감사드립니다."

> "오늘은 하나님의 음성을 듣는 날이다!"

오늘은 어제와는 전혀 다른 새날입니다. 그런데 미련한 사람들은 오늘을 어제와 똑같은 날로 만듭니다. 병에 걸려서 고통당하는 사람이 어제와 똑같은 오늘을 산다면 그것은 지옥과 같은 삶일 것입니다. 어제 아파서 죽을 것 같았는데 오늘도 똑같은 날을 살아야 한다면 얼마나 고통스럽겠습니까? 얼마나 절망스럽겠습니까? 오늘을 어제와 똑같은 날로 살지 않기를 바랍니다. 하나님께서는 사랑하는 자들에게 오늘을 어제와 똑같은 날로 주신 것이 아니라 완전히 다른 새날로 주십니다. 오늘을 하나님이 역사하시는 그날이 되게 하시려는 것입니다. "오늘을 하나님이 역사하시는 그날이 되게 하라!" 날마다 이것을 마음에 새기십시오. 오늘은 모두에게 똑같은 날이 아닙니다. 어떤 사람에게는 오늘이 그렇고 그런 수많은 날 중 하나에 불과합니다. 그러나 누군가에게는 오늘이 기적의 날, 축복의 날이 되는 것입니다. 하나님은 하나님의 사람에게 오늘을 하나님이 역사하시는 그날이 되게 하십니다. 말씀이 들리면 살아납니다.

"오늘을 하나님이 역사하시는 그날이 되게 하라!"

은혜를 받았다고 하는 사람들이 위험한 것은 어제 받은 은혜가 전부인 줄 알기 때문입니다. 어제 은혜를 받았다고 하나님의 은혜가 그것으로 끝입니까? 그렇지 않습니다. 은혜를 한 번 받았다고, 두 번, 세 번, 네 번 받았다고 자신이 은혜를 다 받았다고 착각하는 사람들이 있습니다. 하나님의 은혜는 끝이 없습니다. 은혜는 날마다 받아야 하는 것입니다. 그러므로 이렇게 기도해야 합니다. "주여! 어제보다 더 큰 은혜를 내게 주시고, 어제보다 더 큰 능력을 내게 주옵소서!" 저는 날마다 이렇게 기도합니다. 그랬더니 하나님께서 정말로 어제보다 더 나은 오늘의 삶을 허락하셨습니다. 오늘은 새로운 날이 되어야 합니다. 오늘이 하나님께서 역사하시는 그날, 내 인생에 가장 값진 날이 되기를 바랍니다. 아무 생각 없이 오늘을 살아서는 안 됩니다. 오늘을 어제와 똑같이 살아서는 안 됩니다. '오늘 하나님이 내게 어떻게 역사하실까?' 이러한 기대와 소망이 있기를 바랍니다. 하나님을 믿는다는 것은 하나님을 기대한다는 것입니다. 오늘 내게 역사하실 하나님을 기대할 때, 하나님이 그 기대하는 마음을 보시고 역사하십니다. 날마다 오늘이 하나님이 역사하시는 그날이 되기를 기대하면서 살 수 있기를 바랍니다.

오늘 말씀입니다. "오늘 너희가 그의 음성을 듣거든…." 여기에서 '너희'가 누구일까요? 세상에는 하나님의 음성을 듣는 사람들이 있고 듣지 못하는 사람들이 있습니다. 많은 사람이 주의 음성을 들었다고 하는데, 사실은 귀신의 소리를 듣고 살아가는 사람들이 대부분입니다. 하나님은 믿음의 사람이라고 하면서도 세상의 소리, 사람들의 소리를 다 듣고 사는데 주의 음성을 듣지 못하는 이들을 보며 가슴 아파하십니다. 스스로 확인해 봅시다. 나는 세상의 소리를 듣고 삽니까, 주의 음성을 듣고 삽니까? 결정적인 순간에는 주의 음성을 들을 수 있어야 합니다. 하나님은 사랑하는 자에게 반드시 오늘을 주셔서 오늘 주의 음성을 듣게 해 주십니다. 왜 세상의 소리, 육신의 소리는 다 듣고 살면서 주의 음성은 듣지 못합니까? 주의 음성을 듣지 못하기 때문에 신앙이 자라지 않는 것입니다. 주님의 음성이 들리지 않기 때문에 생명의 풍성함을 누리지 못하는 것입니다. 주님의 음성을 듣지 못하기 때문에 잘못된 길을 가면서도 깨닫지 못하는 것입니다.

🍀 누가 주의 음성을 듣는가?

요 10:27 내 양은 내 음성을 들으며 나는 그들을 알며 그들은 나를 따르느니라 주님의 양은 목자이신 주님의 음성을 듣습니다. 왜 주님의 말씀을 들어야 할까요? 주님은 할 말이 있기에 오늘 나를 부르셨습니다. 오늘 내가 꼭 들어야 할 말씀이 있기에 주님이 말씀해 주시는 것입니다. 강단에서 선포되는 주의 말씀을 듣지 못하니까 마음이 강퍅하게 되고 못된 고집을 부리는 것입니다.

> 히 3:8 광야에서 시험하던 날에 거역하던 것같이 너희 마음을 완고하게 하지 말라

> (현대인) 광야에서 시험할 당시 반역하던 때처럼 못된 고집을 부리지 말아라.

"마음을 완고하게 하지 말라"는 것은 "못된 고집을 부리지 말라"는 뜻입니다. 못된 고집을 부리는 사람은 돌아서지 않습니다. 주님의 음성이 들릴 때 돌아설 수 있기를 바랍니다. 부부간에도 잘못했으면 못된 고집을 부리지 말고 내가 먼저 잘못했다고 말할 수 있기를 바랍니다. 지금까지 고집을 부리다가 일을 그르친 경우가 얼마나 많았습니까? 주님의 양이라면 목자의 음성을 들어야 합니다.

주님의 말씀에는 주님의 마음이 들어 있습니다. 주님이 분명히 "내 양은 내 음성을 듣는다"라고 말씀하셨는데, 주님의 음성을 듣지 못한다면 어떻게 된 것입니까? 주님의 양이 아니라는 뜻입니다. 주님은 주님의 음성을 듣고 살게 하시려고 나를 택하셨습니다. 이제는 세상의 소리, 사람의 소리를 듣지 않고 주님의 음성을 듣고 살 수 있기를 바랍니다.

행 22:14 그가 또 이르되 우리 조상들의 하나님이 너를 택하여 너로 하여금 자기 뜻을 알게 하시며 그 의인을 보게 하시고 그 입에서 나오는 음성을 듣게 하셨으니

"우리 조상들의 하나님이 너를 택하여…"라고 하는데, 왜 택했다고 하십니까? 그 입에서 나오는 음성을 듣게 하시려고 택하신 것입니다. 그런데 왜 한 주간을 살아가면서도 주님의 음성에 관심이 없고, 여전히 세상의 소리에 귀를 기울이다가 부정적인 소리, 남이 씹어대는 소리, 헐뜯는 소리를 듣고 시험에 들어서 넘어지느냐 말입니다. 세상의 소리, 육신의 소리, 부정적인 소리가 들려도 우리가 살 수 있는 이유는 내가 주님의 음성을 듣고 있기 때문입니다. 그러므로 주님이 말씀하고 계시는데도 듣지 못한다면 어떻게 해야 할까요? 들리지 않는다고 그냥 포기하고 절망하며 가만히 주저앉아 있어야 합니까? 그럴 수 없습니다. 주님의 음성이 들리지 않는다면 하나님 앞에 울어야 합니다. '무엇이 나로 하여금 주의 음성을 듣지 못하게 하는가?' 그것 때문에 처절하게 울어야 합니다.

주의 음성을 듣지 못하게 하는 것은 딱 한 가지, 바로 '죄'입니다. 하나님과 나 사이에 가로막힌 죄의 담 때문에 주의 음성이 들리지 않는 것입니다. 그래서 주님의 음성이 들리지 않으면 철저하게 주님 앞에 엎드려 회개해야 합니다. 하나님 앞에 내가 무슨 죄를 지었는지, 무엇이 문제인지 돌아보아야 합니다. 그래서 반드시 막힌 죄의 담을 무너뜨려야 합니다. 그러면 주님의 음성이 들리기 시작합니다.

> 죄가 주의 음성을 듣지 못하게 합니다.

솔직하게 말씀 앞에 자신을 세워놓고 물어보아야 합니다. 주의 음성을 듣고 있습니까? 주님의 양은 주님의 음성을 듣는다고 했는데, 주의 음성이 들리지 않으면 내가 주님의 양이 아니라서 그런 것인지, 하나님 앞에 확인해 보아야 합니다.

> 요 5:25 진실로 진실로 너희에게 이르노니 죽은 자들이 하나님의 아들의 음성을 들을 때가 오나니 곧 이때라 듣는 자는 살아나리라

죽은 자들이 주님의 음성을 들으면 살아납니다. 죽은 자들이란, 영적으로 해석한다면 '죄로 인해 하나님과의 영적인 관계가 단절된 사람들'입니다. 그들이 아들의 음성을 들어야 하나님과의 영적인 관계가 회복되어 살아납니다. 그러므로 바로 오늘, 지금 이 시간에 주의 음성이 들리기를 바랍니다. 주의 음성이 들립니까?

> 겔 36:36 너희 사방에 남은 이방 사람이 나 여호와가 무너진 곳을 건축하며 황폐한 자리에 심은 줄을 알리라 나 여호와가 말하였으니 이루리라

하나님은 말씀하시는 분입니다. 예수님은 말씀하시는 분입니다. 성령님은 말씀하시는 분입니다. 삼위일체 하나님의 공통점은 모두 '말씀하시는 분'이라는 것입니다. 우리는 말하는 것으로 끝나지만, 하나님은 말씀하시면 그 말씀하신 것을 반드시 이루시는 분입니다. 그래서 하나님을 '언약의 하나님'이라고 말합니다. 그러므로 반드시 하나님의 말씀을 들을 수 있어야 하고, 언제나 주님의 음성을 들어야 하는 것입니다. 하나님이 한번 말씀하신 것을 듣고 인생이 역전된

사람들이 있습니다. 하나님이 역사하는 시간 속에 들어와서 그 인생이 달라진 사람들이 있습니다. 어제와 오늘을 항상 똑같은 날로 살아가는 사람은 하나님의 역사를 경험할 수 없습니다. 날마다 주님의 음성을 들으며, 어제까지는 상상조차 할 수 없었던 놀라운 하나님의 역사를 날마다 경험하고 살 수 있기를 주의 이름으로 축원합니다. 그러기 위해서 "오늘 너희가 그의 음성을 듣거든, 못된 고집을 부리지 말라!"는 것입니다.

🍀 못된 고집을 부리는 사람들

> 히 3:10 그러므로 내가 이 세대에게 노하여 이르기를 그들이 항상 마음이 미혹되어 내 길을 알지 못하는도다 하였고

> (쉬운말) 그 때문에, 나는 너희 조상들을 향해 분노하면서 이렇게 말하였다. '그들의 마음은 항상 곁길로 빗나가 있어서, 나의 법도를 알지 못하였다.'

말씀을 듣고도 못된 고집을 부리는 사람들의 특징이 무엇입니까? 그들은 마음이 미혹되어서 항상 곁길로 갑니다. 마음이 말씀과 하나가 되어야 하는데, 마음이 항상 곁길로 빗나가 있다는 것입니다. 그 결과가 무엇일까요?

> 히 3:11 내가 노하여 맹세한 바와 같이 그들은 내 안식에 들어오지 못하리라 하였다 하였느니라

(현대인) 또 내가 분노하여 '그들은 안식처가 될 약속의 땅에 들어오지 못할 것이다'라고 선언하였다."

하나님의 진노로 인하여 그들이 하나님의 안식에 들어오지 못하는 일이 일어났습니다. 현대인의 성경에서는 "안식처가 될 약속의 땅에 들어오지 못할 것이다"라고 말씀합니다. 천국에 가지 못한다는 뜻입니다. 하나님의 말씀을 들었는데, 어떻게 하나님의 안식에 들어오지 못하는 일이 일어났을까요? 무엇이 그들을 하나님의 안식에 들어오지 못하게 했을까요? 말씀을 듣고도 못된 고집을 부리면 그렇게 됩니다.

> 말씀을 듣고도 못된 고집을 부리면 천국에 가지 못합니다.

행 2:37 그들이 이 말을 듣고 마음에 찔려 베드로와 다른 사도들에게 물어 이르되 형제들아 우리가 어찌할꼬 하거늘

말씀을 들을 때 두 가지 반응이 나타납니다. 한 가지는 말씀을 듣고 마음에 찔려 "우리가 어찌할꼬!" 하는 것입니다. 말씀을 들을 때에 마음에 찔린 적이 있습니까? 말씀을 들을 때 말씀의 검에 찔리는 것이 정상입니다. 찔렸을 때 어떤 사람들은 "우리가 어찌할꼬!" 하며 회개합니다. 회개하여 죄 사함의 은혜를 받는 것입니다. 베드로가 말씀을 전했을 때 하나님의 말씀을 듣고 마음에 찔려 회개함으로 3천 명이 하나님께로 돌아오는 성령의 역사가 나타났습니다.

행 7:54 그들이 이 말을 듣고 마음에 찔려 그를 향하여 이를 갈거늘

11 _ 오늘 너희가 그의 음성을 듣거든

"그들이 이 말을 듣고 마음에 찔려" 여기까지는 베드로가 말씀을 전했을 때와 똑같습니다. 스데반이 말씀을 전했을 때도 말씀을 듣고 마음에 찔렸습니다. 그런데 그 후의 반응이 다릅니다. 두 번째 반응은 '이를 가는 것'입니다. 그들은 결국 말씀을 전한 스데반 집사를 돌로 쳐 죽입니다.

말씀을 들을 때 성령이 역사하는 사람과 마귀가 역사하는 사람은 다릅니다. 성령이 역사하는 사람은 하나님의 말씀을 들을 때 마음에 찔려 회개하고 하나님께로 돌아옵니다. 그런데 마귀에게 붙들린 자들은 말씀을 듣고 이를 갈며 말씀 전하는 자를 죽이려고 합니다. 그러므로 말씀을 들을 때 반드시 은혜로 받아야 합니다.

> 하나님께 속한 자는 말씀을 듣고 회개하고, 마귀에게 속한 자는 말씀을 듣고 이를 갑니다.

어떤 사람은 말씀을 들을 때 "오늘따라 목사님이 무지하게 까네…" 하는 사람이 있습니다. "누가 목사님한테 고자질했나? 목사님한테 뭔 소리가 들어갔나?" 하고 오해합니다. 성도 한 사람을 까려고 말씀을 준비하는 목사는 없습니다. 오늘 주의 음성을 듣거든 못된 고집을 부리지 말고, 마음이 미혹되어 곁길로 가지 말아야 합니다. 주의 음성을 듣고도 천국에 들어가지 못하는 일이 없도록 해야 합니다. 어떤 목사가 말씀을 준비하면서 "내가 오늘은 무슨 일이 있어도 말씀으로 너를 까고 말리라! 주여, 확실하게 깔 수 있는 말씀을 주옵소서!" 하고 기도하겠습니까? 말씀은 살리려고 먹이는 것입니다.

주님은 문제로부터 나를 건져주시려고, 나를 죄에서 구원하려고 음성을 들려주십니다. 말씀을 듣고 찔리면 '하나님이 나를 살리려고 이런 말씀을 주셨구나!' 하고 회개하고 돌이켜야 하는데, '까네, 까!

또 까네!' 이렇게 반응하는 것은, 주의 음성을 못 듣는 것이고 못된 고집을 부리는 것입니다. 나의 죄를 지적하고 나를 책망하는 말씀을 들을 때에도 '너나 잘하세요!' 하고 말씀을 튕겨내지 말고 '주여, 내가 죄인입니다. 나를 불쌍히 여겨 주옵소서!' 하고 인정할 수 있기를 바랍니다. 그럴 때 하나님께서 은혜를 베푸시고 구원하셔서 새로운 오늘을 주시는 것입니다. 오늘 주의 음성을 듣거든 제발 못된 고집을 부리거나, 마음이 미혹되어 곁길로 가거나, 하나님의 나라에 들어가지 못하는 일이 없기를 바랍니다.

♣ 약속의 땅에 들어간 자와 들어가지 못한 자

민 13:25-33 사십 일 동안 땅을 정탐하기를 마치고 돌아와 바란 광야 가데스에 이르러 모세와 아론과 이스라엘 자손의 온 회중에게 나아와 그들에게 보고하고 그 땅의 과일을 보이고 모세에게 말하여 이르되 당신이 우리를 보낸 땅에 간즉 과연 그 땅에 젖과 꿀이 흐르는데 이것은 그 땅의 과일이니이다 그러나 그 땅 거주민은 강하고 성읍은 견고하고 심히 클 뿐 아니라 거기서 아낙 자손을 보았으며 아말렉인은 남방 땅에 거주하고 헷인과 여부스인과 아모리인은 산지에 거주하고 가나안인은 해변과 요단 가에 거주하더이다 갈렙이 모세 앞에서 백성을 조용하게 하고 이르되 우리가 곧 올라가서 그 땅을 취하자 능히 이기리라 하나 그와 함께 올라갔던 사람들은 이르되 우리는 능히 올라가서 그 백성을 치지 못하리라 그들은 우리보다 강하니라 하고 이스라엘 자손 앞에서 그 정탐한 땅을 악평하여 이르되 우리가 두루 다니며 정탐한 땅은 그 거주민을 삼키는 땅이요 거기서 본 모든 백성은 신장이 장대한 자들이며 거기서

> 네피림 후손인 아낙 자손의 거인들을 보았나니 우리는 스스로 보기에도 메뚜기 같으니 그들이 보기에도 그와 같았을 것이니라

하나님이 이스라엘 백성들에게 분노하시며 "그들은 안식처가 될 약속의 땅에 들어오지 못할 것이다!"(히 3:11) 하고 선언하셨는데, 도대체 광야에서 무슨 일이 있었던 걸까요? 하나님께서 이스라엘 백성들을 약속의 땅 가나안으로 인도하기 위하여 부르시고 이스라엘 백성들을 출애굽 시키셨습니다. 그리고 하나님의 말씀으로 인도하여 가나안 땅 바로 코앞에 왔는데, 가나안 땅을 정탐하고 온 정탐꾼들의 말을 듣고 하나님 앞에 원망과 불평을 늘어놓은 것입니다. 정탐꾼들이 무엇이라고 했길래 이스라엘 백성들이 하나님께 원망과 불평을 했을까요?

하나님은 모세를 시켜서 열두 명의 정탐꾼을 가나안 땅으로 보냈는데 열 명의 정탐꾼과 두 명의 정탐꾼이 서로 다른 보고를 했습니다. 열 명의 정탐꾼은 본 대로, 사실대로, 느낀 대로 보고했습니다. 그들의 보고는 거짓이 아니었습니다. 정말로 가나안 땅에는 아낙 자손이 있었고, 그들은 신장이 장대한 거인이었습니다. 하지만 영적인 것을 분별해야 합니다. 그들의 보고를 들은 이스라엘 백성들이 어떻게 했습니까?

> 민 14:1-11 온 회중이 소리를 높여 부르짖으매 백성이 밤새도록 통곡하였더라 이스라엘 자손이 다 모세와 아론을 원망하며 온 회중이 그들에게 이르되 우리가 애굽 땅에서 죽었거나 이 광야에서 죽었으면 좋았을 것을 어찌하여 여호와가 우리를 그 땅으로 인도하여 칼에 쓰러지게 하려 하는가 우리 처자가 사로잡히리니 애굽으로 돌아

가는 것이 낫지 아니하랴 이에 서로 말하되 우리가 한 지휘관을 세우고 애굽으로 돌아가자 하매 모세와 아론이 이스라엘 자손의 온 회중 앞에서 엎드린지라 그 땅을 정탐한 자 중 눈의 아들 여호수아와 여분네의 아들 갈렙이 자기들의 옷을 찢고 이스라엘 자손의 온 회중에게 말하여 이르되 우리가 두루 다니며 정탐한 땅은 심히 아름다운 땅이라 여호와께서 우리를 기뻐하시면 우리를 그 땅으로 인도하여 들이시고 그 땅을 우리에게 주시리라 이는 과연 젖과 꿀이 흐르는 땅이니라 다만 여호와를 거역하지는 말라 또 그 땅 백성을 두려워하지 말라 그들은 우리의 먹이라 그들의 보호자는 그들에게서 떠났고 여호와는 우리와 함께하시느니라 그들을 두려워하지 말라 하나 온 회중이 그들을 돌로 치려 하는데 그때에 여호와의 영광이 회막에서 이스라엘 모든 자손에게 나타나시니라 여호와께서 모세에게 이르시되 이 백성이 어느 때까지 나를 멸시하겠느냐 내가 그들 중에 많은 이적을 행하였으나 어느 때까지 나를 믿지 않겠느냐

열 명의 정탐꾼의 말을 듣고 이스라엘 백성들은 밤새도록 통곡했습니다. 그리고 모세와 아론을 원망하기 시작합니다. "우리가 차라리 애굽 땅이나 광야에서 죽었으면 좋았을 것을…"이라고 한 것처럼 말씀을 믿지 못하고 말씀을 잃어버리면 원망과 불평이 나오게 됩니다. 사람의 말을 들으면 원망과 불평이 나오게 되는 것입니다. 원망과 불평을 막기 위해서는 육신의 지정의(知情意)를 내려놓아야 합니다. 십자가에서 나는 이미 죽었습니다. 죽지 않으면 항상 자기 생각대로 말하고 불평합니다. "내가 그리스도와 함께 십자가에 못 박혔나니…"라는 이 말씀이 항상 삶 속에서 경험되기를 축복합니다.

두 명의 정탐꾼인 여호수아와 갈렙은 달랐습니다. 두 사람은 옷

을 찢으며 이스라엘 백성들에게 소리쳤습니다. "이스라엘 백성들이여! 가나안 땅은 하나님이 말씀하신 그대로 젖과 꿀이 흐르는 땅이다! 그 백성을 두려워하지 말라! 그들은 우리의 먹이라!" 열 명의 정탐꾼은 본 대로, 사실대로, 느낀 대로 말했지만, 두 명의 정탐꾼은 말씀대로, 믿음대로 말한 것입니다. 하나님은 사랑하는 자에게 똑같은 것을 보고도 똑같이 보지 않게 하십니다. 두 명의 정탐꾼이 보기에도 아낙 자손은 거인이고, 힘이 세고, 그들과 비교해서 겉으로 볼 때 이스라엘 백성들이 메뚜기처럼 보였습니다. 그러나 두 명의 정탐꾼은 가나안 땅을 주시겠다고 약속하신 하나님의 말씀을 믿었기에 "하나님이 우리와 함께하시니 두려워 말라! 그들은 우리의 먹이라!" 하고 당당하게 외친 것입니다.

> 하나님은 사랑하는 자에게 똑같은 것을 보고도 똑같이 보지 않게 하십니다.

우리가 반드시 기억해야 할 것이 있습니다. 내 눈에 보이는 현실 때문에, 나의 믿음을 보시는 하나님 앞에 어쩌면 천국에 들어가지 못하는 일이 있을 수 있다는 사실입니다. 열 명의 정탐꾼의 보고를 듣고 원망과 불평을 하던 사람들이 여호수아와 갈렙의 말을 듣고 그들을 돌로 치려고 했습니다. "지금 장난하냐! 열 명의 정탐꾼이 하는 소리를 못 들었냐? 너희도 똑같이 보고 왔다며! 그런데 그들을 이길 수 있다고 그런 새빨간 거짓말을 해?" 하고 돌을 들어 두 명의 정탐꾼을 죽이려고 한 것입니다.

하나님의 사람은 미래를 볼 수 있는 눈이 있어야 합니다. 역사를 보는 눈이 있어야 합니다. 시대를 보는 눈을 가져야 합니다. 영적인 것을 분별할 수 있는 눈을 가져야 합니다. 그리고 나를 볼 수 있는 눈이 있어야 합니다. 그래야 하나님의 사람입니다.

하나님은 똑같은 것을 보고도 똑같이 보지 않게 하십니다. 다윗과 골리앗의 이야기를 잘 알고 있지 않습니까? 골리앗 앞에 이스라엘 모든 군대가 벌벌 떨었지만, 다윗의 눈에 골리앗은 그저 한 마리의 짐승과 같았습니다. 언제나 크신 하나님을 상대하며 살아왔던 다윗에게 골리앗은 자기가 돌보는 양을 물어가려다가 입이 찢긴 곰이나 사자와 마찬가지로 보였던 것입니다. 그래서 다윗에게는 골리앗이 두려운 존재로 보이지 않았고, 다윗은 담대하게 골리앗 앞에 나아가 물맷돌을 던져 그를 쓰러뜨릴 수 있었습니다.

저도 장기 금식을 다섯 번 하면서 항상 하나님 앞에 기도해 왔던 것이 있습니다. "누구도 보지 못한 영의 세계를 보여주옵소서! 누구도 보지 못한 하나님의 말씀을 보여주옵소서! 누구도 갖지 못한 영적인 능력을 내게 주옵소서! 누구도 사용할 수 없는 언어의 능력을 내게 주옵소서!"

자녀들을 위해서도 이렇게 기도할 수 있기를 바랍니다. "누구도 생각할 수 없는 것을 생각하게 하시고, 누구도 갖지 못한 지혜를 주시고, 누구도 사용할 수 없는 언어의 능력을 주옵소서!" 이렇게 기도할 때 하나님의 능력이 나타날 것입니다.

> 민 14:28-32 그들에게 이르기를 여호와의 말씀에 내 삶을 두고 맹세하노라 너희 말이 내 귀에 들린 대로 내가 너희에게 행하리니 너희 시체가 이 광야에 엎드러질 것이라 너희 중에서 이십 세 이상으로서 계수된 자 곧 나를 원망한 자 전부가 여분네의 아들 갈렙과 눈의 아들 여호수아 외에는 내가 맹세하여 너희에게 살게 하리라 한 땅에 결단코 들어가지 못하리라 너희가 사로잡히겠다고 말하던 너희

의 유아들은 내가 인도하여 들이리니 그들은 너희가 싫어하던 땅을 보려니와 너희의 시체는 이 광야에 엎드러질 것이요

"차라리 애굽에서 죽었거나 광야에서 죽었으면 좋았을 것을…" 하고 모세와 아론을 향하여 원망 불평했던 이스라엘 백성들이 어떻게 되었습니까? 그들이 말한 대로 전부 광야에서 죽고 말았습니다. 그들에게도 기회가 있었습니다. 여호수아와 갈렙이 그들에게 분명히 가나안 땅에 들어갈 수 있다고, 그 땅은 하나님이 말씀하신 대로 좋은 땅이라고, 아낙 자손들은 먹이에 불과하다고 말해주었습니다. 그러나 그들은 그 말을 듣고도 못된 고집을 부리고 도리어 여호수아와 갈렙을 돌로 쳐 죽이려고 하다가 결국 한 사람도 가나안 땅에 들어가지 못했습니다.

"오늘 너희가 그의 음성을 듣거든…못된 고집을 부리지 말라!" 이 말씀이 주님의 음성으로 들려지기를 축원합니다.

12

하나님 앞에 네 마음이 바르지 못하니

히브리서 3장

히 3:12-19 형제들아 너희는 삼가 혹 너희 중에 누가 믿지 아니하는 악한 마음을 품고 살아 계신 하나님에게서 떨어질까 조심할 것이요 오직 오늘이라 일컫는 동안에 매일 피차 권면하여 너희 중에 누구든지 죄의 유혹으로 완고하게 되지 않도록 하라 우리가 시작할 때에 확신한 것을 끝까지 견고히 잡고 있으면 그리스도와 함께 참여한 자가 되리라 성경에 일렀으되 오늘 너희가 그의 음성을 듣거든 격노하시게 하던 것같이 마음을 완고하게 하지 말라 하였으니 듣고 격노하시게 하던 자가 누구냐 모세를 따라 애굽에서 나온 모든 사람이 아니냐 또 하나님이 사십 년 동안 누구에게 노하셨느냐 그들의 시체가 광야에 엎드러진 범죄한 자들에게가 아니냐 또 하나님이 누구에게 맹세하사 그의 안식에 들어오지 못하리라 하셨느냐 곧 순종하지 아니하던 자들에게가 아니냐 이로 보건대 그들이 믿지 아니하므로 능히 들어가지 못한 것이라

히브리서 3장의 마지막 강해는 "마음이 문제다", "불순종이 문제다"라는 두 가지 주제로 풀어가겠습니다. 먼저 마음에 대해 어떻게 말하고 있는지 살펴보겠습니다.

♣ 마음이 문제다

> 히 3:10 그러므로 내가 이 세대에게 노하여 이르기를 그들이 항상 마음이 미혹되어 내 길을 알지 못하는도다 하였고

첫째, 이스라엘 백성들의 마음이 항상 미혹되었다고 합니다. 마음이 미혹되면 흔들립니다. 그러니까 이리로 갈까, 저리로 갈까 갈팡질팡하며 갈 길을 제대로 가지 못하는 것입니다. 마음이 흔들리면 안 됩니다.

> 히 3:12 형제들아 너희는 삼가 혹 너희 중에 누가 믿지 아니하는 악한 마음을 품고 살아 계신 하나님에게서 떨어질까 조심할 것이요

둘째, 마음이 악합니다. 하나님을 믿지 않는 마음이 악한 마음입니다.

> 히 3:15 성경에 일렀으되 오늘 너희가 그의 음성을 듣거든 격노하시게 하던 것같이 너희 마음을 완고하게 하지 말라 하였으니

셋째, 마음을 완고하게 하는 사람들이 있습니다. 마음이 완고하다는 것은 마음이 강퍅하다, 못된 고집을 부린다는 뜻입니다.

문제는 마음입니다. 흔들리는 내 마음이 문제이고, 나도 모르게 악해지는 내 마음이 문제이고, 못된 고집을 부리는 내 마음이 문제입니다. 오죽하면 "내가 왜 이러는지 몰라…" 하는 노래가 있겠습니까? 복을 받는 길은 간단합니다. 우리 마음이 하나님을 향해 있기만 하면 됩니다. 하나님은 우리의 중심을 보십니다(삼상 16:7). 중심이 하나님을 향해 있지 않은 사람들, 하나님이 보시기에 그 마음이 바르지 못한 사람들은 하나님이 주시는 축복을 받을 수 없습니다.

> 미혹되어 흔들리는 내 마음, 악해지는 내 마음, 못된 고집을 부리는 내 마음, 하나님 앞에 바르지 못한 내 마음이 문제입니다.

행 8:21 하나님 앞에서 네 마음이 바르지 못하니 이 도에는 네가 관계도 없고 분깃 될 것도 없느니라

(새번역) 그대는 하나님이 보시기에 마음이 바르지 못하니, 우리의 일에 그대가 차지할 자리도 몫도 없소.

"이 도에는 네가 관계도 없고…"는 한마디로 말씀과 상관이 없다는 뜻입니다. 하나님이 보시기에 마음이 바르지 못한 사람은 말씀과 관계가 없기 때문에 말씀을 통해서 주시는 축복의 분깃을 받지 못합니다. 분깃을 받지 못한다고 해도 그냥 그런가 보다 하고 무덤덤하게 여길 수 있는데, 조금 더 실감 나게 돈으로 말해보겠습니다.

제가 어느 날 성도들에게 천만 원씩 나눠준다고 합시다. 그런데 한 사람만 **빼고** 다른 사람들에게만 돈을 준다면 받지 못한 사람은

어떻겠습니까? 아마 왜 자기만 빼놓고 주느냐며 펄쩍 뛰고 시험에 들고 난리가 날 것입니다. 하나님이 주시는 분깃은 돈 천만 원에 비할 바가 아닙니다. 예배에 한 번도 안 빠지고 신앙생활을 열심히 하는데도 여전히 무엇인가 풀리지 않는 문제가 있고 계속해서 어려움을 당하고 있다면 한 번쯤 내 마음을 점검해 보아야 합니다. 어쩌면 문제는 다른 게 아니라 하나님 앞에서 내 마음이 바르지 못하기 때문일지 모릅니다. 혹시 미워하는 사람이 있습니까? 도저히 용서할 수 없는 사람이 있습니까? 뒤에서는 형제를 욕하고 허물을 들춰내고 씹어대면서, 아무렇지도 않게 그 입술로 찬양하고 기도하는 모습을 하나님은 가증스럽게 여기십니다.

렘 17:9 만물보다 거짓되고 심히 부패한 것은 마음이라 누가 능히 이를 알리요마는

(쉬운말) 주께서 또 말씀하신다. "보라, 사람의 마음은 세상 모든 것들보다 더욱 거짓되고 심히 썩었다. 누군들 사람의 마음속을 알 수 있으랴!

(현대어) 여호와께서 인간의 본성에 대하여 말씀하셨다. '인간의 마음보다 더 간사하고 그 깊이를 알 수 없는 것이 없다. 인간의 마음은 거짓과 재앙으로 가득 차 있다. 누가 그것을 투시할 수 있겠는가?

(쉬운성경) 그 어느 것보다도 비뚤어진 것은 사람의 마음이다. 사람의 마음은 심히 악하기 때문에 아무도 그 속을 알 수 없다.

사람의 마음이 어떤지 성경이 가르쳐 줍니다. 사람의 마음은 세상의 모든 것들보다 더욱 거짓되고 심히 썩었습니다. 그래서 누구도 그 속을 알 수 없는 것입니다. 누구도 알지 못하는 나의 마음속을 성경의 거울을 통해서 볼 수 있기를 바랍니다. 내 마음속에 무엇이 있다고 합니까?

> 잠 26:25 그 말이 좋을지라도 믿지 말 것은 그 마음에 일곱 가지 가증한 것이 있음이니라

사람의 마음속에는 일곱 가지 가증한 것이 있습니다. 그것이 무엇일까요?

> 마 15:19 마음에서 나오는 것은 악한 생각과 살인과 간음과 음란과 도둑질과 거짓 증언와 비방이니

성경은 정확합니다. 이러한 일곱 가지 가증한 것들이 모든 사람의 마음속에 가득 차 있습니다. 이것으로 끝이 아닙니다. 또 인간의 마음은 어떻습니까?

> 전 9:3 모든 사람의 결국은 일반이라 이것은 해 아래에서 행해지는 모든 일 중의 악한 것이니 곧 인생의 마음에는 악이 가득하여 그들의 평생에 미친 마음을 품고 있다가 후에는 죽은 자들에게로 돌아가는 것이라

인생의 마음에는 악이 가득합니다. 그리고 평생을 '미친 마음'으

12 _ 하나님 앞에 네 마음이 바르지 못하니

로 삽니다. 돈을 좋아하는 사람들은 평생 돈에 미쳐서 삽니다. 음란한 귀신이 들어간 사람들은 평생 여자와 남자에 미쳐서, 음란에 미쳐서 사는 것입니다. 아이들은 게임에 미치고, 어른들은 술과 도박에 미쳐 삽니다. 세상 사람들은 무엇인가 다 한 가지 이상씩 미쳐 사는 것이 있습니다. 그래서 성경은 모든 사람이 다 똑같은데, 악이 가득한 마음으로 평생을 미쳐 살다가 죽는다고 말씀하는 것입니다. 나는 무엇에 미쳐 살고 있습니까?

어떤 권사님의 이야기를 들은 적이 있습니다. 하루에 서너 시간씩 기도하는 분으로, 그 교회에서는 기도 많이 하는 권사님으로 유명하다고 합니다. 그런데 그 권사님의 소원이 하나 있었는데, 바로 장가 못 간 노총각 아들이 좋은 며느리를 만나 결혼하는 것이었다고 합니다. 늘 그것을 소원하며 기도했었는데, 어느 날 권사님이 드디어 하나님이 응답하셨다며 동네방네 신이 나서 자랑하셨답니다. 노총각 아들이 드디어 결혼하게 되었는데, 신부가 서울에서 일류대를 나온 똑똑하고 얼굴도 예쁜 처자라는 것입니다. 그렇게 자랑을 하고 아들을 장가보낸 지 석 달쯤 지난 어느 날 권사님이 씩씩대며 사람들에게 말하더랍니다. "내 눈에 흙이 들어가기 전에는 절대 그년을 안 봐!"

'그년'이 누구겠습니까? 며느리입니다. 하나님의 응답이라고 그렇게 좋아하더니 석 달이 채 지나지 않아 그만 며느리와 원수 사이가 되고 만 것입니다. 이것이 인간의 마음입니다. 속에는 다 악한 마음이 감추어져 있습니다. 은혜가 충만할 때는 악한 마음이 감추어져 있으니까 자신이 괜찮은 줄 압니다. 자기는 악하지 않다는 것입니다. 그런데 어느 날 성질이 나면 악한 마음이 확 올라옵니다. 이것을 해결해야 합니다. 오늘 이것을 해결할 수 있는 비밀을 공개할 것입니다. 내 힘으로는 안 됩니다. 내 마음이지만, 내가 내 마음을 어떻게 할 수 없습니다. 마음은 하나님이 만져주셔야 하는 것입니다. 하나님께서 내 마음을 어떻게 만져주시는지 오늘 그 비밀을 공개하도록 하겠습니다.

벧전 3:3-4 너희의 단장은 머리를 꾸미고 금을 차고 아름다운 옷을 입는 외모로 하지 말고 오직 마음에 숨은 사람을 온유하고 안정한 심령의 썩지 아니할 것으로 하라 이는 하나님 앞에 값진 것이니라

(새번역) 여러분은 머리를 꾸미며 금붙이를 달거나 옷을 차려 입거나 하여 겉치장을 하지 말고, 썩지 않는 온유하고 정숙한 마음으로 속 사람을 단장하도록 하십시오. 그것이 하나님께서 보시기에 값진 것입니다.

(현대인) 여러분은 겉모양만 화려하게 꾸미지 말고 유순하고 정숙한 마음가짐으로 속 사람을 아름답게 하십시오. 그것은 하나님이 보시기에 매우 귀한 일입니다.

(쉬운말) 여러분의 아름다움은 겉모양에서 오는 것이 아닙니다. 그러니 머리를 꾸미거나 보석으로 치장하거나 화려한 옷을 입거나 해서, 겉모양을 공들여 단장하지 말고, 도리어 세월이 아무리 흘러도 빛 바래지 않는 온유하고 정숙한 마음가짐을 갖춤으로써, 여러분의 속사람을 가꾸도록 하십시오. 이것이야말로 하나님께서 보시기에 진정 값진 것입니다.

하나님은 마음을 보십니다. 언제나 문제는 우리의 마음입니다. 그런데 하나님께서 아무리 마음을 보신다고 말씀하셔도 우리는 하나님의 시선은 아랑곳하지 않고 사람들의 시선만 의식하며 겉치장에 힘씁니다. 성경은 속 사람을 단장하라고 합니다. 그것이 하나님 보시기에 매우 귀한 일이라는 겁니다. 우리의 아름다움은 겉모양에서 오는 것이 아닙니다. 아무리 화장을 예쁘게 하고 미장원에서 머리를 꾸미고 예배 시간에 교회를 와도 영적으로 보면 귀신 들린 사람, 지저분한 사람이 얼마나 많은지 모릅니다. 속 사람을 단장할 수 있기를 바랍니다.

그런데 우리는 속 사람을 어떻게 단장해야 하는지 모릅니다. 하나님은 사랑하는 자들의 마음을 만져주십니다. 성령님이 행하시는 특별한 일이 하나 있습니다. 사람으로서는 절대 할 수 없는 일을 성령께서 하시는데, 그 일이 바로 사랑하는 자들의 마음을 만지는 것입니다. 성령께서 어떻게 우리의 마음을 만져주시는지, 그 비밀을 공개하겠습니다.

🍀 불순종이 문제다

> 히 3:18-19 또 하나님이 **누구에게 맹세하사 그의 안식에 들어오지 못하리라 하셨느냐 곧 순종하지 아니하던 자들에게가 아니냐** 이로 보건대 그들이 믿지 아니하므로 능히 들어가지 못한 것이라

> (쉬운말) 또 하나님께서 **누구를 향해 자신이 주신 안식처인 그 약속의 땅에 들여보내지 않겠다고 맹세하며 말씀하셨습니까? 바로 하나님께 순종하지 않은 그 사람들에게 하신 말씀이 아니었습니까?**

이로써 우리는, 그들이 그 약속의 땅에 들어가지 못한 것은 결국 그들의 불신앙 때문이었음을 알 수 있습니다.

안식에 들어가지 못하는 자는 약속의 땅에 들어가지 못하는 자이고, 약속의 땅 가나안은 영적으로 천국을 의미합니다. 그렇다면 누가 천국에 들어갈 수 없습니까? 순종하지 않는 자들입니다. 죄는 하나님의 말씀에 순종하지 않는 것입니다. 아담이 하나님의 말씀에 불순종하여 선악과를 따 먹었습니다. 그래서 인류에게 처음으로 죄가 들어왔습니다. 우리는 모두 아담의 후손입니다. 아담의 후손이라는 말은 하나님의 말씀에 순종할 수 없는 죄인이라는 뜻입니다. 죄인인 아담의 씨로 태어났기 때문에 죄인이 될 수밖에 없는 것입니다. 성경은 "너희는 너희 아비 마귀에게서 났으니…"(요 8:44)라고 하며 우리의 뿌리가 누구인지 정확하게 말해줍니다.

> 불순종하는 자, 말씀대로 살지 않는 자는 천국에 들어갈 수 없습니다.

> 롬 5:19 한 사람이 순종하지 아니함으로 많은 사람이 죄인 된 것같이 한 사람이 순종하심으로 많은 사람이 의인이 되리라

아담 한 사람으로 인해 모든 인류가 하나님의 말씀에 순종할 수 없는 죄인이 되었기 때문에, 하나님의 아들 예수 그리스도께서 오셔서 하나님의 말씀에 순종할 수 없는 우리를 하나님의 말씀에 순종하는 사람으로 만들어 주셨습니다. 이것을 다른 말로 '구원'이라고 합니다. 말씀에 불순종하면서 구원받았다고 하는 것은 거짓입니다.

구원받았다는 말은, 하나님의 말씀에 불순종하여 죄인 되었던 우리의 죗값으로 하나님의 아들 예수 그리스도께서 십자가를 지시고 다시금 우리를 하나님의 말씀에 순종하는 하나님의 생명으로 태어나게 하셨다는 뜻입니다.

　육신의 생명으로 태어난 모든 사람은 마귀의 종입니다. 육신의 생명으로 태어난 사람은 육신의 생각으로 사는데, 육신의 생각으로 사는 것 자체가 죄입니다. 그러므로 죄를 짓고 마귀에게 속한 마귀의 종으로 살게 되는 것입니다(요일 3:8).

> 롬 8:6-7 육신의 생각은 사망이요 영의 생각은 생명과 평안이니라 육신의 생각은 하나님과 원수가 되나니 이는 하나님의 법에 굴복하지 아니할 뿐 아니라 할 수도 없음이라

　하나님의 법에 굴복할 수 없다는 것은 하나님의 말씀에 순종할 수 없다는 뜻입니다. 그래서 육신의 생각은 하나님과 원수입니다. '사랑하라!', '용서하라!' 아무리 하나님의 말씀을 알고 있으면 뭐 합니까? 생각으로는 다 알고, 할 수 있을 것 같습니다. 그러나 아무리 하나님의 말씀에 순종하려고 노력해도 그렇게 할 수가 없는 것입니다. 그래서 하나님은 아들 예수 그리스도를 이 땅에 보내셔서 원수된 육신을 십자가에 못 박아 죽이셨습니다. 육신대로 살면 반드시 죽기 때문입니다(롬 8:13). 육신의 생각은 사망이기 때문입니다. 육신의 생각은 불순종을 낳습니다. 그래서 육신의 생각을 따라 늘 불순종할 수밖에 없는 육신의 생명을 아예 십자가에 못 박아 죽여버리신 것입니다. 그 후 예수께서 부활하셔서 우리에게 하나님의 생명을 주셨습니다. 이것은 이전에 우리가 살았던 육신의 생명과는 전혀 다

른 새로운 생명입니다.

육신의 생명으로 태어난 자들은 육신의 생각으로 살지만, 하나님의 생명으로 태어난 자들은 하나님이 주시는 하나님의 생각으로 삽니다. 영의 생각은 바로 하나님의 생명으로 태어난 자들에게 성령으로 주시는 하나님의 생각입니다. 영의 생각을 따라 사는 사람들은 생명과 평안을 누립니다. 말씀에 순종하여 살기 때문에 평안한 것입니다. 기억하십시오. 하나님의 생명은 하나님의 말씀에 불순종하는 것이 아니라 순종하여 사는 생명입니다. 말씀에 순종하고 계십니까? 문제는, 하나님의 생명으로 태어났다고 하면서도 불순종하는 사람들이 많다는 것입니다. 그것은 아직까지 육신의 생각에 지배받고 있기 때문입니다.

> 히 3:18(쉬운말) 또 하나님께서 누구를 향해 자신이 주신 안식처인 그 약속의 땅에 들여보내지 않겠다고 맹세하며 말씀하셨습니까? 바로 하나님께 순종하지 않은 그 사람들에게 하신 말씀이 아니었습니까?

하나님께 순종하지 않는 사람들, 말씀대로 살지 않는 사람들은 안식할 수 없고 약속의 땅 가나안에 들어갈 수 없습니다. 절대 천국에 들어갈 수 없는 것입니다. 그래서 하나님께서 택한 자들에게 특별히 행하시는 일이 있습니다. 그것이 무엇일까요?

아담 이후로 태어난 사람들 가운데 가장 먼저 아브라함을 택하시고 그에게 하나님의 그 비밀스러운 일을 행하기 시작하십니다. 그 비밀스러운 일이 무엇인가 하면 바로 공개하겠다고 말씀드렸던 것, 곧 마음을 만져서 그의 마음을 바꾸어 주시는 것입니다. 하나님께서 어느 날 아브라함에게 말씀하십니다. "아브라함아, 내가 너에게 아들을 주겠다. 네 아내 사라가 너에게 아들을 낳아 줄 것이다!" 그 때 아브라함의 나이는 구십구 세였습니다. 아브라함이 과연 이 말씀을 믿었을까요?

> 창 17:17 아브라함이 엎드려 웃으며 마음속으로 이르되 백 세 된 사람이 어찌 자식을 낳을까 사라는 구십 세니 어찌 출산하리요 하고

아브라함은 안 믿었습니다. 아들을 주시겠다고 말씀하셨는데도 믿지 못했던 아브라함이 어떻게 아들을 낳고 '믿음의 조상'이 되었을까요? 아브라함이 어떻게 이삭을 낳았는지 그 비밀을 소개합니다.

❧ 하나님께서 택한 자들에게 특별히 행하시는 일

> 행 7:8 할례의 언약을 아브라함에게 주셨더니 그가 이삭을 낳아 여드레 만에 할례를 행하고 이삭이 야곱을, 야곱이 우리 열두 조상을 낳으니라

아브라함이 어떻게 이삭을 낳았다고 합니까? "할례 언약을 아브라함에게 주셨더니 그가 이삭을 낳아…" 이것이 비밀입니다. 할례의 언약이 무엇이길래, 그것을 주었더니 이삭을 낳았을까요? 참으로 이상하지 않습니까? 백 세가 다 된 늙은이에게 호르몬 주사를 왕창 놓았더니 그가 아들을 낳았다고 하면 이해가 가지만, 하나님께서 늙은 아브라함에게 호르몬 주사를 놓아주셨다는 말씀이 없습니다. 무엇을 주셨다고 합니까? '할례의 언약'을 주셨다는 것입니다. 할례의

언약이 도대체 무엇이길래, 그것을 주셨더니 아브라함이 이삭을 낳았을까요? 참으로 궁금하지 않습니까?

아브라함을 택하신 하나님께서 아브라함을 부르시고 그와 언약을 맺습니다. 그리고 그 언약을 영원한 언약으로 세우셨습니다.

> **창 17:1** 아브람이 구십구 세 때에 여호와께서 아브람에게 나타나서 그에게 이르시되 나는 전능한 하나님이라 너는 내 앞에서 행하여 완전하라

아브라함이 아내 사라의 말을 듣고 이스마엘을 낳은 후 13년 동안 침묵하셨던 하나님께서, 아브라함의 나이 구십구 세 때에 다시 나타나 말씀하십니다. "나는 전능한 하나님이라…." 하나님을 믿지 못하고 자기 생각으로 이스마엘을 낳았던 아브라함에게 다시 한번 하나님이 어떠한 분이신지 마음에 새겨주시는 것입니다.

사람의 힘으로 안 되고 세상의 방법으로 안 될 때, 그래서 절망하고 주저앉아 있는데 바로 그때 주님이 내게 찾아오십니다. "사랑하는 아들아, 그래서 내가 있지 않니? 그래서 내가 너의 하나님이란다." 사람의 힘으로 안 되고, 세상의 방법으로 안 되기 때문에 전능하신 하나님께서 나의 하나님이 되어주시는 것입니다.

저는 성경을 잘 알지 못합니다. 말씀을 사모하여 누구보다도 성경을 많이 읽고자 했지만 그렇다고 성경 66권을 어떻게 다 알겠습니까? 그런데 참으로 신기하게도 힘들고 어려울 때면 말씀이 해처럼 확 떠오릅니다. 제가 개척할 당시의 일입니다. 새벽예배 시간에 어디선가 '쿵쿵쿵' 하는 소리가 들려왔습니다. 그러더니 예배당 문이 벌컥 열리고 "목사, 이 새끼 어딨어? 당장 나와!" 하며 덩치가 산만 한 남자

가 술에 거나하게 취해서 부엌칼을 들고 나타났습니다. 저는 너무도 놀라서 그만 말씀을 전하다가 얼어붙고 말았습니다. 입이 바짝바짝 마르고 심장이 두근두근하고 정신이 하나도 없었습니다. 그 남자는 우리 교회 다니는 성도의 남편이었는데, 교회에 가지 못하게 해도 아내가 자꾸 교회에 가니까 틀림없이 목사랑 무슨 특별한 관계가 있나 보다 해서 목사를 죽이겠다고 찾아온 것입니다. 저는 체구도 왜소합니다. 그런데 그 사람은 키가 180cm도 넘는 것 같았습니다. 눈에 보이는 곳은 온통 문신으로 가득했습니다. 그런 사람이 날 죽이겠다고 찾아왔으니, 머리끝이 쭈뼛해지지 않았겠습니까? 제가 할 수 있는 일은 하나님의 이름을 부르는 것 외에는 없었습니다. 속으로 기도하고 있는데, 그때 제 마음에 이런 말씀이 떠올랐습니다.

> 히 13:6 주는 나를 돕는 이시니 내가 무서워하지 아니하겠노라 사람이 내게 어찌하리요

당시에는 이 말씀이 성경 어디에 있는지도 몰랐는데 그냥 마음속에서 확 떠오르면서 두근거리던 마음이 가라앉고 마음에 평안함이 임했습니다. 담대한 마음이 생겼습니다. 하나님이 내 편이신데, 사람 따위가 날 어찌할 수 있겠습니까? 그래서 그 사람을 향해 큰 소리로 외쳤습니다. "너, 누구야! 거기 서!" 그랬더니 성큼성큼 다가오던 그 사람이 갑자기 당황하며 멈춰 서는 것입니다. "뒤로 돌아!" 그랬더니 정말 뒤로 돌지 않겠습니까? "앞으로 가!" 그 사람은 그렇게 성전 밖으로 나갔습니다. 할렐루야!

어디서 그런 용기가 생겼는지 모릅니다. 감히 어떻게 함부로 예배를 방해하는가 싶어서 하나님을 믿고 담대히 외쳤더니 그 사람이

교회 밖으로 나갔습니다. 그날은 그렇게 무사히 넘겼습니다. 그런데 다음 날 새벽이 되자 저는 교회에 가기가 망설여졌습니다. 아무래도 그 사람이 꼭 다시 올 것만 같았기 때문입니다. 시퍼런 칼날이 눈앞에서 아른거리는 것 같았습니다. 그래서 선뜻 이불 밖으로 나가지 못하고 꼼지락거리고 있는데, 옆에서 사모가 이렇게 말하는 것입니다. "여보! 새벽 예배 갈 시간이에요. 어서 일어나세요!" 저는 일부러 앓는 소리를 내었습니다. "으응…오늘은 몸이 좀 안 좋은 거 같아. 당신이 나 대신 예배 인도해 주면 안 될까?" 당시엔 개척교회라 성도가 몇 사람도 채 나오지 않는 때였습니다. 그런데 사모가 얼마나 눈치가 빠른지 "당신, 어제 그 사람이 무서워서 그러는 거 아니에요?" 하면서 정곡을 콕 찌르는 것입니다. "무섭기는 누가 무섭다고 그래! 어제 하나님이 역사하시는 거 못 봤어? 가면 될 거 아니야!" 저는 툴툴거리며 마지못해 일어났습니다.

평상시에는 교회 가는 것이 얼마나 기뻤는지 발걸음이 날아가는 것처럼 가벼웠는데, 그날은 천근만근을 몸에 짊어지고 걷는 거 같았습니다. 차마 떨어지지 않는 발걸음을 애써 다독거리며 교회에 도착했습니다. '오늘은 그 자식이 오기 전에 빨리 예배를 마쳐야겠다!' 저는 서둘러 찬양을 부르고 말씀을 짧게 전하고 마치기로 마음먹었습니다. 그러면서도 예배 시간 내내 저의 시선은 예배당 입구를 향해 있었습니다. 혹시나 그 사람이 다시 오지나 않을까 싶어서였습니다.

시간이 흘렀습니다. 예배 시간은 마지막을 향해 가고 있었고 '아무래도 오늘은 그 사람이 오지 않으려나 보다' 하고 안심하고 있을 때, 갑자기 어제처럼 밖에서 소란스러운 소리가 들렸습니다. '쿵쿵쿵' 계단을 올라오는 소리가 들렸습니다. "목사, 이 새끼 나와! 내가 오늘은 반드시 죽인다!" 그 사람이 또 나타난 것입니다. 이번에는 부엌칼

이 아니라 맥주병을 깨뜨려서 그것을 양손에 쥐고 나타났습니다. 어제 똑같은 일을 당했고, 어제 하나님이 역사하시는 것을 보았는데도 저의 입술은 또다시 바짝바짝 마르고 심장이 두근두근하기 시작했습니다. 손에 쥐고 있는 깨진 병 조각을 보니 머리카락이 또다시 쭈뼛 서는 느낌이었습니다.

그런데 참으로 신기한 일이 일어났습니다. 어제와 마찬가지로 하나님께서 저의 마음에 똑같은 말씀을 주시는 것입니다.

> **히 13:6** 주는 나를 돕는 이시니 내가 무서워하지 아니하겠노라 사람이 내게 어찌하리요

말씀이 마음속에 임하고 나니 다시금 마음이 평안해졌습니다. 그리고 담대한 마음이 생겼습니다. 저는 어제와 똑같이 큰 소리로 외쳤습니다. "감히 어디에서 행패를 부리는 거야! 너, 누구야! 당장 거기 서!" 그랬더니 그 사람이 또다시 멈춰 섰습니다. "뒤로 돌아!" 그랬더니 뒤로 돌았습니다. "앞으로 가!" 그렇게 그 사람은 다시 성전 밖으로 나갔습니다.

나중에 그 사람이 우리 교회 교인이 되고 그때 일을 물었더니, 분명히 목사님을 죽이겠다고 성전 안에 들어갔는데 정신을 차리고 보니 자기가 밖에 나와 있더라는 것입니다. 그래서 다음 날 또다시 갔었는데, 그날도 정신을 차리고 보니 자기가 밖에 나와 있었다고 합니다. 그런데 그때는 또다시 성전에 들어가면 자기가 죽을 것 같더랍니다. 그런 무서움과 공포가 느껴져서 다시는 목사님을 해할 생각을 못 했다고 합니다. 사람이 아무리 큰 권력을 가지고 휘두른다고 할지라도 사람 따위가 예수 믿는 우리를 어찌할 수는 없습니다. 우리

의 배후에는 전능하신 하나님이 계시기 때문입니다.

> 창 17:2 내가 내 언약을 나와 너 사이에 두어 너를 크게 번성하게 하리라 하시니

하나님은 하나님께서 택한 자와의 사이에 언약을 두십니다. 아브라함을 택하신 하나님이 아브라함과 언약을 맺었듯이, 하나님이 나를 택하셨다면 나와도 언약을 맺었다는 것을 믿으시길 바랍니다. 일단 언약이 맺어지기만 하면 두려울 게 없습니다. 하나님께서 하나님의 백성과의 사이에 언약을 두어서 "이 언약을 통해 나는 너의 하나님이 될 것이고 너는 나의 백성이 될 것이다!"라고 약속하셨기 때문입니다. 전능하신 하나님이 나와 언약을 맺으셔서 나의 하나님이 되어주시겠다는데 무엇이 두렵겠습니까? 하나님이 나의 하나님이 되시면 강하고 담대해지는 것입니다.

> 시 89:3 주께서 이르시되 나는 내가 택한 자와 언약을 맺으며 내 종 다윗에게 맹세하기를

하나님은 택한 자와 언약을 맺으십니다. 아브라함을 택하시고 하나님께서 아브라함과 맺은 언약이 '할례 언약'입니다. 할례 언약을 주셨더니 아브라함이 이삭을 낳게 되었습니다. 그렇다면 할례 언약이 무엇일까요? 이 비밀을 알아야 우리도 믿음의 조상 아브라함처럼 될 수 있습니다.

'할례'는 한마디로 '육신의 생명을 죽인다'는 뜻입니다. 육신의 생명으로 태어난 모든 사람은 육신의 생각으로 사는데, 육신의 생각으

로 사는 자들은 하나님의 말씀에 불순종하여 죄를 짓고 마귀에게 속하여 마귀에게 종노릇할 수밖에 없기 때문에 육신의 생명을 죽이는 것입니다. 하나님께서 아브라함을 불러 남자들은 모두 육체에 할례를 행하라고 말씀하셨습니다. 할례는 성기의 포피를 베는 것입니다. 남자의 성기에서 육신의 생명, 생명의 씨앗이 나오기 때문에 육신의 생명을 죽인다는 뜻으로 성기의 포피를 베는 것입니다. 이것을 신약에서는 '세례'라고 합니다.

> 창 17:9-11 하나님이 또 아브라함에게 이르시되 그런즉 너는 내 언약을 지키고 네 후손도 대대로 지키라 너희 중 남자는 다 할례를 받으라 이것이 나와 너희와 너희 후손 사이에 지킬 내 언약이니라 너희는 포피를 베어라 이것이 나와 너희 사이의 언약의 표징이니라

할례는 하나님과 언약했다는 표시입니다. 아브라함이 하나님의 말씀을 믿고 순종하여 자기 몸에 할례를 행하고 그에게 속한 모든 집안 남자에게 할례를 행했습니다. 이렇게 할례를 행하니까 하나님께서 그것을 표징으로 삼아 아브라함과 아브라함의 자손의 마음에 할례를 행해주신 것입니다.

> 신 30:6(새번역) 주 당신들의 하나님이 당신들의 마음과 당신들 자손의 마음에 할례를 베푸셔서 순종하는 마음을 주실 것입니다. 그리하여 당신들이 마음을 다하고 정성을 다하여 주 당신들의 하나님을 사랑하며 살 수 있게 하실 것입니다.

하나님과 가장 먼저 할례 언약을 맺었던 사람은 아브라함입니다.

그러므로 '당신들의 마음과 당신들 자손의 마음에 할례를 베푸셔서…'는 먼저 '아브라함과 아브라함의 자손의 마음에 할례를 베푸셔서…'로 해석할 수 있습니다. 아브라함과 맺은 언약은 그 자손들과도 대대로 맺는 영원한 언약(창 17:7)이기 때문입니다. 할례를 베푸셔서 어떻게 하십니까? 순종하는 마음을 주십니다.

순종하는 마음은 하나님이 주셔야 합니다. 내가 순종하고 싶어서 순종할 수 있는 것이 아닙니다. 육신의 생명으로 태어난 우리는 처음부터 불순종하는 마음을 가지고 태어났습니다. 그래서 하나님께서 하나님의 사람을 택하여 그와 할례 언약을 맺으신 후, 할례 언약을 맺은 '택한 사람들'의 마음에 할례를 행하셔서 불순종의 마음을 순종의 마음으로 바꾸어 주시는 것입니다.

> 하나님께서 택한 자들과 할례 언약을 맺으시고 마음에 할례를 행하여 불순종의 마음을 순종의 마음으로 바꾸어 주십니다.

창 17:1 아브람이 구십구 세 때에 여호와께서 아브람에게 나타나서 그에게 이르시되 나는 전능한 하나님이라 너는 내 앞에서 행하여 완전하라

(새번역) 아브람의 나이 아흔아홉이 되었을 때에, 주님께서 그에게 나타나셔서 말씀하셨다. "나는 전능한 하나님이다. 나에게 순종하며, 흠 없이 살아라.

"내 앞에서 행하여 완전하라"는 말씀을 새번역 성경에서는 "나에

게 순종하며, 흠 없이 살아라"고 합니다. 순종하는 마음을 주셔야 우리가 하나님 앞에 완전해질 수 있습니다. 순종은 절대 노력해서 할 수 있는 것이 아닙니다. '죄인'이라는 뜻은 아무리 말씀에 순종하려고 노력해도 순종할 수 없는 타락한 존재라는 뜻입니다. 하나님의 말씀대로 살지 않는 것이 죄이기 때문입니다. 그래서 하나님께서 택한 자들과 할례 언약을 맺으셔서 순종하는 마음을 주심으로 말씀에 순종하는 흠 없는 사람, 완전한 사람이 되게 하시는 것입니다.

> 창 17:7(새번역) 내가 너와 세우는 언약은, 나와 너 사이에 맺는 것일 뿐 아니라, 너의 뒤에 오는 너의 자손과도 대대로 세우는 영원한 언약이다. 이 언약을 따라서, 나는, 너의 하나님이 될 뿐만 아니라, 뒤에 오는 너의 자손의 하나님도 될 것이다.

하나님께서 아브라함과 세운 언약은 아브라함과만 세우는 것이 아니라 아브라함의 자손과도 대대로 세우는 영원한 언약입니다. 그리고 그 언약을 따라서 하나님께서 아브라함의 하나님이 될 뿐만 아니라 아브라함의 자손에게도 하나님이 되어주시겠다고 약속하셨습니다. 하나님은 할례 언약을 따라서만 그와 그 자손의 하나님이 되어주십니다.

백 세에 아들을 주겠다고 말씀하셨을 때 그 말씀을 믿지 못하고 마음속으로 웃었던 아브라함에게 하나님께서 할례 언약을 맺으시고 아브라함이 행한 할례를 표로 삼아 하나님께서 그의 마음에 할례를 행하셨더니 아브라함이 하나님의 말씀을 믿고 마침내 이삭을 낳게 되었습니다. 마음에 할례를 행하시니까 믿지 않았던 아브라함의 마음이 믿는 마음으로 달라진 것입니다.

롬 4:17 기록된 바 내가 너를 많은 민족의 조상으로 세웠다 하심과 같으니 그가 믿은 바 하나님은 죽은 자를 살리시며 없는 것을 있는 것으로 부르시는 이시니라

하나님께서 아브라함의 마음에 할례를 행하셨더니 아브라함의 마음이 이렇게 달라졌습니다. 백 세에 아들을 주겠다고 해도 믿지 못했었는데, 죽은 자를 살리시며 없는 것을 있는 것으로 부르시는 하나님으로 믿게 된 것입니다. 하나님께서 마음에 할례를 행해주시지 않으면 마음으로 믿으려고 해도 믿을 수가 없고, 순종하려고 해도 순종할 수가 없습니다.

롬 4:18-20 아브라함이 바랄 수 없는 중에 바라고 믿었으니 이는 네 후손이 이같으리라 하신 말씀대로 많은 민족의 조상이 되게 하려 하심이라 그가 백 세나 되어 자기 몸이 죽은 것 같고 사라의 태가 죽은 것 같음을 알고도 믿음이 약하여지지 아니하고 믿음이 없어 하나님의 약속을 의심하지 않고 믿음으로 견고하여져서 하나님께 영광을 돌리며

아브라함은 바랄 수 없는 중에 바라고 믿었습니다. 심지어 자기 몸이 죽은 것 같고 사라의 태가 죽은 것 같음을 알고도 믿음이 약해지지 않았고 도리어 믿음이 견고해졌습니다.

롬 4:18(새번역) 아브라함은 희망이 사라진

> 하나님께서 아브라함의 마음에 할례를 행하여 믿지 못하는 마음을 믿는 마음으로 바꾸어 주셨습니다.

12 _ 하나님 앞에 네 마음이 바르지 못하니

때도 바라면서 믿었으므로 "너의 자손이 이와 같이 많아질 것이다" 하신 말씀대로, 많은 민족의 조상이 되었습니다.

새번역 성경에서는 희망이 사라진 때에도 바라면서 믿었다고 말씀합니다. 우리는 희망이 사라지면 그만 포기하고 맙니다. 그런데 하나님이 주시는 믿음은 희망이 사라졌는데도 바라면서 믿는 믿음입니다. 하나님이 주시는 믿음은 그 누구도 꺾을 수 없습니다. 그래서 믿음의 사람이 승리하는 것입니다. 마음에 할례받은 자가 이기는 것입니다.

롬 4:18(현대인) 아브라함은 도저히 불가능한 것을 바라고 믿었으므로 '네 후손도 저 별들처럼 많을 것이다.'라고 하신 약속대로 그는 많은 민족의 조상이 되었습니다.

할례받은 아브라함은 도저히 불가능한 것을 바라고 믿게 되었습니다. 이것이 진짜 믿음입니다. 그래서 하나님은 택한 자와 언약을 맺으시고 이 언약을 영원한 언약으로 세우신 후 이 언약을 따라서만 하나님께서 그의 하나님이 되어주시겠다고 말씀하시는 것입니다. 희망이 사라진 때에도, 바랄 수 없는 중에도 이 언약으로만 하나님을 믿을 수 있기 때문입니다.

신 30:6(새번역) 주 당신들의 하나님이 당신들의 마음과 당신들 자손의 마음에 할례를 베푸셔서 순종하는 마음을 주실 것입니다. 그리하여 당신들이 마음을 다하고 정성을 다하여 주 당신들의 하나님을 사랑하며 살 수 있게 하실 것입니다.

어느 날 하나님께서 아브라함에게 사랑하는 독자 이삭을 바치라고 말씀하십니다. 그것도 죽여서 배를 갈라 내장을 꺼내고 불로 태워 바치는 번제로 드리라는 것입니다. 그런데 있을 수 없는 일이 벌어집니다. 아브라함이 백 세에 낳은 사랑하는 아들 이삭을 하나님께 바치려고 다음 날 아침 일찍 일어나 길을 떠나는 것입니다. 그리고 마침내 아들을 포승줄로 묶어서 제단에 눕히고 제물로 드리려고 할 때 아들 이삭도 아버지가 하는 대로 아무 말 없이 순종합니다. 이것은 정말 있을 수가 없는 일입니다. 아브라함이 백 세에 아들을 낳았으면 아들을 제물로 바치는 현재의 나이는 최소한 백 살은 넘었다는 얘기입니다. 그리고 아들 이삭도 번제에 쓸 나무를 혼자 짊어지고 산에 오를 정도면 충분히 늙은 아버지를 제압하거나 최소한 밀치고 도망갈 수는 있는 나이입니다. 그런데 아버지가 자신을 번제로 드리려고 칼을 들고 내리치려고 하는데 가만히 있는 것입니다. 어떻게 이런 일이 있을 수 있습니까!

아들 이삭을 하나님께 바치려고 했던 아브라함의 이야기는 아주 유명합니다. 그래서 사람들은 아브라함을 '믿음의 조상'이라고 부르며 그의 믿음을 닮아가려고 애를 씁니다. 그런데 정작 이 속에 담긴 비밀은 모르고 있습니다. 아브라함이 특별하고 대단해서 이런 일을 할 수 있었던 것이 아닙니다. 하나님께서 아브라함과 그 자손 이삭의 마음에 할례를 행해주셨기 때문에 자식을 번제로 바치라는 하나님의 말씀에 그가 순종할 수 있었던 것입니다.

하나님은 먼저 우리 마음에 할례를 행하여 순종할 수 있는 마음을 주신 후에 순종을 요구하십니다. 순종할 수 없는데 순종하라고 하시는 게 아니라, 택한 자와 할례 언약을 맺으시고 그 마음에 할례를 행하여 순종하는 마음을 주신 후에 그 마음에 말씀하셔서 순종하게 하시는 것입니다. 우리 모두 이러한 순종의 마음을 가지고 행복한 신앙생활을 할 수 있기를 주의 이름으로 축원합니다.

창세기 17장 7절에, 아브라함과 세운 언약 곧 할례 언약은 아브라함과 세우는 것뿐만 아니라 그의 자손과도 대대로 세우는 영원한 언약이라고 말씀하셨습니다. 그러므로 우리가 아브라함의 자손이라면 하나님께서 우리와도 언약을 맺으신 것입니다. 아브라함의 자손과도 언약을 맺으셨다는 것은 아브라함의 자손인 우리 마음에도 반드시 할례를 행해주신다는 뜻입니다. 그래서 순종하는 마음을 주신다는 뜻입니다. 이것이 바로 성령께서 택한 자들을 위하여 행하시는 특별한 일입니다.

> 아브라함의 자손인 우리 마음에 할례를 행하여 믿는 마음과 순종하는 마음을 주시는 것이 성령께서 택한 자에게 행하시는 특별한 일입니다.

롬 2:29 오직 이면적 유대인이 유대인이며 **할례는 마음에 할지니** 영에 있고 율법 조문에 있지 아니한 것이라 그 칭찬이 사람에게서가 아니요 다만 하나님에게서니라

(새번역) 오히려 속 사람으로 유대 사람인 이가 유대 사람이며, 율법의 조문을 따라서 받는 할례가 아니라 **성령으로 마음에 받는 할례가 참 할례입니다.** 이런 사람은, 사람에게서가 아니라, 하나님에게서 칭찬을 받습니다.

할례는 마음에 하는 것인데, 이것은 하나님만 하실 수 있습니다. 성령께서 특별히 하나님이 사랑하는 자들에게 행하시는 일이 있는

데, 그것이 바로 '마음의 할례'입니다. 지금 이 순간 말씀을 통해 마음의 할례가 이루어지기를 주의 이름으로 축원합니다.

> 골 2:11 또 그 안에서 너희가 손으로 하지 아니한 할례를 받았으니 곧 육의 몸을 벗는 것이요 그리스도의 할례니라
>
> (현대인) 여러분은 사람의 손으로 베푼 할례를 받은 것이 아니라 육적인 죄의 몸을 벗어 버리는 그리스도의 할례를 받았습니다.

아브라함이 자기 육체에 포피를 베는 할례를 행했더니 하나님이 그것을 표로 삼아 마음에 할례를 행해주셨다고 했습니다. 그렇다고 우리가 아브라함처럼 포피를 베어야 할 필요는 없습니다. 그리스도께서 이미 우리를 대신하여 육신의 생명을 십자가에 못 박아 죽였기 때문입니다. 할례는 육신의 생명을 죽이는 것이라고 말씀드렸던 것을 기억하십니까? 그러므로 이제 우리가 받아야 하는 할례는 '그리스도의 할례'입니다. 그리스도의 할례는 육적인 죄의 몸을 벗어 버리는 할례입니다. 이 땅에 죄 없는 몸으로 오신 하나님의 아들 예수 그리스도께서 우리의 죄를 대신 지시고 그 죗값으로 십자가에 못 박혀 죽었으므로 우리는 육적인 죄의 몸을 벗어 버리게 되었습니다. 그리스도의 할례는 조금 더 구체적으로 표현하자면 '그리스도의 피로 이루어진 마음의 할례'를 말합니다.

> 히 10:22 우리가 마음에 뿌림을 받아 악한 양심으로부터 벗어나고 몸을 맑은 물로 씻음을 받았으니 참 마음과 온전한 믿음으로 하나님께 나아가자

(새번역) 그러니 우리는 확고한 믿음을 가지고, 참된 마음으로 하나님께 나아갑시다. 우리는 마음에다 예수의 피를 뿌려서 죄책감에서 벗어나고, 맑은 물로 몸을 깨끗이 씻었습니다.

(쉬운말) 또한 우리 마음은 그리스도의 피 뿌림으로 인해 악한 양심에서 벗어나 깨끗해졌으며, 우리 몸도 맑은 물로 인해 정결해졌으므로, 이제는 확고한 믿음과 진실한 마음으로 하나님께 담대히 나아갑시다.

'마음에 뿌림을 받아'를 새번역 성경에서는 '마음에다 예수의 피를 뿌려서'라고 정확하게 가르쳐주고 있습니다. 마음에다 예수의 피를 뿌릴 때 죄책감에서 벗어나고 악한 양심이 깨끗하게 될 수 있습니다. 우리가 예수를 믿을 때 교회에서 목사님이 세례를 줍니다. 그것은 물세례입니다. 물세례는 사람이 주는 세례입니다. 그런데 진짜 우리가 받아야 할 세례는 '성령세례'입니다. 성령세례는 겉에다 물을 뿌리는 세례가 아니라 마음에다 예수의 피를 뿌리는 세례입니다. 성령세례는 사람이 줄 수 있는 세례가 아닙니다. 성령께서 예수의 피를 우리 마음에 뿌려주시는 세례가 바로 성령세례입니다. 이것이 바로 성령께서 하나님이 택한 자들에게 특별하게 행하시는 일입니다. 우리 마음에 예수의 피를 뿌려서 누구도 씻을 수 없는 우리의 마음을 깨끗하게 씻어주시는 것입니다. 왜 씻어야만 합니까? 인생의 마음은 악이 가득한 마음, 더러운 마음, 미친 마음, 하나님 앞에 바르지 못한 마음이기 때문입니다. 항상 문제는 우리의 마음에서 비롯되기 때문에 마귀가 붙들고 있는 이 더러운 마음을 예수의 피로 깨끗하게 씻어서 하나님을 사랑하는 마음, 하나님의 말씀에 순종하는 마음으로 바꾸어 주셔야 합니다. 이것이 바로 성령세례, 성령께서 예수의 피로 마음에 베풀어 주시는 마음의 할례입니다.

> **벧전 1:2** 곧 하나님 아버지의 미리 아심을 따라 성령이 거룩하게 하심으로 순종함과 **예수 그리스도의 피 뿌림을 얻기 위하여 택하심을 받은 자들에게** 편지하노니 은혜와 평강이 너희에게 더욱 많을지어다

예수 그리스도의 피 뿌림을 얻기 위하여 택하심을 받은 자들이 있습니다. 하나님은 택한 자와 언약을 맺으십니다. 택한 자와 할례 언약을 맺으셔서 그 마음에 예수 그리스도의 피를 뿌려 할례를 행해주시는 것입니다. 이렇게 그리스도의 피로 이루어진 마음의 할례가 그리스도의 할례입니다.

> **겔 36:26** 또 새 영을 너희 속에 두고 **새 마음을 너희에게 주되** 너희 육신에서 굳은 마음을 제거하고 부드러운 마음을 줄 것이며

할례는 한마디로 우리에게 새 마음을 주시는 것입니다. 이 마음은 우리가 한 번도 가져보지 못한 새 마음입니다. 미움으로 굳어진 마음, 시기와 질투로 굳어진 마음, 욕심으로 굳어진 마음, 온갖 악하고 더러운 것들이 덕지덕지 들러붙어 찌든 채 굳어진 마음을 할례로 완전히 제거해 버리고, 하나님을 사랑하고 형제를 사랑하는 새 마음을 주십니다. 그러면 조금 전까

> 성령께서 택한 자의 마음에 예수의 피를 뿌려 하나님 앞에 바르지 못한 마음을 제거하고 새 마음을 주시는 것이 성령세례입니다.

지는 분명히 미워했었는데 하나님께서 마음을 바꿔주시니까 미움이 온데간데없이 사라지고 "집사님, 사랑합니다!" 하고 말할 수 있는 마음이 되어버립니다. 이것이 복음의 놀라운 능력입니다. 내 힘으로는 안 됩니다. 그런데 하나님이 마음에 할례를 행하시니까 마음이 바뀌어 버리는 것입니다. 이것은 하나님이 택한 자들에게 주시는 놀라운 은혜입니다. 미워하는 마음으로 살면 그 마음이 얼마나 괴롭습니까? 시기와 질투에 휩싸여 살면 그 마음이 얼마나 지옥이겠습니까? 그래서 사랑하는 마음으로 살라고, 행복하게 살라고 하나님께서 택한 자들의 마음에 할례를 행해주시는 것입니다.

문제는 마음입니다. 그래서 마음의 할례가 중요합니다. 순종하지 못하는 마음 때문에 안식에 들어갈 수 없다고 했는데, 할례는 순종할 수 없는 마음을 순종하는 마음으로 바꾸어 주시는 것입니다. 악이 가득한 미친 마음을 제거하고 사랑이 가득한 새 마음을 주시는 것입니다. 만물보다 거짓되고 심히 썩은 것이 사람의 마음이라고 했는데, 그 마음으로는 하나님을 믿을 수도 없고 천국에 갈 수도 없습니다. 그렇기에 하나님께서 택한 자와 할례 언약을 맺으셔서 마음에 할례를 행하여 잘못된 마음을 계속해서 새 마음으로 바꾸어 주시는 것입니다. 이러한 새 마음을 계속해서 하나님으로부터 공급받을 수 있기를 바랍니다. 내가 잘못된 마음으로 살아갈 때 하나님이 새 마음을 주셔야 합니다. 그래야 새로운 은혜 속에서 신앙생활을 계속해 나갈 수 있습니다. 꽁한 마음이 풀리지 않으면 '교회를 떠나야 하나, 어떻게 해야 하나' 하면서 갈등하고 행복한 신앙생활을 할 수가 없습니다. 그래서 하나님께서 사랑하는 자들이 잘못된 마음으로 미혹된 길을 가지 않도록 잘못된 마음을 제거하고 새 마음을 주심으로 곁길로 가는 것을 막아주십니다. 이것이 바로 할례요, 성령세례입니다.

13

안식을 누리는 최고의 삶을 살자

히브리서 4장

히 4:1-11 그러므로 우리는 두려워할지니 그의 **안식에 들어갈 약속이 남아 있을지라도 너희 중에는 혹 이르지 못할 자가 있을까 함이라** 그들과 같이 **우리도 복음 전함을 받은 자이나** 들은 바 그 말씀이 그들에게 유익하지 못한 것은 듣는 자가 믿음과 결부시키지 아니함이라 **이미 믿는 우리들은 저 안식에 들어가는도다** 그가 말씀하신 바와 같으니 내가 노하여 맹세한 바와 같이 그들이 내 안식에 들어오지 못하리라 하셨다 하였으나 세상을 창조할 때부터 그 일이 이루어졌느니라 제칠일에 관하여는 어딘가에 이렇게 일렀으되 하나님은 제칠일에 그의 모든 일을 쉬셨다 하였으며 또다시 거기에 그들이 내 안식에 들어오지 못하리라 하였으니 그러면 거기에 들어갈 자들이 남아 있거니와 **복음 전함을 먼저 받은 자들은 순종하지 아니함으로 말미암아 들어가지 못하였으므로** 오랜 후에 다윗의 글에 다시 어느 날을 정하여 오늘이라고 미리 이같이 일렀으되 **오늘 너희가 그의 음성을 듣거든 너희 마음을 완고하게 하지 말라** 하였나니 만일

여호수아가 그들에게 안식을 주었더라면 그 후에 다른 날을 말씀하지 아니하셨으리라 그런즉 안식할 때가 하나님의 백성에게 남아 있도다 이미 그의 안식에 들어간 자는 하나님이 자기의 일을 쉬심과 같이 그도 자기의 일을 쉬느니라 그러므로 우리가 저 안식에 들어가기를 힘쓸지니 이는 누구든지 저 순종하지 아니하는 본에 빠지지 않게 하려 함이라

본문의 전체적인 주제는 안식하라는 것입니다. 복음을 듣고 믿는 자들이 안식에 들어갑니다. 안식은 하나님이 택한 자들에게 주시는 최고의 복입니다. 인간은 삶 속에서 많은 고난과 역경을 겪게 되는데, 이것은 어떻게 보면 안식을 누리지 못하기 때문에 일어나는 일들이라고 볼 수 있습니다. 하나님은 사랑하는 자들에게 안식을 주십니다. 돈을 많이 가졌다고 안식하거나 명예를 가졌다고 안식하는 것이 아닙니다. 마음에 염려가 생기고 근심이 들어오면 돈이나 명예로 이것을 물리칠 수 없습니다. 세상의 방법으로는 이것을 이길 수 없습니다. 그래서 안식은 하나님이 사랑하는 자에게 주시는 특별한 은혜이고 축복입니다. 이러한 안식의 복을 누릴 수 있기를 주님의 이름으로 축원합니다.

안식은 쉽게 말해서 '쉬라!'는 것인데, 문제는 우리가 쉬지 못한다는 것입니다. 쉬는 날에도 놀러 다니느라 바쁩니다. 놀러 다니는 것은 안식이 아닙니다. 놀러 갔다 와 보십시오. 오히려 더 피곤합니다. 하나님이 안식을 주시는 것은 쉬라는 것입니다. 이러한 진짜 쉼이

> 복음을 듣고 믿는 자들이 안식에 들어갑니다.

우리에게 있어야 합니다. 쉬지 못하는 것, 쉬지 않고 일해야 하는 것은 불행이고 지옥입니다.

진짜 쉼은 '주 안에서' 쉬는 것입니다. 왜 쉬어야 할까요? 쉬면서 다시 하나님을 기억해야 하기 때문입니다. 너무 바빠서 하나님을 기억할 수 없을 정도라면 그 바쁨은 도리어 불행이 될 것입니다. 하나님을 기억할 수 없을 만큼 바쁘게 생활하는 사람이 있습니다. 날마다 정신없이 바쁘게 생활하는데, 가만히 보면 다람쥐가 쳇바퀴 돌듯이 그렇게 제자리에서 돌고 도는 생활입니다. 그렇게 평생을 삽니다. 그런데 하나님이 우리에게 명령하십니다. "안식하라! 쉬라!"

🍀 안식의 세 가지 의미

> 마 11:28 수고하고 무거운 짐 진 자들아 다 내게로 오라 내가 너희를 쉬게 하리라

주님이 오셔서 말씀하십니다. "다 내게로 오라!" 그다음이 중요합니다. 내게로 오면 내가 너에게 새로운 임무를 맡기겠다, 새로운 일을 주겠다는 것이 아닙니다. 내가 너를 쉬게 하겠다는 것입니다. 할렐루야!

안식에는 세 가지 의미가 들어있습니다. 첫째는 쉬라, 둘째는 기억하라, 셋째는 회복하라는 것입니다. 먼저 쉬라고 말씀하신 것은 쉬는 동안 하나님을 기억하라는 것입니다. 쉬는 동안에

"주 안에서 쉬라!"
"안식일의 주인 되시는 예수를 기억하라!"
"잃어버린 하나님의 형상 그리스도를 회복하라!"

뒤를 한번 돌아보라는 것입니다. 나는 무엇을 위해서 살았는지, 나는 지금 어디를 향해 가고 있는지 보아야 합니다. 무엇엔가 쫓기듯 정신없이 달려가다 보면 내가 지금 어디로 가고 있는지 모를 때가 있습니다. 기억하십시오! 우리의 목적지는 단 하나, 천국입니다. 내가 무엇을 위해서 살고 있는지 알아야 하는데, 사람들이 그것을 알지 못합니다. 그냥 자기 욕심을 채우기 위해, 돈을 벌기 위해, 사업을 성공시키기 위해, 혹은 여러 가지 자기가 정해놓은 목적을 향해 정신없이 달려갑니다. 그래서 쉼이 없는 것입니다.

주님은 6일 동안 창조의 일을 하시고 7일째 되는 날은 안식하셨습니다. 쉬었다는 뜻입니다. 그래서 우리에게도 안식하라고 말씀하십니다. 쉬어야 다시 에너지를 채워서 일할 수 있습니다. 안식하지 못하기 때문에 여러 가지 불안과 두려움, 근심과 걱정, 염려와 질병이 우리 안에 자리합니다. 참 안식을 누리는 사람들에게는 절대로 귀신들이 역사하지 못합니다.

막 2:27-28 또 이르시되 안식일이 사람을 위하여 있는 것이요 사람이 안식일을 위하여 있는 것이 아니니 이러므로 인자는 안식일에도 주인이니라

안식일은 사람을 위하여 있는 것입니다. 안식일의 주인은 예수 그리스도입니다.

딤후 2:8 내가 전한 복음대로 다윗의 씨로 죽은 자 가운데서 다시 살아나신 예수 그리스도를 기억하라

둘째, 안식하라고 하신 이유는 안식일의 주인 되시는 예수 그리스도를 기억하라는 것입니다.

> 골 1:15 그는 보이지 아니하는 하나님의 형상이시요 모든 피조물보다 먼저 나신 이시니

> 고후 4:4 그중에 이 세상의 신이 믿지 아니하는 자들의 마음을 혼미하게 하여 그리스도의 영광의 복음의 광채가 비치지 못하게 함이니 그리스도는 하나님의 형상이니라

마지막 세 번째는 회복하라는 것입니다. 잃어버린 하나님의 형상을 회복하라는 것입니다. 하나님께서 사람을 지을 때 하나님의 형상을 따라 지으셨습니다. 왜 그렇게 하셨을까요? 장갑을 만들 때 손의 형상을 따라 그 모양대로 만드는 이유는 손을 장갑 안에 넣기 위한 것입니다. 마찬가지로 하나님께서 사람을 지을 때 하나님의 형상대로 지으신 이유는 그 형상의 실체를 사람 안에 넣기 위해서입니다. 하나님 형상의 실체는 예수 그리스도이십니다. 예수 그리스도는 안식일의 주인이십니다. 안식일의 주인 되시는 예수 그리스도께서 우리 안에 들어오실 때 비로소 진정한 안식을 누리게 되는 것입니다. 놀랍지 않습니까? 하나님께서 천지를 창조하실 때 사람을 하나님의 형상대로 지으신 목적이 있었는데, 그것은 바로 안식일의 주인이신 예수 그리스도를 그 안에 담아 진정한 참 안식을 누리게 하기 위해서라는 것입니다. 주 안에서 안식을 누리는 것은 이렇게 중요합니다. 이것이 하나님의 계획이고 목적이었는데, 그렇다면 나는 과연 안식을 누리고 있는가 확인해 보아야 합니다. 내 안에 예수가 있습니까?

❧ 안식을 누리는 자와 누리지 못하는 자

> 골 1:26-27 이 비밀은 만세와 만대로부터 감추어졌던 것인데 이제는 그의 성도들에게 나타났고 하나님이 그들로 하여금 이 비밀의 영광이 이방인 가운데 얼마나 풍성한지를 알게 하려 하심이라 이 비밀은 너희 안에 계신 그리스도시니 곧 영광의 소망이니라

우리 안에 계신 그리스도는 하나님의 비밀입니다. 그런데 이 비밀은 만세와 만대로부터 감추어졌던 것입니다. 만세와 만대로부터 감추어졌다는 것은 아무도 모른다는 뜻입니다. 누구만 알 수 있는가 하면 하나님께서 알게 하시는 자만 알 수 있는데, 이제는 그 비밀이 그의 성도들에게 나타났다고 말씀합니다. 성도들은 예수를 믿고 성령을 받아 거룩하게 된 무리들을 말합니다. 한마디로 예수 믿는 사람들, 그 안에 예수가 있는 사람들입니다. 하나님의 감추어진 비밀이 이제 나타났는데, 바로 성도들에게 나타난 것입니다. 그러므로 그 안에 예수가 있는 사람들은 우리 안에 계신 그리스도를 알지만, 그 안에 예수가 없는 사람은 우리 안에 계신 그리스도를 알지 못합니다. 예수를 지식으로 배워서 사람들에게 가르치기도 하고 기도도 잘하지만, 그 안에 예수가 없으면 어딘가 모를 불안함과 두려움이 있습니다. 안식일의 주인 되시는 예수가 그 안에 없기 때문에 안식하지 못하고 두려워하는 것입니다.

> 욥 3:25 내가 두려워하는 그것이 내게 임하고 내가 무서워하는 그것이 내 몸에 미쳤구나

마귀는 항상 두려움과 무서움을 통해 일합니다. 두려워하기 때문에 내가 두려워하는 그것이 내게 임하고 무서워하는 그것이 내 몸에 미치는 것입니다. 그러나 만왕의 왕이신 예수 그리스도께서 내 안에 자리를 잡고 계시면 두려움이 없어집니다. 그래서 예수 믿는 사람들이 순교도 하는 것입니다. 복음을 전하다가 창에 찔려도 예수를 부인하지 않고 웃으면서 죽음을 맞이할 수 있는 것입니다. 내 안에 예수가 없으면 예수를 부인하게 됩니다. 그런데 내 안에 예수가 있으면 절대로 예수를 부인할 수가 없습니다. 내 안에 계시는 것을 확실히 알고 있기 때문입니다.

> 예수가 내 안에 없으면 안식하지 못하고 두려워합니다.

6.25 전쟁 때 공산당이 쳐들어와서 총으로 쏴 죽이고 칼로 찔러 죽이면서 예수를 부인하라고 종용했습니다. 예수는 없다고, 예수를 안 믿는다고 말하라는 것입니다. 그래도 진정으로 예수 믿는 사람들은 예수를 부인할 수 없었습니다. 그래서 수많은 사람이 그 당시에 순교했습니다. 예수 믿는 자들은 그 믿음을 입으로 시인하여 구원에 이르는 것입니다. 예수가 그 안에 있는 사람들은 예수를 부인할 수 없습니다.

문제는 예수가 그 안에 없는 것입니다. 지식으로는 예수를 알고 믿지만 내 안에 예수가 없기 때문에 예수를 부인하게 됩니다. 예수가 내 안에 없으니까 안식을 누리지 못하고, 신앙생활을 엉망진창으로 하는 것입니다. 예수가 내 안에 없으니까 입술로는 믿는다고 하면서도 거짓말하고 하나님을 속이고 하나님 앞에 장난을 칩니다. 그러나 예수가 내 안에 있으면 절대 그렇게 할 수 없습니다. 나의 행동을 한번 돌아보십시오. 정말 하나님을 믿는다면 그렇게 행동할 수 있을까요? 예수가 그 안에 있다면 그렇게 말할 수 있었을까요? 저는 말씀을 전하기 전에 먼저 제가 말씀 앞에 은혜를 입습니다. 그리고 이것이 지식이 아니라 마음으로 전해지도록 기도합니다. 내가 먼저 주 안에서 안식하고 있는지 돌아보고 하나님의 은혜를 입는 것입니다.

> 히 4:1-3 그러므로 우리는 두려워할지니 그의 안식에 들어갈 약속이 남아 있을지라도 너희 중에는 혹 이르지 못할 자가 있을까 함이라 그들과 같이 우리도 복음 전함을 받은 자이나 들은 바 그 말씀이 그들에게 유익하지 못한 것은 듣는 자가 믿음과 결부시키지 아니함이라 이미 믿는 우리들은 저 안식에 들어가는도다 그가 말씀하신 바와 같으니 내가 노하여 맹세한 바와 같이 그들이 내 안식에 들어오지 못하리라 하셨다 하였으나 세상을 창조할 때부터 그 일이 이루어졌느니라

> (공동) 하나님께서 당신의 안식처에 들어가게 해주시겠다는 약속이 살아 있으니 여러분 가운데 그 기회를 놓쳐버렸다고 생각하는 사람이 있어서는 안 되겠습니다. 우리도 그들과 마찬가지로 그 기쁜 소식을 듣지 않았습니까? 그들은 복음의 말씀을 듣고도 그것을 믿지 않았으므로 그 말씀이 그들에게 아무런 소용이 없었습니다. 이것은 하나님께서 "내가 노하여 맹세한 대로 그들은 결코 나의 안식처에 들어오지 못하리라."고 말씀하신 대로입니다. 그러나 우리는 믿었기 때문에 그 안식처에 들어가게 될 것입니다. 사실 하나님께서도 세상을 창조하셨을 때에 일을 다 마치시고 쉬셨습니다.

듣고도 믿지 않으면 안식을 누릴 수 없습니다. 하나님의 말씀이 들리고 그 말씀이 믿어지는 것이 곧 안식입니다. 하나님의 말씀이 살아 있음을 믿으십니까? 내가 지금 무엇인가로 인해 두려워하고 있더라도 그때 하나님의 말씀이 들려집니다. "두려워하지 말라 내가 너와 함께함이라!"(사 41:10) 하시는 하나님의 말씀이 들리면 곧 믿어지는 것입니다. 그럴 때 나를 두렵게 하던 더러운 귀신들이 떠나갑니다. 그리고 마음에 참 안식이 찾아옵니다. 듣고도 믿지 않는 자들은 안식에 들어가지 못하지만 듣고 믿는 자들은 안식에 들어갑니다. 믿는 마음으로 안식에 들어갈 수 있기를 축원합니다.

> 하나님의 말씀이 들리고 그 말씀이 믿어지는 것이 안식입니다.

마 21:31-32 그 둘 중의 누가 아버지의 뜻대로 하였느냐 이르되 둘째 아들이니이다 예수께서 그들에게 이르시되 내가 진실로 너희에게 이르노니 세리들과 창녀들이 너희보다 먼저 하나님의 나라에 들어가리라 요한이 의의 도로 너희에게 왔거늘 너희는 그를 믿지 아니하였으되 세리와 창녀는 믿었으며 너희는 이것을 보고도 끝내 뉘우쳐 믿지 아니하였도다

(쉬운말) 이 말씀을 마치시고, 예수께서 물으셨다. "두 아들 중 아버지에게 순종한 아들은 어느 쪽이오?" 그들이 대답했다. "물론, 작은 아들입니다." 그러자 예수께서 그들에게 말씀하셨다. "내가 진정으로 당신들에게 말하겠소. 세리들과 창녀들이 당신들보다 먼저 하나님 나라에 들어갈 것이오. 세례 요한이 당신들에게 옳은 길을 보

여주었을 때 세리들과 창녀들은 그의 말을 들었지만, 당신들은 듣지 않았소. 당신들은 옳은 길을 보고서도, 끝내 뉘우치지 않고 그를 믿지 않았소."

세례 요한이 옳은 길을 가르쳐 주었는데, 바리새인들은 믿지 않았고 세리와 창녀들은 믿었습니다. 하나님은 택한 자에게 듣게 하시고 믿게 하십니다. 성령이 하시는 일은 말씀을 들을 때 말씀이 들려지는 것으로 끝나는 것이 아니라 동시에 믿어지게 하시는 것입니다. 바리새인은 어떠한 사람들입니까? 성경에 대한 지식을 내세우며 신앙의 연륜을 자랑했던 사람들입니다. 오늘날의 교회로 따진다면 장로, 권사, 집사처럼 직분을 받은 사람들입니다. 먼저 믿음의 길로, 신앙의 길로 접어들었던 바리새인들은 듣고도 믿지 않았습니다. 그런데 세리와 창녀들, 사람들이 죄인이라고 손가락질했던 그런 사람들이 듣고 믿어 먼저 안식에 들어가는 것입니다.

하나님은 반드시 택한 자에게 말씀하시고, 듣게 하시고, 믿게 하셔서 안식에 들어가게 하십니다. 근심하면 하나님이 곧바로 "너희는 마음에 근심하지 말라 하나님을 믿으니 또 나를 믿으라!"(요 14:1)고 말씀하십니다. 참으로 놀라운 일입니다. 무슨 일을 만나거나 어떤 일이 생겼을 때, 누군가를 만나야 할 때 어떻게 해야 하나 생각하다가 '주여!' 하고 주님의 이름을 부르면 하나님이 기가 막히게 역사하십니다. 말씀을 들려주시는 것입니다. 나는 불안하고 두려운데, 마음에 근심이 되는데, 그때 말씀이 들립니다. 그러면 그 말씀이 그대로 믿어집니다. 말

> 하나님은 반드시 택한 자에게 말씀하시고 듣게 하시고 믿게 하셔서 안식에 들어가게 하십니다.

씀이 들리고 믿어지면 마음이 평안해집니다.

> 엡 1:13 그 안에서 너희도 진리의 말씀 곧 너희의 구원의 복음을 듣고 그 안에서 또한 믿어 약속의 성령으로 인치심을 받았으니

말씀을 듣고 믿는 자들이 구원을 받습니다. 성령의 인치심을 받는 것이 구원받는 것이고 안식에 들어가는 것입니다.

> 히 4:4-6 제칠일에 관하여는 어딘가에 이렇게 일렀으되 하나님은 제칠일에 그의 모든 일을 쉬셨다 하였으며 또 다시 거기에 그들이 내 안식에 들어오지 못하리라 하였으니 그러면 거기에 들어갈 자들이 남아 있거니와 복음 전함을 먼저 받은 자들은 순종하지 아니함으로 말미암아 들어가지 못하였으므로

안식에 들어가지 못하는 이유는 순종하지 않았기 때문입니다. 듣고 믿었다는 것은 듣고 행했다, 듣고 순종했다는 의미입니다. 행함이 없는 믿음은 죽은 믿음입니다. 듣고도 행하지 않았다는 것은 듣기는 들었지만 정말로 믿은 것은 아니라는 뜻입니다. 왜 듣고도 믿지 못할까요? 왜 순종하지 못할까요?

> 왕하 5:11 나아만이 노하여 물러가며 이르되 내 생각에는 그가 내게로 나와 서서 그의 하나님 여호와의 이름을 부르고 그의 손을 그 부위 위에 흔들어 나병을 고칠까 하였도다

순종의 가장 큰 장애물은 '내 생각'입니다. 나병에 걸린 나아만

장군이 병 고침을 받으려고 하나님의 종 엘리사가 있는 곳으로 찾아왔습니다. 나아만은 엘리사가 버선발로 달려 나와 자신을 맞이하며 아픈 곳에 손을 얹고 기도해 주리라고 생각했습니다. 이것은 나아만 자기 생각입니다. 그런데 엘리사가 얼굴도 내밀지 않고 사람을 시켜서 요단강에 가서 일곱 번 씻으라고 하니까 갑자기 분노가 확 일어납니다. "내가 요단강에 가서 씻을 거면 여기까지 뭣 하러 왔겠냐? 우리나라에도 좋은 강이 얼마나 많은데! 내 병이 무슨 병인 줄 아냐? 어떤 의사가 와도 못 고치는 병이라고! 그런데 저 물에 들어가 씻으면 낫는다고? 말 같은 소리를 해라!"

이것이 나아만의 생각입니다. 나병이 쉽게 고치는 병인가요, 못 고치는 병인가요? 쉽게 못 고치는 병입니다. 그렇다면 나병이 물에 씻어서 낫는 병인가요, 아닌가요? 물에 들어가 씻는다고 낫는 병이 아닙니다. 그러니까 나아만이 성질을 내는 것도 어떻게 보면 당연합니다.

우리의 생각은 이렇게 하나님의 말씀을 가로막습니다. 나아만의 생각이 엘리사의 말을 딱 가로막으니까 말씀에 순종할 수가 없는 것입니다. 그리고 순종하지 않는 자는 안식을 누릴 수가 없습니다. 그래서 나아만은 지금 씩씩거리며 성질을 내고 이를 바득바득 갈고 있는 것입니다. 그런데 바로 이런 상황에서 누가 옆에 있느냐가 중요합니다. 교회에서도 누가 내 옆에 있느냐에 따라 내가 복을 받기도 하고 저주를 받기도 합니다. 내가 막 성질을 내고 막말을 퍼부을 때 옆에서 "그래도 그러면 안 돼…조금만 참고 기도해 봐…" 하고 달래 줘야 하는데, 더 성질나도록 부채질을 하는 사람이 있습니다. 그런 사람하고는 어울리면 안 됩니다. 나를 저주로 끌고 가는 사람과 함께해서는 안 됩니다. 내가 부정적인 이야기, 남을 원망하는 이야기를 하는데 잘한다고 부추기며 부채질을 하는 사람은 나를 망하게 하는 사람입니다. 그러나 그것을 멈추게 하고 하나님의 말씀을 생각하게 하는 사람이 있다면 그는 참으로 복된 사람입니다.

나아만의 옆에는 그런 복된 사람이 있었습니다. 만일 나아만의 부하들이 주인에게 잘 보이려고 비위를 맞추면서 "주인님 말씀이 맞습니다. 어떻게 물에 들어가 씻는다고 낫겠습니까? 저들은 지금 주인님이 병에 걸렸다고 얕보고 놀리는 것이 틀림없습니다. 당장 저들을 다 때려죽입시다!" 이렇게 말했다면 나아만은 하나님의 역사하심을 경험하지 못했을 것입니다. 그런데 옆에 있던 부하들이 나아만에게 "장군님, 무슨 그런 일로 성질을 내십니까! 그런 행동은 평소 장군님답지 않습니다. 물에다 씻으면 낫는다고 하지 않습니까? 그게 뭐 어려운 일이라고…한번 해 보고 안 나으면 그때 가서 화를 내도 늦지 않을 것입니다. 물에 들어가 일곱 번 씻으라니 얼마나 쉽습니까? 40일 금식을 하라는 것도 아니고, 소를 100마리 혹은 1,000마리 바치라는 것도 아니고, 그냥 요단강에서 일곱 번 씻기만 하면 된다는데 저라면 당장 하겠습니다! 나병에서 나을 수만 있다면 그보다 더 어려운 것도 할 텐데, 고작 요단강에 일곱 번 몸을 씻는 것을 왜 못하겠습니까?"라고 말한 것입니다.

하나님의 은혜는 종들의 이 말이 나아만의 귀에 들렸다는 것입니다. 이 시간에도 말씀이 들리는 은혜가 있기를 바랍니다. 나아만이 생각해 보니 틀린 말이 아니었습니다. 어차피 나병에서 고침을 받으려고 온 것이니, 일단 요단강에 몸을 일곱 번 씻어나 보자 하는 생각이 들었습니다. "내 생각에는!" 하면서 성질을 버럭버럭 내던 나아만이 하나님의 말씀 앞에 자기 생각을 내려놓은 것입니다. 하나님의 말씀 앞에 내 생각을 무릎 꿇리면 기적이 일어납니다. 하나님의 말씀 앞에 자기 생각을 무릎 꿇리고 요단강에 일곱 번 몸을 씻은 나아만은 나병에서 깨끗하게 나았습니다.

우리가 안식을 누리지 못하는 이유는 순종하지 않기 때문입니다. 순종의 가장 큰 걸림돌은 '내 생각'입니다. 나아만이 끝까지 '내 생각'을 고집했다면 그는 평생 나병환자로 살다가 죽어야 했을 것입니다. 그런데 엘리사를 통해서 주신 하나님의 말씀 앞에 자기 생각을 무릎 꿇렸더니 깨끗함을 입게 되었습니다. 내 생각이 아무리 옳은 것 같아도, 주의 종의 말을 듣고 한 번쯤은 주의 종이 하는 말 앞에 "아멘!" 하고 무릎 꿇으십시오. 내 생각을 내려놓으십시오. 영적인 세계를 알지 못하는 무지한 사람들은 "목사님이 사업을 해봤습니까?", "목사님이 무슨 기술이 있습니까?", "목사님이 세상 경험이 있습니까?", "목사님은 금식하고 기도하고 성경밖에 모르잖아요!" 하면서 목사의 말을 신뢰하지 않습니다.

그러나 말도 안 되는 것 같지만, 내 생각에는 도저히 이해되지 않지만 "요단강에 가서 일곱 번 씻고 오세요!"라는 처방이 내려질 때 그대로 순종할 수 있기를 바랍니다. 그러면 영광을 보게 될 것입니다. 그다음부터는 안식을 누리는 것입니다. 질병으로부터 놓임을 받고, 사업장의 모든 문제로부터 놓임을 받게 되는 것입니다. 말씀이 들립니까? 말씀이 들리고 깨달아져야 합니다.

🍀 안식에 들어가기를 힘쓰라!

히 4:7-11 오랜 후에 다윗의 글에 다시 어느 날을 정하여 오늘이라고 미리 이같이 일렀으되 오늘 너희가 그의 음성을 듣거든 너희 마음을 완고하게 하지 말라 하였나니 만일 여호수아가 그들에게 안식을 주었더라면 그 후에 다른 날을 말씀하지 아니하셨으리라 그런즉 안식할 때가 하나님의 백성에게 남아 있도다 이미 그의 안식에 들어간 자는 하나님이 자기의 일을 쉬심과 같이 그도 자기의 일을 쉬느니라 그러므로 우리가 저 안식에 들어가기를 힘쓸지니 이는 누구든지 저 순종하지 아니하는 본에 빠지지 않게 하려 함이라

히 4:10(쉬운말) 누구든지 하나님께서 마련하신 그 안식처에 들어가는 사람은, 하나님께서 자신의 일을 다 마치고 쉬셨던 것처럼, 그 사람도 자기 일을 다 마치고 쉬게 됩니다.

히 4:11(현대인) 그러므로 우리는 불순종하다가 멸망한 사람들처럼 되지 말고 저 안식처에 들어가도록 힘씁시다.

안식을 누리라고 하니까 무조건 아무 일도 안 하고 쉬면 되는 줄로 착각하는 사람들이 있습니다. 안식은 쉬는 것이지만 그 안식에 들어가기 위해서는 우리가 힘을 써야 합니다. 성경은 "안식에 들어가기를 힘쓰라!" 하고 말씀합니다. 안식에 들어가기를 힘쓰라는 것이 무슨 뜻일까요? 우리에게는 하나님이 각자에게 주신 일이 있습니다. 이것을 '사명'이라고 합니다. 사명이 곧 '자기의 일'입니다. 안식에 들어가는 사람은 자기의 일을 다 마치고 쉬는 것입니다. 해야 할 일이 있는데 그것을 하지 않고 쉬는 것은 쉬는 것이 아닙니다. 그러므로 하나님의 안식에 들어가기를 힘쓰라는 말은 바꿔 말하면 나에게 맡겨진 사명을 힘써

> 맡겨진 사명을 힘써 행하고 말씀에 순종함으로 안식에 들어가기를 힘쓰라!

13 _ 안식을 누리는 최고의 삶을 살자

행하라는 것입니다. 그 후에야 안식에 들어갈 수 있는데 그것이 참다운 안식이라는 것입니다.

할 일도 하지 않고 쉰다는 것은 어딘가 찜찜하고 불편한 일입니다. 마음이 편안하지 않습니다. 쉬는 것이 쉬는 것이 아닙니다. 저도 마찬가지입니다. 목사가 목사로서 해야 할 일을 다 할 때 참 안식을 누리는 것입니다. 목사가 설교 준비를 하지 않고 잠을 자겠습니까? 히브리서 4장 강해만 해도, 이것을 위해 히브리서 4장을 수백 번 읽었습니다. 차 타고 다닐 때는 핸드폰 앱으로 성경 읽기를 켜놓고 성우가 읽어주는 성경을 귀로 듣습니다. 운전하지 않을 때는 열 가지 성경으로 보고 또 봅니다. 성경은 본다고 깨달아지는 것이 아닙니다. 성령이 가르쳐 주셔야 합니다. 그래서 또 하나님께 매달려 기도합니다. 이렇게 내가 설교할 말씀 준비를 다 마쳤을 때, 내가 해야 할 일을 다 마쳤을 때 비로소 쉼을 얻게 되는 것입니다. 해야 할 일이 끝나지 않으면 쉬려고 해도 쉬어지지 않습니다. 안식에 들어가기를 힘쓰라는 이야기는 나에게 맡겨진 모든 일을 힘써서 먼저 완수하라는 뜻입니다. 일을 마치지 않았는데 어떻게 쉬겠습니까? 그것은 쉬는 것이 아니고 불안한 것입니다.

둘째, 안식처에 들어가도록 힘쓰라는 말은 불순종하다가는 못 들어가니까 순종하라는 것입니다. 불순종하면 못 들어갑니다. 언제나 하나님의 말씀 앞에 순종하여 참 안식을 누리고 살다가 마지막에 안식처에 들어갈 수 있기를 바랍니다.

14

살아 있는 하나님의 말씀을 경험하라

히브리서 4장

> 히 4:12-13 하나님의 말씀은 살아 있고 활력이 있어 좌우에 날선 어떤 검보다도 예리하여 혼과 영과 및 관절과 골수를 찔러 쪼개기까지 하며 또 마음의 생각과 뜻을 판단하나니 지으신 것이 하나도 그 앞에 나타나지 않음이 없고 우리의 결산을 받으실 이의 눈앞에 만물이 벌거벗은 것같이 드러나느니라

히브리서 4장의 주제는 '안식'입니다. 가장 행복한 사람은 말씀에 정복당하는 사람입니다. 하나님의 말씀에 정복당하지 못해서 자기 성질을 드러내고 못된 고집을 부리는 사람은 불행한 사람입니다. 이런 사람은 참다운 안식을 누릴 수 없습니다. 하나님이 주시는 복 중에 가장 큰 복은 '안식을 누리는 것'입니다. 돈이 우리를 안식하게 만들 수 없습니다. 내가 가지고 있는 명예나 건강 또는 세상의 직업이 나에게 안식을 주지 못합니다. 하나님의 말씀으로 진정한 안식을 누릴 수 있기를 바랍니다. 그래서 저는 이렇게 기도합니다. "하

나님, 오늘도 주의 말씀으로 나를 정복하여 주옵소서! 내가 주의 말씀에 정복당하길 원합니다!" 그럴 때 행복해지는 것입니다. 근심이 있을 때에도 하나님의 말씀이 나를 정복하는 순간에는 근심이 떠나갑니다. 오늘도 말씀에 붙잡혀 살 수 있기를 바랍니다. 기도할 때 다른 것보다도 먼저 "주여, 오늘도 하나님의 말씀으로 나를 정복하여 주옵소서!" 하고 기도할 수 있기를 바랍니다. 그렇게 하면 나를 누르고 있는 모든 귀신이 떠나가고 하나님의 역사를 경험하게 됩니다.

> "주여, 오늘도 하나님의 말씀으로 나를 정복하여 주옵소서!"

오늘 말씀을 보면 "하나님의 말씀은 살아 있고…"라고 하시는데, 하나님의 말씀이 살아 있다는 것을 믿으십니까? 교회 다니는 많은 사람이 자신도 말씀을 안다고 합니다. 그런데 말씀이 지식에 머물러 있어서는 안 됩니다. 지식으로 아는 것이 왜 문제가 될까요?

> 고전 8:1 우상의 제물에 대하여는 우리가 다 지식이 있는 줄을 아나 지식은 교만하게 하며 사랑은 덕을 세우나니

지식은 사람을 교만하게 합니다. 그래서 말씀이 지식을 넘어 내게 경험되어야 합니다. 말씀이 지식을 넘어 능력이 되어야 합니다. 말씀이 지식을 넘어 생명이 되어야 합니다. "말씀이 지식을 넘어 내게 경험되게 하옵소서! 말씀이 지식을 넘어 내게 능력 되게 하옵소서! 말씀이 지식을

> "말씀이 지식을 넘어 내게 경험되게 하시고, 능력 되게 하시고, 생명 되게 하옵소서!"

넘어 내게 생명 되게 하옵소서!" 이것을 마음에 새기고 항상 하나님께 구할 수 있기를 바랍니다.

히브리서 4장의 주제가 안식이라고 했는데, 그렇다면 우리가 어떻게 안식을 누릴 수 있을까요?

🍀 찔려야 안식을 누린다

> 히 4:6, 11 그러면 거기에 들어갈 자들이 남아 있거니와 복음 전함을 먼저 받은 자들은 순종하지 아니함으로 말미암아 들어가지 못하였으므로…그러므로 우리가 저 안식에 들어가기를 힘쓸지니 이는 누구든지 저 순종하지 아니하는 본에 빠지지 않게 하려 함이라

하나님의 말씀에 순종하는 자가 안식을 누리게 됩니다. 순종은 하나님의 말씀을 경험했다는 뜻입니다. 하나님의 말씀을 경험한 사람이 하나님의 말씀에 순종하고, 하나님의 말씀에 순종하는 사람이 하나님의 말씀을 경험하는 것입니다.

하나님의 말씀이 살아 있다고 했는데, 말씀이 경험되어야 비로소 말씀이 살아 있다는 것을 체험하여 알 수 있습니다. 말씀이 살아 있는 말씀으로 느껴지고 경험되어야 합니다. 하나님의 말씀은 살아 있어서 좌우에 날선 어떤 검보다도 예리하여 우리의 혼과 영과 및 관절과 골수를 찔러 쪼개기까지 합니다. 왜 하나님의 말씀이 날선 검보다 예리할까요? 왜 우리의 혼과 영과 및 관절과 골수

> 하나님의 말씀에 순종하는 자가 하나님의 말씀을 경험하고, 말씀이 살아 있음을 체험하고, 안식을 누립니다.

를 찔러 쪼개기까지 하실까요? 거기에 귀신이 숨어 살고 있기 때문입니다. 내 안에 귀신이 있다는 것을 알아야 합니다. 귀신은 우리의 혼과 영과 및 관절과 골수 사이에 숨어 살고 있습니다. 그래서 하나님께서 말씀의 검으로 귀신을 찔러 쫓아내시는 것입니다. 아주 날카로운 말씀의 검이 아니고서는 구석구석에 숨어 있는 귀신을 찌를 수 없습니다. 말씀이 들려질 때 귀신이 찔림을 받고 떠나가는 것입니다. 그런데 우리는 하나님의 말씀을 아무것도 아닌 것처럼 듣습니다. 그래서 강력한 하나님의 말씀이 아니면 안 되는 것입니다. 말씀에 찔림을 받아야 안식을 누리게 됩니다. 말씀에 정복당하면 행복해집니다. "주여, 오늘도 주의 말씀으로 나를 정복하여 주옵소서!"

> 행 2:37 그들이 이 말을 듣고 마음에 찔려 베드로와 다른 사도들에게 물어 이르되 형제들아 우리가 어찌할꼬 하거늘

말씀을 들을 때 찔리는 것이 정상입니다. 하나님은 말씀의 검으로 찔러서 우리 속에서 역사하는 모든 죄악 된 것들을 죽이십니다. 오늘도 말씀의 검에 찔리는 은혜가 있기를 바랍니다. 말씀의 검에 찔리면 아픈 것이 정상입니다. 내 안에 있는 귀신이 칼에 찔리니까 아파서 고통스러워하는 것입니다. 말씀을 듣고 우리가 "아멘!"할 때 귀신이 떠나갑니다. 감기에 걸리면 약을 먹는 것처럼, 안에 귀신이 있는 사람들에게는 하나님의 말씀이 약입니다. 말씀이 내게 들릴 때 "아멘!"으로 화답하면 말씀의 능력이 임합니다.

> 고후 1:20 하나님의 약속은 얼마든지 그리스도 안에서 예가 되니 그런즉 그로 말미암아 우리가 아멘 하여 하나님께 영광을 돌리게 되

느니라

하나님의 사람들은 "아멘!" 하여 하나님께 영광 돌리는 것입니다. '아멘'은 간단하게 설명하면 '하나님의 말씀에 동의합니다. 그 말씀이 그대로 내게 이루어지기를 원합니다'라는 뜻입니다. 하나님의 사람은 두 가지만 잘하면 됩니다. "주여!" 하고 주의 이름을 부르고, 말씀이 들릴 때 "아멘!" 하고 화답하는 것입니다.

롬 10:13 누구든지 **주의 이름을 부르는 자는 구원을 받으리라**

주의 이름을 부르는 자는 구원을 받는데, 왜 주님의 이름을 부르지 않습니까? 항상 주님의 이름을 부를 수 있기를 바랍니다. 입술에서 원망과 불평이 쏟아지려고 할 때 주님의 이름을 부르면 구원을 받습니다. 다른 사람의 허물을 들춰내며 남의 이야기를 하고 싶을 때 주님의 이름

> "주여!"와 "아멘!"이 하나님의 말씀을 경험하게 하는 비밀입니다.

을 부르면 구원을 받습니다. "주여! 주여!", "아멘! 아멘!" 할 때 하나님이 나와 함께하시고 하나님의 역사가 내 삶에 일어납니다. 말씀이 들릴 때 큰 소리로 "아멘!" 하고 화답해 보십시오. 하나님의 말씀이 그대로 이루어지는 것을 경험하게 될 것입니다. 하나님의 말씀이 우리의 심령을 강타해야 합니다. 그래서 "하나님, 오늘도 하나님의 말씀으로 나를 정복하여 주옵소서!"라고 기도하는 것입니다.

오순절 이후에 베드로가 성령을 받고 하나님의 말씀을 선포하는데 얼마나 많은 사람이 말씀을 듣고 마음에 찔렸는지 모릅니다. 그

래서 그들이 "우리가 어찌할꼬" 했더니 베드로가 회개하여 죄 사함을 받으라고 말합니다. 그런데 말씀을 듣고 찔려도 다르게 반응하는 사람들이 있습니다.

행 7:54 그들이 이 말을 듣고 마음에 찔려 그를 향하여 이를 갈거늘

스데반이 말씀을 전할 때에도 똑같이 말씀을 듣고 마음에 찔렸습니다. 그런데 반응이 다릅니다. 그들은 말씀을 듣고 마음에 찔려 말씀을 전한 자를 향하여 이를 갈았습니다. 그러더니 하나님의 말씀을 전한 스데반 집사를 결국 돌로 쳐 죽였습니다.

오늘날에도 마찬가지입니다. 담임목사가 말씀을 전할 때 '목사님이 오늘따라 말씀으로 나를 까네…' 이렇게 생각해서는 안 됩니다. '누가 목사님께 내 이야기를 했나? 목사님 귀에 무슨 소리가 들어갔나? 오늘따라 무지하게 까네…' 이런 마음을 내쫓고, 말씀을 들을 때 "아멘!"으로 순종하며 은혜만 받기를 바랍니다.

♣ 들통나야 안식을 누린다

히 4:12-13 하나님의 말씀은 살아 있고 활력이 있어 좌우에 날선 어떤 검보다도 예리하여 혼과 영과 및 관절과 골수를 찔러 쪼개기까지 하며 또 마음의 생각과 뜻을 판단하나니 지으신 것이 하나도 그 앞에 나타나지 않음이 없고 우리의 결산을 받으실 이의 눈앞에 만물이 벌거벗은 것같이 드러나느니라

하나님의 말씀은 살아 있고 운동력이 있을 뿐 아니라, 우리의 혼

과 영 및 관절과 골수를 찔러 쪼개기까지 하는 능력이 있습니다. 하나님의 살아 있는 말씀은 우리가 무엇을 생각하고 있는지를 다 판단하고 우리의 숨은 마음, 감정, 의도까지도 알아내셔서 칼처럼 찌르는 것입니다.

하나님은 다른 사람에게 말씀하시는 분이 아니라 항상 나에게 말씀하시는 분입니다. 이것을 알아야 합니다. 하나님은 내가 아닌 다른 사람을 위해 말씀하신 적이 없습니다. 하나님은 나를 사랑하시기 때문에 나에게 말씀하시는 것입니다. 말씀을 외면하지 않기를 바랍니다. 말씀에 집중하면 귀신이 떠나가고, 결박이 풀어집니다. 하나님은 나를 살리려고 나에게 말씀하시는 것입니다. 내가 얼마나 변화되지 않으면, 내가 얼마나 듣지 않으면 나에게 말씀하고 있는지를 알아야 합니다. 말씀을 듣고도 순종하지 않으니까 안식에 들어가지 못하는 것입니다. 안식에 들어가기 위해서는 하나님의 말씀에 정복당해야 합니다. 말씀에 정복당하지 않으면 근심과 걱정이 사라지지 않습니다.

말씀 앞에 나의 모든 것이 드러나야 합니다. 벌거벗은 것같이 되어야 합니다. 말씀 앞에 조금도 감추는 게 없어야 합니다. 귀신은 숨기고 감추려고 합니다. 그러나 하나님은 보게 하십니다. 하나님 앞에 들통나야 합니다. 그래야 내가 살 수 있습니다. 우리의 죄가 하나님의 말씀 앞에 들통날 때 귀신이 더 이상 일할 수 없게 됩니다. 귀신은 항상 죄를 붙들기 때문입니다. 죄가 들통나지 않으니까 마귀가 계속 죄를 숨기고 그 죄를 가지고 우리를 종 부리듯이 끌고 다니는 것입니다. 들통나게 하실 때 들통나는 것이 은혜입니다. 들통나지 않으려고 죄를 더 깊이 숨기려고 하는 사람들이 결국 죄가 드러날까 봐 교회를 떠나 도망갑니다. 그렇게 살면 평생 안식을 누릴 수 없습니다. 죄와 맞짱 뜨십시오. 그러면 삽니다.

사람들은 모두 죄가 있습니다. 자기에게 죄가 있는 걸 아니까 죄와 맞짱 뜨지 못하고 "죄!" 하고 나의 죄를 들이밀면 그만 기가 죽고 맙니다. 그러나 하나님의 사람은 더 이상 죄로 인해 주눅 들지 않습니다. 예수께서 우리의 모든 죄를 해결하셨음을 믿기 때문입니다. 그러니까 죄에 매여 살지 않습니다. 당당하게 죄와 맞짱 뜰 수 있는 것입니다. 죄를 숨기고 도망 다니면서 살면 안 됩니다. "그래, 나 죄인이다! 그러나 예수께서 내 죄를 모두 담당하셨다!" 하고 당당하게 선포하고 죄와 맞짱을 떠야 합니다. 하나님이 우리에게 말씀을 들려주시는 이유는 죄를 들통나게 하시려는 것입니다. 말씀 앞에 모든 만물은 벌거숭이처럼 드러납니다. 그런데 왜 말씀을 경험하지 못하고 말씀에 순종하지 못합니까? 하나님은 지금도 안식을 주십니다. 그런데도 안식을 누리지 못하는 이유는 우리가 하나님의 말씀에 순종하고 있지 못하기 때문입니다. 십일조 안 하면 마음이 편합니까? 예배 시간에 교회에 가지 않고 있는데 마음이 편합니까? 찔려야 정상입니다. 그런데 마귀가 역사하는 사람들은 마음에 찔림이 없습니다. 어떻게 하나님의 사람이 말씀에 순종하지 않고 안식을 누릴 수 있겠습니까! 그것은 있을 수 없는 일입니다.

> 하나님의 은혜는 내 죄를 보여주시고 동시에 그 죄를 담당하신 예수 그리스도를 보여주시는 것입니다.

❧ 참된 안식을 위하여

히 4:10(쉬운말) 누구든지 하나님께서 마련하신 그 안식처에 들어가는 사람은, 하나님께서 자신의 일을 다 마치고 쉬셨던 것처럼, 그 사람도 자기 일을 다 마치고 쉬게 됩니다.

히 4:11(현대인) 그러므로 우리는 불순종하다가 멸망한 사람들처럼 되지 말고 저 안식처에 들어가도록 힘씁시다.

하나님의 사람에게는 해야 할 일이 있습니다. 그것이 '자기 일'입니다. 자신이 해야 할 일을 다 마쳐야 참 쉼이 있습니다. 할 일을 하지 않고 쉬는 것은 쉬는 것이 아닙니다. 마음이 편할 수 없습니다. 저도 설교 준비가 되지 않으면 쉴 수 없고 잠을 잘 수도 없습니다. 성경을 보고 또 보고, 한 가지 성경으로 모자라서 여러 가지 번역본으로 보고 또 봅니다. 그리고 성령께서 깨닫게 하시고 가르쳐주시고 말씀을 연결해 주셔야 하므로 기도하고 또 기도합니다. 그렇게 말씀과 기도 속에서 설교를 준비하고 그것이 완전히 끝났을 때 비로소 안식할 수가 있는 것입니다.

하나님은 우리 모두에게 직분을 주셨습니다. 장로, 권사, 집사로서 각자 해야 할 일들이 있습니다. 그런데 해야 할 일을 하지 않고서도 아무렇지도 않은 사람들이 있습니다. 아주 평안합니다. 그러나 그것은 거짓 평안입니다. 말씀에 순종하지 않고는 안식을 누릴 수 없습니다. 자기 일을 끝내지 않고는 안식할 수 없는 것입니다.

왕하 5:11 나아만이 노하여 물러가며 이르되 내 생각에는 그가 내

> 게로 나와 서서 그의 하나님 여호와의 이름을 부르고 그의 손을 그 부위 위에 흔들어 나병을 고칠까 하였도다

말씀을 듣고도 순종하지 않는 자는 안식에 들어갈 수 없는데, 순종의 가장 큰 장애물은 '내 생각'입니다. 나병에 걸린 나아만 장군에게 어느 날 소문이 들려옵니다. 엘리사 선지자를 찾아가면 나병에서 고침을 받을 수 있으리라는 소문이었습니다. 그러니까 높은 지위에 있던 나아만 장군이 이것저것 선물을 챙겨서 엘리사를 찾아옵니다. 나아만처럼 어려운 상황을 만났을 때 좋은 소문이 들려지기를 바랍니다. 좋은 소문이 들려져야, 복된 소문이 들려져야 지금의 상황에서 벗어날 수 있고 문제가 해결될 수 있습니다. 이에 더하여 좋은 소문이 나야 합니다. 좋은 소문이 나면 사람들이 몰려오기 마련입니다. 나에 대한 좋은 소문, 우리 교회에 대한 좋은 소문이 퍼질 수 있기를 주의 이름으로 축원합니다.

나아만 장군이 엘리사를 찾아 먼 길을 왔는데, 엘리사가 달려와서 반갑게 맞이하기는커녕 자신이 부리는 종을 보내서 요단강에 가서 일곱 번 씻고 오라고 말합니다. 생각해 보십시오. 말과 병거를 거느리고 군대 장관이 엘리사의 집 문 앞까지 찾아갔다면 최소한 나와서 얼굴이라도 보여야 하는 거 아닙니까? 나아만 생각에는 엘리사 선지자가 버선발로 달려 나와 반갑게 인사하고 환부에 손이라도 얹고 기도해줄 줄 알았는데, 엘리사가 얼굴도 내밀지 않고 자신이 부리는 종을 보내서 요단강에 가서 일곱 번 씻고 오라고 말합니다.

나아만은 몹시 화가 나서 되돌아가려고 했습니다. 항상 내 생각이 문제입니다. '내가 여기까지 와서 왜 더러운 요단강에서 몸을 씻나? 우리나라에는 요단강보다 훨씬 더 크고 깨끗한 강이 있는데…나병이

물에 들어가 씻는다고 낫는 병인가? 그럼 벌써 나았겠다! 어제도, 오늘 아침에도 물에 들어가서 씻었는데…말 같은 소리를 해야 믿지…'

축복의 사람과 기적의 사람은 남들과 다른 것이 있습니다. 축복을 받지 못하는 사람들은 항상 나아만과 같은 신앙생활을 합니다. 나병은 나아만의 생각처럼 물에 들어간다고 낫는 병이 아닙니다. 나아만의 입장에서 보면 나아만이 맞습니다. 그러니까 나아만이 성질을 내고 있는 것입니다. 그럴 때 옆에 있는 사람이 중요합니다. 옆에서 화가 나서 펄펄 뛰고 있는데 부채질을 하는 사람들이 있습니다. 부정적인 말을 하고 형제를 욕하고 있는데 옆에서 동조하면서 "맞아, 맞아, 너도 그렇게 생각하니? 나도 그렇게 생각해!", "화날 만도 하네, 그걸 그냥 뒀어? 나라면 그냥 넘어가지 않겠다!" 하고 성질을 더 돋웁니다.

그런데 나아만의 옆에 있는 사람은 달랐습니다. "장군님, 일단 선지자의 말대로 요단강에 가서 일곱 번 씻어보는 게 어떨까요? 고침을 받으면 감사한 일이고, 만약 낫지 않는다면 그때 성질을 내도 늦지 않습니다. 고작 요단강에 몸을 일곱 번 씻으라니, 얼마나 쉽습니까? 나병에서 낫는다는데 그걸 못하겠습니까? 그보다 더한 일이라도 하겠습니다!" 하나님의 은혜는 이 말이 나아만의 귀에 들렸다는 것입니다. "나병에서 낫는다는데 그걸 못해요?" 이 말이 들려야 합니다. 이 말이 들리지 않으면 영적인 나병에서 고침을 받을 수 없습니다. 죄가 죄인 줄도 모르고 죄와 함께 뒹굴면서 죄에 무감각하게 살 수밖에 없습니다. 그런데 나아만 장군에게는 이 말이 들렸던 것입니다. 종들의 말을 듣고 나아만은 요단강에 내려가서 일곱 번 몸을 씻습니다. 그리고 몸이 완전히 새롭고 깨끗하게 되는 기적의 주인공이 되었습니다.

하나님의 말씀 앞에 내 생각을 무릎 꿇리면 기적이 일어납니다. 하나님의 말씀에 순종하면 진정한 안식을 누리게 되고 기적을 경험하게 되는 것입니다. 미련한 사람들은 '내 생각' 운운하며 이치를 따지고 환경을 따지면서 믿음 생활을 합니다. 그러나 하나님의 사람들은 하나님의 말씀을 100% 신뢰합니다. 말 같지 않아도 하나님의 말씀이 그렇다면 그런 것입니다. 살아 있는 하나님의 말씀을 믿을 수 있기를 바랍니다. 살아 있는 하나님의 말씀에 정복당하여 하나님의 말씀에 순종함으로 참 안식을 누릴 수 있기를 주님의 이름으로 축원합니다.

> 하나님의 말씀 앞에 내 생각을 무릎 꿇리면 기적이 일어납니다.

15

우리에게 있는 큰 대제사장

히브리서 4장

> **히 4:14-16** 그러므로 우리에게 큰 대제사장이 계시니 승천하신 이 곧 하나님의 아들 예수시라 우리가 믿는 도리를 굳게 잡을지어다 우리에게 있는 대제사장은 우리의 연약함을 동정하지 못하실 이가 아니요 모든 일에 우리와 똑같이 시험을 받으신 이로되 죄는 없으시니라 그러므로 우리는 긍휼하심을 받고 때를 따라 돕는 은혜를 얻기 위하여 은혜의 보좌 앞에 담대히 나아갈 것이니라

우리에게 큰 대제사장이 계십니다. 그러므로 염려하지 않기를 주의 이름으로 축원합니다. 우리에게 있는 큰 대제사장은 '하나님의 아들 예수 그리스도'입니다. 성경은 아들에 관해 이야기하고 있습니다. 아들에 관해서 말하는 것이 복음입니다. 성경 전체가 하나님의 아들에 관해서

> 성경 전체는 하나님의 아들 예수에 대해 말하고 있는데 그분이 우리에게 있는 큰 대제사장입니다.

말하고 있는데, 그분이 바로 우리에게 있는 큰 대제사장 예수 그리스도입니다.

♣ 하나님의 아들 예수시라

> 요 20:31 오직 이것을 기록함은 너희로 예수께서 하나님의 아들 그리스도이심을 믿게 하려 함이요 또 너희로 믿고 그 이름을 힘입어 생명을 얻게 하려 함이니라

성경을 기록한 목적은 예수께서 하나님의 아들 그리스도이심을 믿게 하려는 것입니다. 성경은 전부 하나님의 아들에 관해서 말하고 있는데, 하나님께서 아들을 보내신 이후부터는 모든 것을 아들을 통해서 하겠다고 하십니다. 아들을 통하지 않고서는 아버지께로 갈 수 없습니다. 아들을 통하지 않고서는 죄 사함을 받을 수 없습니다. 아들을 통하지 않고서는 구원을 받을 수도, 천국에 갈 수도 없는 것입니다. 그래서 하나님의 아들로 오신 예수님은 "내가 곧 길이요 진리요 생명이니 나로 말미암지 않고는 아버지께로 올 자가 없느니라"(요 14:6)고 말씀하셨습니다.

> 히 1:2 이 모든 날 마지막에는 아들을 통하여 우리에게 말씀하셨으니 이 아들을 만유의 상속자로 세우시고 또 그로 말미암아 모든 세계를 지으셨느니라

하나님이 아들을 세상에 보내신 이후에는 모든 권한을 아들에게 주십니다. 그리고 이제부터는 말씀도 아들을 통해서만 하시겠다

는 것입니다. 이것이 복음입니다. 그런데 우리는 이것을 알지 못하고 아들을 말하지 않습니다. 하나님은 아들만 말하는데 우리는 엉뚱한 것에만 신경을 쓰고 엉뚱한 것만 말하는 것입니다. 다윗을 말하고, 솔로몬을 말합니다. 하지만 성경 전체는 하나님의 아들을 향해 있습니다. 하나님의 아들을 말하는 것은 쉬운 일이 아닙니다. 내 삶을 돌아보십시오. 얼마나 하나님의 아들을 말하고 있습니까? 누가 죽인 다고 하는 것도 아닌데 우리는 하나님의 아들을 말하지 않습니다. 하지만 예수님이 살아 계시던 당시에는 죽음을 각오하지 않으면 예수가 하나님의 아들이라고 말할 수 없었습니다. 그래서 베드로의 신앙 고백은 당시로서는 놀라운 것이었습니다.

> 마 16:16-19 시몬 베드로가 대답하여 이르되 주는 그리스도시요 살아 계신 하나님의 아들이시니이다 예수께서 대답하여 이르시되 바요나 시몬아 네가 복이 있도다 이를 네게 알게 한 이는 혈육이 아니요 하늘에 계신 내 아버지시니라 또 내가 네게 이르노니 너는 베드로라 내가 이 반석 위에 내 교회를 세우리니 음부의 권세가 이기지 못하리라 내가 천국 열쇠를 네게 주리니 네가 땅에서 무엇이든지 매면 하늘에서도 매일 것이요 네가 땅에서 무엇이든지 풀면 하늘에서도 풀리리라 하시고

신앙은 고백하는 것입니다. 무엇을 고백하는 것인가 하면, "주는 그리스도시요 살아 계신 하나님의 아들입니다"라고 우리가 믿는 도리를 입술로 시인하여 고백하는 것입니다. 이 고백을 하나님이 얼마나 듣기 원하셨는지 모릅니다. 이 고백을 들으시려고 하나님의 아들을 이 땅에 보내셨고, 이 고백을 들으시려고 성경을 기록한 것입

니다. 성경을 기록한 목적은 예수께서 하나님의 아들 그리스도이심을 믿게 하려는 것(요 20:31)이라고 하지 않았습니까! 성경을 기록한 목적이 그것이라면 우리는 날마다 우리가 믿는 것을 고백해야 합니다. "나의 주는 그리스도시요 살아 계신 하나님의 아들입니다!"라고 고백하고 또 고백해야 합니다. 열 번, 백 번을 고백해도 부족합니다. 그 고백을 듣는 것이 그토록 간절한 하나님의 소원이고 바람이기 때문입니다.

그런데 이렇게 고백하는 사람이 거의 없습니다. 하루에 한 번도 제대로 고백하지 않습니다. 하나님은 이 고백을 얼마나 중요하게 생각하시는지, 이 고백 위에 하나님이 사랑하는 교회를 세우셨습니다. 그리고 교회를 음부의 권세가 이기지 못하게 하셨습니다. 또한 이렇게 고백하는 자들에게 천국 열쇠를 주십니다. "이제부터는 네가 말하는 대로 내가 다 이루어 주겠다!" 이것이 천국 열쇠를 주셨다는 것의 의미입니다. 신앙 고백은 이렇게나 중요합니다.

♣ 큰 대제사장이 계시니

히 4:14 그러므로 우리에게 큰 대제사장이 계시니 승천하신 이 곧 하나님의 아들 예수시라 우리가 믿는 도리를 굳게 잡을지어다

(새번역) 그러나 우리에게는 하늘에 올라가신 위대한 대제사장이신 하나님의 아들 예수가 계십니다. 그러므로 우리의 신앙 고백을 굳게 지킵시다.

큰 대제사장을 새번역 성경에서는 '위대한 대제사장'이라고 말합

니다. 우리에게 위대한 대제사장이 계시는데, 그분이 바로 하나님의 아들 예수 그리스도이십니다. 이것이 큰 감동으로 와 닿기를 축원합니다.

히 7:28 율법은 약점을 가진 사람들을 제사장으로 세웠거니와 율법 후에 하신 맹세의 말씀은 영원히 온전하게 되신 아들을 세우셨느니라

(현대인) 율법은 약점을 가진 사람들을 대제사장으로 임명하였지만 율법 후에 온 하나님의 약속은 영원히 완전하게 되신 아들을 대제사장으로 임명하였습니다.

(새번역) 사람들에게 약점이 있어도 율법은 어쩔 수 없이 그들을 대제사장으로 세우지만, 율법이 생긴 이후에 하나님께서 맹세하신 말씀은 영원히 완전하게 되신 아들을 대제사장으로 세웠습니다.

(쉬운말) 이처럼 율법은 약점을 지닌 연약한 사람들을 대제사장으로 세워 왔지만, 율법 후에 주어진 하나님의 맹세의 말씀은 영원토록 완전하게 되신 아들을 대제사장으로 세웠습니다.

> 율법의 대제사장은 약점이 있는 사람이지만, 율법 후에 세운 큰 대제사장 예수는 영원토록 완전하게 되신 하나님의 아들입니다.

율법도 대제사장이 있었습니다. 그런데 율법으로 세운 대제사장은 약점을 지닌 연약한 사람들이었습니다. 약점을 지녔다

15 _ 우리에게 있는 큰 대제사장

는 것은 그들도 하나님 앞에 죄인이라는 뜻입니다. 그런데 율법 후에 세운 대제사장은 영원토록 완전하게 되신 하나님의 아들입니다.

대제사장이 무엇을 하는 사람입니까? 백성들을 대표해서 그들의 죄를 사해달라고 하나님 앞에 나아가는 사람입니다. 율법은 일회적으로 짐승을 잡아서 그 피를 가지고 대제사장이 하나님 앞에 나아갔습니다. 피 흘림이 없이는 죄 사함이 없기 때문입니다(히 9:22). 그러나 이것은 완전한 것이 아니었습니다.

> 히 10:1-4 율법은 장차 올 좋은 일의 그림자일 뿐이요 참 형상이 아니므로 해마다 늘 드리는 같은 제사로는 나아오는 자들을 언제나 온전하게 할 수 없느니라 그렇지 아니하면 섬기는 자들이 단번에 정결하게 되어 다시 죄를 깨닫는 일이 없으리요 어찌 제사 드리는 일을 그치지 아니하였으리요 그러나 이 제사들에는 해마다 죄를 기억하게 하는 것이 있나니 이는 황소와 염소의 피가 능히 죄를 없이 하지 못함이라

약점이 있는 사람을 대제사장으로 세워 짐승의 피로 해마다 드렸던 제사로는 하나님께 나아가는 자를 언제나 온전하게 할 수가 없었습니다. 다시 말하면, 그들의 죄를 완전히 없앨 수가 없었다는 뜻입니다. 오히려 제사를 드리는 것이 자신이 저지른 죄악을 또다시 기억나게 할 뿐이었습니다.

> 큰 대제사장 하나님의 아들 예수는 우리를 하나님 앞에 완전하게 하고 우리에게 영원한 속죄를 가져다줍니다.

> 히 9:12 염소와 송아지의 피로 하지 아니하고 오직 자기의 피로 영원한 속죄를 이루사 단번에 성소에 들어가셨느니라

염소와 송아지의 피로는 영원한 속죄가 이루어지지 않습니다. 한 번의 속죄를 위해서는 효력이 있었지만, 그것으로 영원한 속죄가 이루어지는 것은 아니었기 때문에 죄를 지을 때마다 되풀이하여 짐승을 잡아 피를 흘려야 했습니다. 그러나 아들 예수의 피는 다릅니다. 그것은 우리에게 영원한 속죄를 이루어 주는 피입니다. 예수님은 십자가에서 단 한 번 피를 흘렸을 뿐이지만, 그 피를 믿는 모든 사람은 하나님 앞에 나아갈 때마다 또다시 짐승을 잡아 피를 흘리거나 매번 예수께서 십자가의 죽음을 반복해야 할 필요 없이 언제라도 당당하게 하나님 앞에 나아가게 되었습니다. 단 한 번의 피 흘림으로 우리의 과거와 현재, 그리고 미래의 모든 죄까지도 다 용서함을 받게 된 것입니다.

> 히 10:17 또 그들의 죄와 그들의 불법을 내가 다시 기억하지 아니하리라 하셨으니

영원한 속죄를 이루셨기 때문에 하나님께서 이렇게 선포하셨습니다. 이 선포를 가슴에 새기셔야 합니다. 이것이 보혈의 능력입니다. 예수 피의 능력입니다. 그러므로 이제는 죄에 주눅 들지 말고 죄와 맞짱 뜰 수 있기를 바랍니다. 아무리 세상에서 힘과 권세를 가지고 있는 사람이라도 죄와 맞짱 뜰 수는 없습니다. 그들에게 복음이 없으면 절대로 죄와 맞짱 뜰 수 없는 것입니다. 왜 그렇습니까? 죄가 없는 사람은 없기 때문입니다. 죄만 들고나오면 다 주눅이 듭니다.

누구도 죄 앞에 당당하지 못합니다.

언젠가 이런 뉴스를 보았습니다. 어떤 사기꾼이 공무원들에게 단체로 문자를 보냈답니다. "당신이 한 일을 다 알고 있으니, 다 밝히기 전에 아래 계좌로 500만 원을 보내시오!" 그랬더니 350명이나 되는 사람들이 계좌로 돈을 보냈다고 합니다. 정말 기가 막히지 않습니까? 혹시 여러분 중에도 돈을 보낸 사람이 있습니까?

저에게도 전화가 온 적이 있습니다. "목사님이시죠?" 하고 경찰서라고 하면서 전화가 왔습니다. 무슨 문제가 생겼는데, 목사님이시니까 사회적으로 문제가 되지 않도록 자기 선에서 알아서 잘 처리해 줄 테니 조금만 성의를 표시해 달라는 것입니다. 그래서 제가 "문제 될 것도 없고, 처리해 줄 일도 없으니까, 감방에 집어넣든지 말든지 알아서 해!" 하고 소리를 질렀습니다. 그랬더니 전화를 뚝 끊었습니다. 또 한번은 어떤 사람이 전화를 해서 "목사님, 숨기고 있는 비밀이 있으시죠? 하나님만 아시는 그 비밀을 저도 알고 있습니다. 하나님이 저에게 다 보여주셨습니다. 그래도 하나님이 세우신 종인데 개망신을 시킬 수는 없으니, 아래 계좌번호로 얼마만 보내주시면 제가 통장을 확인한 후 그 비밀을 무덤까지 가져가겠습니다" 하는 것입니다. 그래서 제가 뭐라고 했겠습니까? "무덤까지 가져가라!" 했더니 그 사람이 놀라서 전화를 끊었습니다.

우리 교회 성도였던 사람이 문자를 보낸 적도 있습니다. 무슨 큰 비리라도 알고 있는 것처럼 말을 지어내서 찔러보는 문자였습니다. 우리 교회 성도들은 다 알고 있다시피 저는 누구보다도 물질에 있어서는 하나님 앞에 투명한 사람입니다. 이제까지 하나님께 다 드리고 살아왔고 교회 재정에도 일절 간섭한 일이 없습니다. 아직껏 우리 교회에서 제가 드린 헌금 기록을 깬 성도가 한 사람도 없을 정도입니다. 그런데 그것도 모르고 허무맹랑한 문자를 보냈으니, 누가 속겠습니까? 무슨 말도 안 되는 헛소리를 지껄이는가 싶어 그냥 두지 않겠다고 당장 전화를 했더니 계속 전화를 안 받고 피하다가 결국에는 교회를 떠나 도망가 버렸습니다. 사람들은 죄만 들고나오면 다들 기가 죽습니다.

"내가 너의 모든 죄와 불법을 용서했으니 당당하게 죄와 맞짱 떠라!"

그렇다면 누가 죄와 맞짱 뜰 수 있겠습니까? 죄의 모든 문제를 해결 받은 사람입니다. 복음이 그 안에 있는 사람입니다.

죄와 맞짱 뜨면 귀신이 도망갑니다. 더 이상 죄를 가지고 사기 치며 우리를 우롱하거나 농락할 수 없습니다. 죄가 없는 사람이 어디 있습니까? 다 죄가 있습니다. 그러나 우리는 예수 그리스도로 인해 영원한 속죄를 받은 사람들입니다. 하나님은 우리에게 "내가 너의 죄와 불법을 다시 기억하지 않겠다!" 하고 선포하셨습니다. 하나님이 기억하지 않겠다는데 사람이 어찌하겠습니까! 예수의 피로 영원한 속죄를 이루신 후에 하나님이 우리의 죄와 불법을 다시 기억하지 않겠다고 하셨으니 당당하게 죄와 맞짱 뜨기를 바랍니다.

롬 8:1 그러므로 이제 그리스도 예수 안에 있는 자에게는 결코 정죄함이 없나니

그리스도 예수 안에 있는 자는 결코 정죄함을 받지 않습니다.

히 4:14 그러므로 우리에게 큰 대제사장이 계시니 승천하신 이 곧 하나님의 아들 예수시라 우리가 믿는 도리를 굳게 잡을지어다

'그러므로' 우리에게 큰 대제사장이 계시다고 했는데, '그러므로'는 무엇을 의미하는 것일까요? 그 앞 절을 보겠습니다.

> **히 4:13** 지으신 것이 하나도 그 앞에 나타나지 않음이 없고 우리의 결산을 받으실 이의 눈앞에 만물이 벌거벗은 것같이 드러나느니라

우리가 살았던 삶, 과거에 지었던 모든 죄가 하나님 앞에 낱낱이 다 드러납니다. 하나님 앞에서는 그 무엇도 감추거나 숨길 수 없습니다. 요즘에 가는 곳마다 CCTV가 설치되어 있는데, 세상에 있는 CCTV는 사각지대가 있어서 감추려고 하면 감출 수 있습니다. 그러나 하나님의 시선 앞에서는 그 무엇도 숨길 수 없습니다. 벌거벗은 것같이 완전히 다 드러나는 것입니다. 그러기 때문에 모든 사람이 두려워합니다. 죄의 삯은 사망이기 때문입니다.

> 만물이 벌거숭이처럼 다 드러날 때 우리에게는 우리의 죄를 다 해결하시고 허물을 덮어주시는 큰 대제사장 예수가 계십니다.

그런데 여기에 이어서 14절에 '그러므로'가 오는 것입니다. "그러므로 우리에게 큰 대제사장이 있으니…" 할렐루야! 이것이 예수 믿는 자들에게 주시는 놀라운 은혜입니다. 만물이 벌거숭이처럼 다 드러나는데 우리에게는 그 죗값을 다 해결해 주시고 허물을 덮어주시는 큰 대제사장이 있는 것입니다. 그가 누구인가 하면 하나님의 아들 예수 그리스도이십니다. 그러므로 우리는 두려워할 필요가 없습니다. 우리에게 큰 대제사장이 계시는데, 그가 바로 하나님의 아들이시기 때문입니다. '하나님의 아들'이라고 강조하는 것은 그에게는 죄

가 없다는 뜻입니다. 그분은 죄가 없는 몸으로 이 땅에 오신 분입니다. 왜 죄가 없는 몸으로 오셨습니까? 우리의 모든 죄를 담당하시고 우리 대신 죗값을 치르기 위해서 죄 없는 몸으로 오신 것입니다. 마귀의 일을 멸하기 위해 '하나님의 아들'로 오신 것입니다.

하나님의 아들이 어떻게 마귀의 일을 멸하셨습니까?

> 요일 3:8 죄를 짓는 자는 마귀에게 속하나니 마귀는 처음부터 범죄함이라 하나님의 아들이 나타나신 것은 마귀의 일을 멸하려 하심이라

하나님의 아들이 나타나신 것은 마귀의 일을 멸하려는 것입니다. 마귀의 일을 멸하려고 오신 예수님이 오셔서 하신 일이 무엇입니까? 예수의 피로 우리의 죄를 영원히 속죄하시고 우리의 큰 대제사장이 되어 주신 것입니다. 율법은 약점을 가진 사람을 대제사장으로 세웠습니다. 약점을 가졌다는 것은 죄가 있다는 뜻입니다. 아무리 대제사장이라 할지라도 육신의 생명으로 태어난 사람은 모두 죄가 있습니다. 자신도 죄가 있기 때문에 하나님 앞에 우리의 죄를 대속할 수 없습니다. 말씀을 잘 가르칠 수는 있지만, 우리를 말씀대로 살게 만들지는 못합니다. 이것이 율법에 따라 세운 대제사장의 약점입니다.

그래서 하나님께서 율법 후에 맹세의 말씀을 하시며 영원히 완전하게 되신 하나님의 아들을 대제사장으로 세우신 것입니다. 이것이 새 언약입니다. 약점이 없는 하나님의 아들을 대제사장으로 세워 그의 피로 우리의 죄를 영원토록 대속해 주겠다는 것이 새 언약입니다. 하나님의 아들 예수는 새 언약의 중보자로 오셨습니다. 그리고 예수의 피는 새 언약을 세우는 피입니다. 그런데 한국 교회에서는

예수를 말하고 예수의 피를 말하면서도 새 언약을 말하지 않습니다. 예수와 예수 피, 그리고 새 언약은 떼려야 뗄 수 없는 관계입니다.

눅 22:20 저녁 먹은 후에 잔도 그와 같이 하여 이르시되 이 잔은 내 피로 세우는 새 언약이니 곧 너희를 위하여 붓는 것이라

"이 잔은 내 피로 세우는 새 언약이다!" 예수님이 직접 말씀하십니다. 피로 세웠다는 말은 생명을 던져서 세웠다는 뜻입니다. 예수님의 생명을 던져서, 예수님의 전부를 던져서 세운 것이 바로 새 언약입니다. 그렇다면 새 언약이 얼마나 중요한 것입니까! 이것을 사람들에게 말해 주어야 합니다. 그런데 교회를 다니고 예수를 믿으면서도 새 언약을 말하는 사람들이 없습니다. 왜 말하지 않을까요? 알지 못하기 때문에 말하지 못하는 것입니다. 복음이 가려져 있기 때문입니다.

고후 4:3-4 만일 우리의 복음이 가리었으면 망하는 자들에게 가리어진 것이라 그중에 이 세상의 신이 믿지 아니하는 자들의 마음을 혼미하게 하여 그리스도의 영광의 복음의 광채가 비치지 못하게 함이니 그리스도는 하나님의 형상이니라

복음은 망하는 자들에게 가려져 있습니다. 이 세상의 신 곧 사탄 마귀가 복음의 광채가 비치지 못하도록 가로막고 있습니다. 그래서 수없이 많은 설교가 쏟아져나오는 말씀의 홍수 시대에 살고 있는데도 새 언약을 말하는 사람이 없는 것입니다.

성경 전체는 새 언약을 말하고 있습니다. 이것을 확실하게 마음에 새겨야 합니다. 성경을 짜고 짜면 예수의 피가 나옵니다. 그런데

예수의 피는 무엇을 가리키고 있느냐 하면 바로 새 언약을 가리키고 있습니다. 여기까지 가지 못하는 것이 안타까운 일입니다. 예수의 피는 알고 있습니다. 그런데 정작 이 예수의 피가 무엇을 말하고자 하는지, 무엇을 이루고자 하는지, 무엇을 가리키고 있는지 알지 못합니다. 이것만 가려져 있는 것입니다.

> 마 26:28(쉬운말) 이것은 새 언약을 표시하는 나의 피다. 곧 많은 사람의 죄를 용서하기 위하여 흘리는 나의 피다.

성경이 분명히 예수의 피는 '새 언약을 표시하는 피'라고 말합니다. 이것이 보여야 합니다. 그런데 진짜 복음은 마귀가 가려놓고 보지 못하게 합니다. 예수님의 피는 새 언약을 표시하는 피인데, 그것의 구체적인 내용이 무엇입니까? 곧 많은 사람의 죄를 용서하기 위하여 흘리는 피라는 것입니다. 그러므로 예수의 피로 우리의 모든 죄가 영원히 속죄되었다는 것이 곧 새 언약입니다.

> 예수의 피로 우리의 모든 죄를 영원히 속죄하겠다는 하나님의 약속이 새 언약입니다.

> 막 14:24(쉬운말) 그런 뒤, 예수께서 제자들에게 말씀하셨다. "이 잔은 내 피다. 곧 모든 사람을 위하여 흘리는 새 언약의 피다."

'모든 사람을 위하여 흘리는'을 조금 더 구체적으로 풀어서 말하면 '모든 사람의 죄를 사하기 위하여 흘리는'이 됩니다. '모든 사람'은 '모든 사람이 죄를 범하였으매 하나님의 영광에 이르지 못하더니…'

15 _ 우리에게 있는 큰 대제사장

(롬 3:23)에서 말하는 그 모든 사람입니다. 예수님은 자기 백성을 그들의 죄에서 구원하려고 오신 분이기 때문입니다. 예수님의 피는 많은 사람의 죄를 용서하기 위하여 흘리는 피이기 때문입니다. 그러므로 이 말씀은 "이 잔은 내 피다. 곧 모든 사람의 죄를 용서하기 위하여 흘리는 새 언약의 피다"와 같은 이런 의미입니다. 새 언약이 무엇인지 확실해졌습니까? 예수의 피로 우리의 모든 죄를 용서하겠다는 하나님의 약속이 새 언약입니다.

새 언약은 성경에 있는 모든 언약 중에 최고의 언약입니다. 그리고 새 언약은 모든 언약 중에 마지막 언약입니다. 동시에 새 언약은 예수님이 마지막으로 남기신 유언입니다. 사람이 남기는 유언도 중요합니다. 그런데 하나님의 아들 예수께서 인간의 몸을 입고 이 땅에 오셔서 3년 반 동안 사역하시다가 그 사역의 마지막 결론을 유언으로 남기셨는데 그것이 바로 새 언약이란 말입니다. 그러니 이 유언이 얼마나 중요하겠습니까? 예수님이 무엇 때문에 오셨습니까?

히 10:9-10 그 후에 말씀하시기를 보시옵소서 내가 하나님의 뜻을 행하러 왔나이다 하셨으니 그 첫째 것을 폐하심은 둘째 것을 세우려 하심이라 이 뜻을 따라 예수 그리스도의 몸을 단번에 드리심으로 말미암아 우리가 거룩함을 얻었노라

(쉬운말) 그런 다음에 그리스도께서는 또 "보십시오, 하나님! 내가 주님의 뜻을 이루려고 이 세상에 왔습니다." 하고 말씀하셨습니다. 이처럼 그리스도께서는 두 번째 것 곧 새 언약을 세우시려고, 첫 번째 것 곧 옛 언약을 폐하셨습니다. 결국 하나님의 이런 뜻에 따라, 이 세상에 오신 그리스도께서는 우리 죄를 없애시려고 자기 몸을

단번에 바치셨고, 그 결과로 오늘날 우리는 거룩하게 되었습니다.

예수님은 하나님의 뜻을 행하러 오셨습니다. 천국에는 입으로만 "주여, 주여!" 하는 자가 아니라 아버지의 뜻, 하나님의 뜻대로 행하는 자라야 천국에 갑니다. 누구도 하나님의 뜻대로 행할 수 없습니다. 그래서 예수님이 하나님의 뜻을 행하러 오신 것입니다. 하나님의 뜻은 첫째 것, 곧 옛 언약을 폐하시고 둘째 것, 곧 새 언약을 세우시는 것입니다. 옛 언약이 율법이고 새 언약이 복음입니다. 예수님은 율법을 폐하고 복음을 세우려고 오셨습니다. 그리고 그 뜻을 위해 예수님이 십자가에 죽었습니다. 왜 첫째 것을 폐하시고 둘째 것을 세우실까요?

히 8:7-8(쉬운말) 만일 저 첫 번째의 언약에 아무 결함이 없었다면, 두 번째 언약이 생겨나야 할 필요가 전혀 없었을 것입니다. 그러나 하나님께서 자기 백성들과 맺은 첫 번째 언약에서 결함을 발견하시고는 이렇게 말씀하셨습니다. "나 주가 말한다. '보라, 날이 이를 터인데, 그때에 내가 이스라엘 및 유다 집과 새 언약을 맺을 것이다.'"

첫 번째 것, 율법은 약점을 가진 사람을 제사장으로 세웠습니다. 그런데 이것으로는 우리 죄를 영원히 속죄할 수가 없었습니다. 이것이 첫 언약의 결함입니다. 그래서 하나님이 다시 하나님의 백성과 새 언약을 맺을 것이라고 약속하시고 나서 예수님을 새 언약의 중보자로 보내신 것입니다. 그리고 이 땅에 오신 예수님이 십자가에 달리기 전에 예수님의 죽음은 새 언약을 이루시기 위한 죽음이라고 말씀하셨습니다. "이 잔은 내 피로 세우는 새 언약이다!"라는 말씀에 그러한 의미가 있는 것입니다. 새 언약은 예수의 피로 세운 최고의 언약입니다.

> **고전 11:25-26** 식후에 또한 그와 같이 잔을 가지시고 이르시되 **이 잔은 내 피로 세운 새 언약이니 이것을 행하여 마실 때마다 나를 기념하라** 하셨으니 너희가 이 떡을 먹으며 **이 잔을 마실 때마다 주의 죽으심을 그가 오실 때까지 전하는 것이니라**
>
> **(새번역)** 식후에, 잔도 이와 같이 하시고서, 말씀하셨습니다. **"이 잔은 내 피로 세운 새 언약이다. 너희가 마실 때마다 이것을 행하여, 나를 기억하여라."** 그러므로 여러분이 이 빵을 먹고 이 잔을 마실 때마다, **주님의 죽으심을 그가 오실 때까지 선포하는 것입니다.**

새 언약은 예수님의 마지막 유언입니다. 이 땅에서 3년 반 동안 사역하시고 이제 내일이면 예수님이 십자가에 못 박혀 죽게 되었습니다. 십자가에 달려 돌아가시기 바로 전날 밤에 예수님이 제자들과 함께 유월절 음식을 먹으며 성만찬을 나누십니다. 그리고 그때 마지막 유언으로 이 말씀을 하십니다. 떡을 떼고 잔을 나누시면서 "얘들아, 잘 들어라! 이 잔은 내 피로 세우는 새 언약이다. 그러니까 앞으로 너희들은 성찬식을 할 때마다 내가 왜 죽어야 했는지를 잊지 말고 기억해라!" 하고 말씀하시는 것입니다. "나를 기념하라"는 것은 "나를 기억하라"는 것입니다. 무엇을 기억하라는 것입니까? 예수님이 피 흘려 죽은 것은 그 피로 새 언약을 세우기 위한 것임을 잊지 말고 꼭 기억하라는 것입니다. 26절을 보면 성찬식을 행하는 것은 새 언약을 우리에게 이루어 주시려고 죽으신 주님의 죽으심을 기억하는 것일 뿐 아니라 세상에 선포하는 것입니다. 이 선포는 언제까지 이루어져야 합니까? 예수님이 다시 오실 때까지 계속해서 이루어져야 하는 것입니다.

그런데 성찬식을 행하면서도 주님의 죽으심을 제대로 말해 주지 않습니다. 교회마다 연례행사처럼 성찬식을 행합니다. 떡을 떼고 잔도 나눕니다. 그리고 예수님의 십자가 죽음을 생각하며 눈물을 흘리기도 합니다. 그런데 정작 가장 중요한 새 언약에 대해 말해 주지 않습니다. 예수님의 마지막 유언은 성찬식을 행할 때마다 새 언약을 세우기 위해 죽으신 예수님의 죽음을 기억하고 주님이 다시 오시는 날까지 이 복음을 전하라는 것이었습니다.

정리합니다. 마지막 심판의 날 우리의 죄가 하나님 앞에 벌거숭이처럼 다 드러날 때 믿지 않는 사람들은 두려움으로 벌벌 떨고 안식에 들어가지 못하지만 우리는 다릅니다. 우리에게는 큰 대제사장 하나님의 아들 예수가 계시기 때문입니다. 우리에게는 자신의 피로 우리 죄를 영원히 속죄하신 대제사장, 새 언약을 이루신 완전하고 영원한 대제사장이 있습니다.

16

멜기세덱의 반차를 따라 대제사장이 된 예수

히브리서 5장

히 5:1-11 **대제사장마다 사람 가운데서 택한 자이므로** 하나님께 속한 일에 사람을 위하여 **예물과 속죄하는 제사를 드리게 하나니** 그가 무식하고 미혹된 자를 능히 용납할 수 있는 것은 자기도 연약에 휩싸여 있음이라 그러므로 백성을 위하여 속죄제를 드림과 같이 또한 자신을 위하여도 드리는 것이 마땅하니라 이 존귀는 아무도 스스로 취하지 못하고 오직 아론과 같이 하나님의 부르심을 받은 자라야 할 것이니라 또한 이와 같이 **그리스도께서 대제사장 되심도** 스스로 영광을 취하심이 아니요 오직 말씀하신 이가 그에게 이르시되 **너는 내 아들이니 내가 오늘 너를 낳았다** 하셨고 또한 이와 같이 다른 데서 말씀하시되 **네가 영원히 멜기세덱의 반차를 따르는 제사장이라** 하셨으니 그는 육체에 계실 때에 자기를 죽음에서 능히 구원하실 이에게 심한 통곡과 눈물로 간구와 소원을 올렸고 그의 경건하심으로 말미암아 들으심을 얻었느니라 그가 아들이시면서도 받으신 고난으로 순종함을 배워서 온전하게 되셨은즉 자기에게 순종

하는 모든 자에게 영원한 구원의 근원이 되시고 하나님께 멜기세덱의 반차를 따르는 대제사장이라 칭하심을 받으셨느니라 멜기세덱에 관하여는 우리가 할 말이 많으나 너희가 듣는 것이 둔하므로 설명하기 어려우니라

오늘 말씀은 멜기세덱의 반차를 따라 대제사장이 된 예수에 관한 것입니다. 히브리서를 기록한 성경 기자도 멜기세덱에 관하여는 할 말이 많으나 설명하기가 어렵다고 할 정도로, 오늘 말씀은 성령님의 은혜가 아니면 깨달아지기 어려운 주제입니다. 모쪼록 말씀이 들리는 은혜가 있기를 축원합니다.

히 5:10 하나님께 멜기세덱의 반차를 따른 대제사장이라 칭하심을 받으셨느니라

예수님은 하나님으로부터 "멜기세덱의 반차를 따른 대제사장이라!" 하고 칭하심을 받으셨습니다.

히 5:6 또한 이와 같이 다른 데서 말씀하시되 네가 영원히 멜기세덱의 반차를 따르는 제사장이라 하셨으니

(현대인) 또 다른 곳에서 '너는 멜기세덱의 계열에 속한 영원한 대제사장이다'라고 말씀하셨습니다.

(새번역) 또 다른 곳에서 "너는 멜기세덱의 계통을 따라 임명받은 영원한 제사장이다" 하고 말씀하셨습니다.

(현대어) 또 다른 곳에서는, '너는 영원히 제사장이 되리라. 멜기세덱을 이어받아 제사장이 되리라'고 말씀하셨습니다.

'멜기세덱의 반차를 따랐다'는 말은 '멜기세덱의 계열에 속했다', '멜기세덱의 계통을 따랐다', '멜기세덱을 이어받았다'는 뜻입니다. 멜기세덱의 계열, 계통을 따라서 영원한 대제사장이 되신 분은 오직 예수 그리스도 한 분뿐입니다. 왜 성경이 이런 말씀을 하고 있을까요? 성령께서 역사하셔서 그 의미가 바르게 전해지고 깨달아지기를 바랍니다.

🍀 아론의 반차를 따르는 제사장과 멜기세덱의 반차를 따르는 제사장

히 7:11 레위 계통의 제사 직분으로 말미암아 온전함을 얻을 수 있었으면 (백성이 그 아래에서 율법을 받았으니) 어찌하여 아론의 반차를 따르지 않고 멜기세덱의 반차를 따르는 다른 한 제사장을 세울 필요가 있느냐

율법에 따라 세워진 모든 제사장은 레위 계통에서 아론의 반차를 따라 제사장이 되었습니다. 그런데 예수님은 아론의 반차를 따르지 않고 멜기세덱의 반차를 따라 대제사장으로 세워졌습니다. 왜 다른 계열을 따라 제사장으로 세워져야 했을까요? 예수님이 아론의 반차를 따르지 않고 멜기세덱의 반차를 따르는 다른 제사장으로 세워진 이유는, 레위 계통을 따라 세워진 대제사장의 직분으로는 우리를 온전하게 할 수 없었기 때문입니다.

히 5:1 대제사장마다 사람 가운데서 택한 자이므로 하나님께 속한 일에 사람을 위하여 예물과 속죄하는 제사를 드리게 하나니

'사람' 가운데서 택한 자들이 바로 아론의 반차를 따라, 레위 계통을 따라 세워진 제사장입니다. 그런데 이들의 직분으로는 우리를 온전하게 할 수 없었다는 것입니다. 왜 우리를 온전하게 하지 못했을까요?

롬 3:23 모든 사람이 죄를 범하였으매 하나님의 영광에 이르지 못하더니

대제사장을 '사람' 가운데서 택했는데, 모든 사람은 죄를 범한 죄인이라는 것이 문제입니다. 아무리 대제사장으로 택함을 받았을지라도 그 사람 역시 죄인이라는 말입니다. 대제사장은 무엇을 하는 사람입니까? 사람들을 위하여 예물과 속죄하는 제사를 드리는 사람입니다. 그런데 속죄하는 제사를 드려야 하는 사람 역시 죄인이었던 것입니다. 이것을 히브리서 7장에서는 다음과 같이 표현합니다.

히 7:28 율법은 약점을 가진 사람들을 제사장으로 세웠거니와 율법 후에 하신 맹세의 말씀은 영원히 온전하게 되신 아들을 세우셨느니라

(새번역) 사람들에게 약점이 있어도 율법은 어쩔 수 없이 그들을 대제사장으로 세우지만, 율법이 생긴 이후에 하나님께서 맹세하신 말씀은 영원히 완전하게 되신 아들을 대제사장으로 세웠습니다.

사람에게는 누구나 약점이 있습니다. 그래서 약점이 있어도 어쩔 수 없이 그들을 대제사장으로 세워야 했습니다. 율법에 따른 대제사장을 '사람' 가운데서 택했기 때문입니다. 그런데 율법 후에 하신 맹세의 말씀은 영원히 온전하게 되신 아들을 대제사장으로 세운 것입니다. 다시 말씀드립니다. 율법에 따라 레위 계통에서, 아론의 반차를 따라서 제사장이 된 그들에게는 약점이 있었습니다. 그래서 그들은 하나님과 우리 사이에서 중보자의 역할을 온전하게 할 수 없었습니다. 이런 이유로 하나님이 율법 후에는 영원히 온전하게 되신 아들을 새롭게 대제사장으로 세우신 것입니다. 이 아들이 바로 멜기세덱의 반차를 따라, 멜기세덱을 이어받아 대제사장으로 세워진 예수 그리스도이십니다.

> 율법에 따라 레위 계통에서 아론의 반차를 따라 세운 제사장은 죄인인 사람 가운데 택하여 세웠기 때문에 온전한 중보자가 될 수 없었습니다.

그렇다면 도대체 멜기세덱은 어떤 존재일까요? 레위 계통에서, 아론의 반차를 따라 세워진 대제사장은 다 '사람' 가운데서 택했다고 했는데, 멜기세덱의 반차를 따라 세워진 대제사장은 그들과 무엇이 다를까요?

히 7:3 아버지도 없고 어머니도 없고 족보도 없고 시작한 날도 없고 생명의 끝도 없어 하나님의 아들과 닮아서 항상 제사장으로 있느니라

(현대어) 멜기세덱에게는 아버지도 어머니도 없으니 족보도 또한 없습니다. 그는 출생도 사망도 없어서 그 생명이 하나님의 아들과 같으며 영원한 제사장 일을 맡아 보는 사람입니다.

(쉬운말) 아주 특이하게도 멜기세덱에게는 아버지도, 어머니도 없고, 족보도 없습니다. 또한 태어난 날도 없고, 죽은 날도 없어서, 마치 하나님의 아들과 마찬가지로 항상 제사장으로 있는 자입니다.

멜기세덱은 참으로 특이한 존재입니다. 그래서 히브리서를 기록한 기자도 설명하기가 참 어렵다고 말합니다. 멜기세덱에게는 아버지도 없고, 어머니도 없고, 태어난 날도 없고, 죽은 날도 없습니다. 또한 그 생명이 '하나님의 아들'과 같으며 영원토록 제사장 일을 맡아보는 사람이라고 합니다. 개역개정에는 "하나님의 아들과 닮아서"라고 하지만 다른 번역본에서는 "그 생명이 하나님의 아들과 같으며", 혹은 "하나님의 아들과 마찬가지로"라고 표현합니다.

아버지나 어머니 없이 태어나는 사람이 있습니까? 태어난 날도 없고 죽은 날도 없는 사람이 있습니까? 이것을 통해 알 수 있는 것은 그가 우리와 같은 사람에게서 난 자가 아니라는 것입니다. '생명이 하나님의 아들과 같다'는 것은 '죄가 없다'는 뜻입니다.

사람은 누구나 다 죄가 있지 않습니까? 그러므로 사람의 아들은 다 죄가 있습니다. 죄인의 씨에서는 죄인이 나오기 때문입니다. 그러나 하나님의 아들은 죄가 없는 존재입니다. 하나님께서 죄가 없으시기 때문입니다. 레위 계통을 따라, 아론의 반차를 따라서 세워진 모든 대제사장은 다 죄가 있는 죄인입니다. 그들에게는 아버지도 있고 어머니도 있습니다. 태어난 날도 있고 죽은 날도 있습니다.

> 율법 후에 하신 맹세의 말씀을 따라 세워진 제사장은, 멜기세덱의 반차를 따라 생명이 하나님의 아들과 같은 자 가운데서 세워진 죄가 없는 제사장입니다.

16 _ 멜기세덱의 반차를 따라 대제사장이 된 예수

두 가지 종류의 대제사장이 그려지십니까? 한 가지는 레위 계통을 따라, 아론의 반차를 따라, 율법을 따라, '죄인인 사람' 가운데서 택한 대제사장입니다. 그리고 다른 한 가지는 멜기세덱의 반차를 따라, 율법 후에 하신 맹세의 말씀을 따라 '생명이 하나님의 아들과 같은 자' 가운데서 세워진 '죄가 없는 대제사장'입니다. 율법을 옛 언약, 율법 후에 하신 맹세의 말씀을 새 언약이라고 합니다.

♣ 짐승의 피와 하나님의 아들 예수의 피

히 9:12-15 염소와 송아지의 피로 하지 아니하고 오직 자기의 피로 영원한 속죄를 이루사 단번에 성소에 들어가셨느니라 염소와 황소의 피와 및 암송아지의 재를 부정한 자에게 뿌려 그 육체를 정결하게 하여 거룩하게 하거든 하물며 영원하신 성령으로 말미암아 흠 없는 자기를 하나님께 드린 그리스도의 피가 어찌 너희 양심을 죽은 행실에서 깨끗하게 하고 살아 계신 하나님을 섬기게 하지 못하겠느냐 이로 말미암아 그는 새 언약의 중보자시니 이는 첫 언약 때에 범한 죄에서 속량하려고 죽으사 부르심을 입은 자로 하여금 영원한 기업의 약속을 얻게 하려 하심이라

(쉬운성경) 그리스도는 단 한 번 지성소로 들어가셨습니다. 그분은 염소나 송아지의 피가 아닌 자신의 피를 가지고 지성소로 들어가셔서 우리를 죄에서 완전히 자유롭게 해 주셨습니다. 염소와 황소의 피와 암소의 재를 부정한 사람에게 뿌리면, 그 육체를 다시 깨끗하게 할 수 있습니다. 그렇다면 영원하신 성령을 통해 하나님께 자기 자신을 완전한 제물로 드린 그리스도의 피는 어떻겠습니까? 그의

피는 죽음에 이르게 하는 행동에서 우리 마음을 깨끗하게 하고, 살아 계신 하나님을 섬기는 데 부족함이 없도록 할 것입니다. 그러므로 그리스도께서 새 언약의 중보자가 되셨습니다. 이제 하나님께 부르심을 받은 자들은 하나님께서 약속하신 영원한 복을 받을 수 있게 되었습니다. 옛 언약 아래에서 살던 사람들을 죄로부터 자유롭게 하기 위하여 그리스도께서 죽으셨기 때문에, 사람들이 그 축복을 누릴 수 있게 된 것입니다.

율법에 따라 염소와 송아지의 피를 가지고 지성소에 들어갔던 사람들이 레위 계통을 따라, 아론의 반차를 따라 세워진 대제사장입니다. 그들의 대제사장 직분은 우리를 죄로부터 완전히 자유롭게 할 수 없었습니다. 그런데 멜기세덱의 반차를 따라 세워진 대제사장 예수는 염소와 송아지의 피로 하지 아니하고 자기의 피를 가지고 지성소에 들어가셔서, 옛 언약 아래에서 살던 사람들을 죄로부터 완전히 자유롭게 해주신 것입니다.

> 멜기세덱의 반차를 따라 대제사장이 된 예수님은 자기의 피를 가지고 지성소에 들어가 하나님과 우리 사이에 영원하고 완전한 중보자가 되셨습니다.

옛 언약 아래에서 살던 사람들은 누구를 뜻합니까? 율법에 따라 세워진 레위 계통의 제사장, 아론의 반차를 따라 세워진 대제사장 밑에서 살았던 사람들을 뜻합니다. 율법에 따라 세워진 대제사장은 사람들의 죄를 속죄하기 위해 짐승을 잡아서 그 피를 가지고 하나님 앞에 나아갔습니다. 그런데 그 속죄는 일회적인 것이었습니다. 다시 죄를 지으면 또 짐승을 잡아 그 피를 가지고 하나님 앞에 나아가야 했고, 아무리 그런 제사를 반복한다 할지라도 사람들을 결코 죄로부터 자유롭게 할 수 없었습니다. 그러나 멜기세덱의 반차를 따라 대제사장이 된 예수님은 자기의 피로 하나님과 우리 사이에 영원한 중보자가 되신 것입니다.

> 히 4:14-15 그러므로 우리에게 큰 대제사장이 계시니 승천하신 이 곧 하나님의 아들 예수시라 우리가 믿는 도리를 굳게 잡을지어다 우리에게 있는 대제사장은 우리의 연약함을 동정하지 못하실 이가 아니요 모든 일에 우리와 똑같이 시험을 받으신 이로되 죄는 없으시니라

우리에게는 있는 대제사장은, 아론의 반차를 따라 레위 계통에서 세워진 약점이 있는 대제사장이 아니라, 멜기세덱의 반차를 따라 영원히 우리의 죄를 속죄해 주시는 온전하신 큰 대제사장 하나님의 아들 예수 그리스도이십니다.

> 히 9:15(쉬운성경) 그러므로 그리스도께서 새 언약의 중보자가 되셨습니다. 이제 하나님께 부르심을 받은 자들은 하나님께서 약속하신 영원한 복을 받을 수 있게 되었습니다. 옛 언약 아래에서 살던 사람들을 죄로부터 자유롭게 하기 위하여 그리스도께서 죽으셨기 때문에, 사람들이 그 축복을 누릴 수 있게 된 것입니다.

그리스도께서 새 언약의 중보자가 되셨다는 말은 예수님이 자기의 피로 우리의 죄를 깨끗하게 해주심으로써 하나님과 우리 사이에서 중보자가 되셨다는 뜻입니다. 우리의 죄의 문제를 영원히 해결해 주시는 진짜 중보자가 되어 주셨다는 말입니다.

옛 언약 아래에서 세워진 대제사장은 우리의 죄 문제를 완전하게

해결할 수 없었습니다. 죄의 값은 사망인데, 그렇다고 자기가 대신 죽을 수는 없고, 대제사장 자신도 죄인이니까 짐승에게 그 죄를 다 뒤집어씌워서 짐승을 잡아 그 피를 죄인의 피 대신으로 삼고 하나님 앞에 나아가 용서를 빌었던 것입니다. 그러나 짐승의 생명이 사람의 생명을 대신할 수는 없고 짐승의 피가 사람들의 죄를 다 씻어줄 수는 없었습니다. 그것이 레위 계통을 따라, 아론의 반차를 따라 약점이 있는 사람을 대제사장으로 세운 옛 언약의 한계였습니다. 그래서 예수님이 새 언약의 중보자로 오셔서 자신의 피로 우리의 죄 문제를 완전하게 해결해 주시고 멜기세덱의 반차를 따라 영원한 대제사장이 되어 주신 것입니다.

> 요일 1:7 그가 빛 가운데 계신 것같이 우리도 빛 가운데 행하면 우리가 서로 사귐이 있고 그 아들 예수의 피가 우리를 모든 죄에서 깨끗하게 하실 것이요

하나님의 아들 예수의 피, 죄가 없는 몸으로 오셔서 우리의 죄를 대신 뒤집어쓰시고 십자가에 죽으신 예수의 피만이 우리를 모든 죄에서 깨끗하게 합니다.

> 눅 22:20 저녁 먹은 후에 잔도 그와 같이 하여 이르시되 이 잔은 내 피로 세우는 새 언약이니 곧 너희를 위하여 붓는 것이라

이 말씀은 예수의 피로만 우리를 모든 죄에서 깨끗하게 하실 수 있다는 뜻입니다. 새 언약의 중보자로 오신 예수님의 피로만 우리의 모든 죄를 영원히, 그리고 완전히 속죄할 수 있습니다. 옛 언약 아래

에서 흠이 있는 대제사장을 통해 짐승의 피로 이루어졌던 속죄는 완전하지 못했기 때문에 하나님께서 하나님의 백성들과 새로운 언약을 맺으셨는데, 그것은 아론의 반차를 따라 세워진 대제사장이 아니라 멜기세덱의 반차를 따라 세워진 죄가 없는 대제사장이, 짐승의 피가 아닌 자신의 피로 하나님과 백성 사이에서 중보자가 되어 주시는 것입니다. 이러한 새 언약을 이루시려고 하나님께서 자기 아들을 죄 없는 몸으로 이 땅에 보내셔서 멜기세덱의 반차를 따라서 대제사장이 되게 하신 것입니다.

> 새 언약은 멜기세덱의 반차를 따라 세워진 죄 없는 대제사장이 짐승의 피가 아닌 자신의 피를 가지고 하나님과 그 백성 사이에 완전한 중보자가 되게 하겠다는 약속입니다.

히 10:1-4 율법은 장차 올 좋은 일의 그림자일 뿐이요 참 형상이 아니므로 해마다 늘 드리는 같은 제사로는 나아오는 자들을 언제나 온전하게 할 수 없느니라 그렇지 아니하면 섬기는 자들이 단번에 정결하게 되어 다시 죄를 깨닫는 일이 없으리니 어찌 제사 드리는 일을 그치지 아니하였으리요 그러나 이 제사들에는 해마다 죄를 기억하게 하는 것이 있나니 이는 황소와 염소의 피가 능히 죄를 없이 하지 못함이라

아론의 반차를 따라서 사람 가운데 택한 대제사장을 세워서 짐승의 피를 가지고 하나님 앞에 나아갔던 방법은 온전하지 못했습니다. 그들이 드리는 제사에는 해마다 죄를 기억나게 하는 것이 있었습니다. 영원한 속죄가 아니라 일회적인 속죄였기 때문에 나중에 다

시 죄를 지으면 또 짐승을 잡아 그 피를 가지고 반복해서 하나님 앞에 나아가야 했습니다. 죄를 짓고 짐승을 잡아 피를 뿌리고, 죄를 짓고 짐승을 잡아 피를 뿌리고 그러한 연속이었던 것입니다. 하나님의 아들 예수 그리스도의 피만이 우리의 죄를 영원히, 그리고 완전히 없앨 수 있습니다.

> 히 8:7 저 첫 언약이 무흠하였더라면 둘째 것을 요구할 일이 없었으려니와

> (쉬운말) 만일 저 첫 번째의 언약에 아무 결함이 없었다면, 두 번째 언약이 생겨나야 할 필요가 전혀 없었을 것입니다.

첫 언약은 옛 언약을 말합니다. 그것이 무흠하였더라면, 다시 말해 아론의 반차를 따라 사람 가운데 택하여 세워진 대제사장이 하나님과 우리 사이에 죄 문제를 완전히 해결했다면 문제 될 것이 없었을 것입니다. 그렇지 않았기 때문에 두 번째 언약, 새 언약, 멜기세덱의 반차를 따라 세워진 또 다른 대제사장이 필요하게 된 것입니다. 레위 계통에서, 아론의 반차를 따라, 약점이 있는 사람 가운데서 택하여 대제사장으로 세워 그들이 짐승의 피를 가지고 하나님과 우리 사이를 중보했던 것에는 흠이 있어서, 멜기세덱의 계열을 따라 대제사장을 세워 그분이 자신의 피를 가지고 하나님 앞에 나아가 하나님과 우리 사이에 완전한 중보자가 되셨습니다.

> 눅 22:20 저녁 먹은 후에 잔도 그와 같이 하여 이르시되 이 잔은 내 피로 세우는 새 언약이니 곧 너희를 위하여 붓는 것이라

'내 피로 세우는 새 언약'이라는 것은 짐승의 피와는 달리 예수의 피는 우리에게 영원하고도 완전한 속죄를 준다는 뜻입니다.

> **마 26:28(쉬운말)** 이것은 새 언약을 표시하는 나의 피다. 곧 많은 사람의 죄를 용서하기 위하여 흘리는 나의 피다.

예수님의 피는 새 언약을 표시하는 피입니다. 아론의 반차를 따라 세워진 대제사장이 짐승의 피를 가지고 하나님 앞에 나아갔던 것과는 달리, 예수님은 멜기세덱의 반차를 따라 세워진 대제사장이 되어 자신의 피를 가지고 하나님 앞에 나아가 영원한 속죄를 이루어 주셨습니다.

> 멜기세덱의 반차를 따라 대제사장이 된 예수가 자신의 피를 가지고 하나님 앞에 나아가 영원한 속죄와 완전한 구원을 이루어 주셨습니다.

> **막 14:24(쉬운말)** 그런 뒤, 예수께서 제자들에게 말씀하셨다. "이 잔은 내 피다. 곧 모든 사람을 위하여 흘리는 새 언약의 피다.

'모든 사람을 위하여 흘리는 새 언약의 피'라는 것을 구체적으로 말하면 '모든 사람의 죄를 영원하고도 완전하게 속죄하기 위하여 흘리는 새 언약의 피'라는 뜻입니다. 아론의 반차를 따라 짐승의 피를 가지고 하나님 앞에 나아갔던 대제사장과는 다르게, 예수님은 모든 사람의 죄를 영원하고도 완전하게 씻을 수 있는 자신의 피를 가지고 하나님 앞에 나아가셨습니다. 이것이 예수께서 멜기세덱의 반차를 따르는 대제사장으로 세워졌다는 것의 의미입니다.

히 10:17 또 그들의 죄와 그들의 불법을 내가 다시 기억하지 아니하리라 하셨으니

예수님이 멜기세덱의 반차를 따르는 대제사장이 되어 자신의 피를 가지고 하나님 앞에 나아갔을 때 하나님께서 이렇게 선포하셨습니다. "내가 그들의 죄와 그들의 불법을 다시 기억하지 아니하리라!" 할렐루야!

"내가 너희의 죄와 불법을 다시 기억하지 아니하리라!"

17

평생 한 번의 순종으로 인생을 역전시켜라

히브리서 5장

히 5:8-9 그가 아들이시면서도 받으신 고난으로 순종함을 배워서 온전하게 되셨은즉 자기에게 순종하는 모든 자에게 영원한 구원의 근원이 되시고

순종은 아무나 하는 것이 아닙니다. 마귀는 불순종을 통해서 하나님의 사람들을 사로잡습니다. 하나님이 만드신 최초의 인간 아담과 하와도 마귀의 유혹에 넘어가 하나님의 말씀에 불순종하고 에덴동산에서 쫓겨나고 말았습니다. 마귀는 불순종을 통해서 하나님의 일을 방해하고 대적합니다. 이것을 알지 못하고 마귀가 하는 일에 동참하고 있는 성도들이 너무도 많습니다. 불순종이 가져온 결과가 무엇입니까?

🍀 순종의 결과와 불순종의 결과

> 롬 5:19 한 사람이 순종하지 아니함으로 많은 사람이 죄인 된 것 같이 한 사람이 순종하심으로 많은 사람이 의인이 되리라

아담 한 사람이 순종하지 아니함으로 많은 사람이 죄인이 되었습니다. 죄가 모든 사람을 끌고 다니며 왕 노릇 하게 된 것입니다. 그래서 하나님의 아들 예수 그리스도께서 사람의 몸을 입고 이 땅에 오셨습니다. 그리고 하나님께 순종한 예수 그리스도를 통해서 모든 사람이 구원받게 된 것입니다. 성경은 항상 순종하는 자와 불순종하는 자에 대해 말하고 있습니다.

> 아담의 불순종으로 죄인되었던 우리가 예수님의 순종으로 구원받게 되었습니다.

> 신 28:1-6 네가 네 하나님 여호와의 말씀을 삼가 듣고 내가 오늘 네게 명령하는 그의 모든 명령을 지켜 행하면 네 하나님 여호와께서 너를 세계 모든 민족 위에 뛰어나게 하실 것이라 네가 네 하나님 여호와의 말씀을 청종하면 이 모든 복이 네게 임하며 네게 이르리니 성읍에서도 복을 받고 들에서도 복을 받을 것이며 네 몸의 자녀와 네 토지의 소산과 네 짐승의 새끼와 소와 양의 새끼가 복을 받을 것이며 네 광주리와 떡 반죽 그릇이 복을 받을 것이며 네가 들어와도 복을 받고 나가도 복을 받을 것이니라

청종은 듣고 따르는 것입니다. 하나님의 말씀을 청종하면, 다시

말해 하나님의 말씀에 순종하면 이 세상의 모든 복이 임합니다. 한 가지나 두 가지 복만 임하는 것이 아닙니다. 성경은 이 모든 복이 임한다고 분명하게 말씀합니다. 다른 조건이 없습니다. 키가 얼마나 커야 한다든가, 얼굴이 얼마나 잘생겨야 한다든가, 학벌은 어느 정도 되어야 한다든가 하는 조건이 없습니다. 그저 하나님의 말씀에 순종하기만 하면 이러한 복을 주신다는 것입니다. 그렇다면 내가 이러한 복을 누리지 못하는 이유는 무엇이겠습니까? 다른 이유가 있는 것이 아닙니다. 하나님의 말씀에 순종하지 않기 때문입니다.

순종하는 자가 누리는 복은 자신까지만 있고 그치는 것이 아닙니다. 하나님께서는 그 자녀에게도 복을 주실뿐더러 그 집에서 기르는 짐승의 새끼까지도 복을 받게 하겠다고 말씀합니다. 요즘엔 집에서 소와 양을 기르지는 않지만, 집에서 기르고 있는 강아지나 고양이 새끼까지도 복을 받게 하겠다는 것입니다.

그렇다면 말씀 앞에서 철저히 자신을 보아야 합니다. 하나님은 분명히 네 몸의 자녀가 복을 받을 것이라고 하셨는데, 왜 나에게는 자녀의 복이 없을까요? 분명히 무엇인가 어떤 면에서 하나님 앞에 순종하지 않는 부분이 있기 때문입니다. 하나님은 순종할 때 너무나 기뻐하십니다. 불순종으로 인해 모든 사람에게 죄가 들어왔고 하나님과의 관계가 멀어졌기 때문에 불순종을 미워하시고 순종을 기뻐하시는 것입니다.

> 요 8:44 너희는 너희 아비 마귀에게서 났으니 너희 아비의 욕심대로 너희도 행하고자 하느니라 그는 처음부터 살인한 자요 진리가 그 속에 없으므로 진리에 서지 못하고 거짓을 말할 때마다 제 것으로 말하나니 이는 그가 거짓말쟁이요 거짓의 아비가 되었음이라

아담과 하와의 불순종 이후로 우리는 모두 불순종의 자식이 되었습니다. 마귀의 자식으로 태어나 마귀의 자식으로 살게 된 것입니다. 그렇다면 누가 순종할 수 있습니까? 하나님께서 택한 자, 하나님이 사랑하는 자, 하나님이 허락하신 자가 아니면 누구도 하나님의 말씀에 순종할 수 없습니다. 그러므로 순종은 하나님이 택한 자들만이 누릴 수 있는 특혜입니다. 우리가 불순종의 자식이 아니라 순종의 자녀들로 새롭게 태어난 줄 믿습니다.

순종하는 자들은 그 집에서 키우는 짐승의 새끼까지도 복을 받습니다. 짐승의 새끼도 복을 받는다면 왜 내 자녀들에게 복을 주시지 않겠습니까? 복을 누리지 못한다면 순종하지 않았거나 내가 할 수 있는 만큼만 순종하기 때문입니다. 예수님은 죽기까지 순종하셨습니다. 그런데 우리는 내가 할 수 있는 만큼만 합니다. 순종하려면 온전하게 순종해야 합니다.

아브라함은 원래 말씀에 순종할 수 없는 사람이었습니다. 그런데 하나님이 아브라함에게 순종할 수 있는 마음을 주시니까 사랑하는 독자 이삭을 제물로 바치라고 순종을 요구하실 때 지체하지 않고 순종했습니다. 누가 자기 아들을 하나님께 제물로 바치겠습니까? 하나님을 사랑하는 마음이 없으면 할 수 없는 일입니다. 하나님을 전적으로 신뢰하는 마음이 없다면 할 수 없는 일입니다. 순종하는 사람은 들어가도 복을 받고 나가도 복을 받습니다. 그러므로 항상 순종하는 사람과 함께할 수 있기를 바랍니다. 노는 물을 바꿔야 합니다. 불순종하는 사람들과는 함께 말을 섞지도 말고 옆에 앉지도 말아야 합니다.

신 28:15-19 네가 만일 네 하나님 여호와의 말씀을 순종하지 아니하여 내가 오늘 네게 명령하는 그의 모든 명령과 규례를 지켜 행하지 아니하면 이 모든 저주가 네게 임하며 네게 이를 것이니 네가 성읍에서도 저주를 받으며 들에서도 저주를 받을 것이요 또 네 광주리와 떡 반죽 그릇이 저주를 받을 것이요 네 몸의 소생과 네 토지의 소산과 네 소와 양의 새끼가 저주를 받을 것이며 네가 들어와도 저주를 받고 나가도 저주를 받으리라

하나님의 말씀에 순종하지 않으면 세상의 모든 저주가 그에게 임합니다. "복을 받겠습니까, 저주를 받겠습니까?" 이렇게 물으면 누구나 다 복을 받겠다고 대답합니다. 그런데 복을 받기 위해서는 반드시 하나님의 말씀에 순종해야 합니다. 순종하지 않으면 들어가도 저주, 나가도 저주

> 순종하는 자에게는 세상의 모든 복이 임하고, 불순종하는 자에게는 세상의 모든 저주가 임합니다.

입니다. 그의 삶 전체가 온통 저주라는 말입니다. 얼마나 비참합니까! 저주가 그에게만 임하는 것이 아니라 그의 자녀들도 저주를 받고 그 집의 짐승 새끼까지도 저주를 받습니다.

심방을 다녀보니까, 불순종하는 사람의 집에서는 심방을 하고 나서 식사 대접받는 것도 조심해야 한다는 걸 깨달았습니다. 목사님이 오셨으니까 대접한다고 음식을 차려놨는데, 먹고 배탈이 나서 무지하게 고생했던 기억이 있습니다. 얼마나 화장실을 들락날락했는지 모릅니다. 그때 '아하, 광주리와 떡 반죽 그릇이 저주받는다는 게 이런 뜻이구나!' 하고 깨달았습니다. 하지만 순종하는 사람의 집에서는 비록 그 사람이 가난하여 라면 두 그릇만 내놓았다 할지라도, 먹고 나면 그렇게 속이 편안하고 좋을 수가 없습니다.

어떤 사람들은 이런 말씀을 들을 때 눈물로 회개합니다. 그런데 어떤 사람들은 이런 말씀을 들어도 그냥 무덤덤합니다. 하나님의 말씀이 들리면 역사가 일어납니다. 가장 불쌍한 사람은 하나님의 말씀을 외면하는 사람입니다. 하나님이 말씀하시는 이유는 우리에게 기회를 주시려는 것입니다. 말씀을 듣고 돌이키라는 것입니다. 하나님의 말씀 앞에 나를 세울 때 하나님의 역사가 일어납니다. 막혀 있던 길이 열리고 묶였던 결박이 풀어집니다. 자녀의 미래가 열립니다. 그런데 왜 말씀을 외면합니까? 오늘도 하나님은 나에게 기회를 주려고 말씀하시는 것입니다.

> 막 2:17 예수께서 들으시고 그들에게 이르시되 건강한 자에게는 의사가 쓸 데 없고 병든 자에게라야 쓸 데 있느니라 나는 의인을 부르러 온 것이 아니요 죄인을 부르러 왔노라 하시니라

하나님은 우리를 저주하고 심판하려고 오신 분이 아닙니다. 하나님은 우리를 부르셔서 기회를 주시려는 것입니다. 주님은 의인이 아니라 죄인인 '나'를 부르십니다. 이것이 들려야 합니다.

> 창 3:9 여호와 하나님이 아담을 부르시며 그에게 이르시되 네가 어디 있느냐

아담과 하와가 죄를 짓고 자신들이 벌거벗은 것을 깨달은 후에 무화과 나뭇잎으로 치마를 만들어 입고 부끄러움을 가리려고 했습니다. 하지만 나뭇잎을 엮어서 만든 옷으로 부끄러움이 감추어지겠습니까? 그래서 하나님을 피하여 숨어 있는데, 그때 하나님이 아담을 부르

셨습니다. "아담아, 네가 어디 있느냐!" 하나님 앞에서는 어떠한 죄도 감추거나 숨길 수 없습니다. 하나님은 죄를 지을 때 나를 방치하지 않으시고 부르십니다. 그 음성이 들려야 합니다. 이것은 "무엇이 너로 하여금 나를 피하여 숨게 했느냐!"라는 의미입니다. 내가 죄를 지은 것보다 더 하나님의 마음을 아프게 하는 것은, 죄 때문에 하나님을 피하여 숨는 것입니다. "아담아, 아담아! 무엇이 너로 하여금 나로부터 멀어지게 했느냐!" 하나님은 사랑하는 자들을 반드시 부르십니다.

내가 시험에 들었을 때도 하나님은 나를 부르십니다. "네가 서 있는 자리가 어디냐? 네가 서 있는 자리가 죄의 자리가 아니냐? 무엇이 너로 하여금 죄 가운데 있게 만들었느냐! 네가 서 있는 곳이 시험의 자리가 아니냐? 무엇이 너로 하여금 시험의 자리에 있게 만들었느냐!" 주님의 음성이 들려야 합니다. 그런데 못 듣는 사람이 많습니다. 말씀을 외면합니다. "무엇이 너로 하여금 나로부터 멀어지게 했으며, 무엇이 너로 하여금 네가 섬기는 목자로부터 멀어지게 했느냐!" 하나님의 말씀이 들려야 합니다. 하나님은 야단치고 심판하려고 부르시는 게 아니라 죄인인 나를 구원하려고 부르시는 것입니다.

> 하나님은 불순종한 나를 벌주고 심판하려고 부르는 것이 아니라, 가죽옷을 입혀서 다시금 축복하시고 구원하시고 순종의 사람으로 만드시려고 부르십니다.

창 3:21 여호와 하나님이 아담과 그의 아내를 위하여 가죽옷을 지어 입히시니라 하나님이 죄를 짓고 하나님을 피하여 숨은 아담과 그의 아내를 위하여 가죽옷을 지어 입히셨습니다. "위하여…"라는 말씀이 얼마나 은혜가 되는지 모릅니다. 아담과 하와가 잘한 게 무엇이 있습니까? 하나님이 하지 말라는 것을 하다가 하나님을 피하여 숨은 그들이 어디 예쁜 구석이 있다고 그들을 위하여 가죽옷을 지어 입히십니까? '선한 그들을 위하여'가 아닙니다. '의롭고 정직한 그들을 위하여'가 아닙니다. '잘난 그들을 위하여'가 아닙니다. 하나님 앞에 범죄한 그들, 불순종한 그들, 죄를 짓고 하나님을 피하여 숨은 그들을 위하여 하나님께서 가죽옷을 지어 입히셨습니다. 이것은 놀라운 하나님의 사랑입니다.

하나님은 아담을 불러 창피 주려고, 그를 심판하고 벌주려고 하신 것이 아니라 그의 죄를 덮으시고 부끄러움을 감춰 주시려고, 다시 축복하시려고, 가죽옷을 입혀주시려고 부르셨습니다. 그러므로 하나님이 부르실 때 하나님의 부르심을 외면하면 안 됩니다. 하나님은 오늘도 말씀으로 나를 부르십니다. 하나님의 부르심에는 하나님의 마음이 담겨 있습니다. 나를 향한 하나님의 사랑이 담겨 있습니다. 하나님의 음성이 들리면 살아나게 됩니다. 회복되는 것입니다.

성경의 모든 인물은 딱 두 종류밖에 없습니다. 순종하는 자와 불순종하는 자입니다. 순종하면 들어와도 복을 받고 나가도 복을 받습니다. 그런데 불순종하면 들어와도 저주를 받고 나가도 저주를 받습니다. 중간은 없습니다. 하나님은 순종과 불순종 딱 두 가지를 정해놓고 둘 중에서 하나를 선택하라고 하십니다. 우리가 선택해야 할 것은 순종입니다. 그런데 순종은 내가 할 수 있는 것이 아닙니다. 하나님이 사랑하는 자들에게만 주시는 특별한 은혜입니다.

❦ 예수 그리스도의 순종

> 히 5:8-9 그가 아들이시면서도 받으신 고난으로 **순종함을 배워서 온전하게 되셨은즉 자기에게 순종하는 모든 자에게 영원한 구원의 근원이 되시고**

하나님의 아들 예수 그리스도는 하나님의 말씀에 순종하심으로 예수를 믿는 우리에게 영원한 구원의 근원이 되어 주셨습니다. 예수님을 믿는 자들에게 순종하는 마음을 주셔서 순종의 사람들로 만들어 주시는 것입니다. 아담과 하와의 불순종 이후 마귀의 자녀, 불순종의 자식이 되어 말씀에 순종할 수 없었던 우리들을 하나님께서 예수 그리스도를 통해 하나님의 자녀, 순종의 자녀가 되게 하신 것입니다.

> 하나님은 예수 믿는 자들에게 순종하는 마음을 주셔서 말씀에 순종하는 자로 만들어 주십니다.

구원을 받는다는 것은 죄에서 구원받는다는 말입니다. 죄는 하나님의 말씀에 순종하지 않는 것이 죄입니다. 말씀대로 살지 않는 것이 죄입니다. 그러므로 죄에서 구원하신다는 것은 말씀에 불순종하는 자들을 순종의 사람들로 바꾸어 주신다는 뜻입니다. 하나님의 말씀대로 살지 않으면서 죄에서 구원받았다고 하는 것은 착각입니다. 하나님이 말씀하실 때 언제나 '아멘!' 할 수 있는 순종의 사람이 바로 구원받은 하나님의 자녀입니다.

저는 항상 사람들 앞에서 '머리가 없는 목사'라고 고백하기를 좋아합니다. 그런데 원래 이것은 예수님의 고백이었습니다.

고전 11:3 그러나 나는 너희가 알기를 원하노니 각 남자의 머리는 그리스도요 여자의 머리는 남자요 **그리스도의 머리는 하나님이시라**

몸은 머리의 지시를 받아 움직입니다. 그리스도의 머리가 하나님이라는 말은 예수님 자신의 머리는 없다는 말과 똑같습니다. 예수님은 항상 하나님 아버지의 지시를 따라 움직이시며 자신은 스스로 아무것도 할 수 없다고 말씀하셨습니다. "나는 머리가 없다. 나의 머리는 하나님 아버지시다!" 이것이 바로 예수님의 고백이었습니다.

요 10:30 **나와 아버지는 하나이니라** 하신대

예수님이 "나와 아버지는 하나"라고 말씀하신 것이 곧 예수님은 머리가 없다는 고백입니다. 머리가 하나여야 하나이기 때문입니다. 우리가 사람의 수를 셀 때 머릿수를 센다고 표현하지 않습니까? 머리가 하나면 한 사람이고, 머리가 둘이면 두 사람입니다. 머리가 곧 그 사람을 나타냅니다. 예수님은 하나님 아버지를 머리로 삼으시고 머리 되신 하나님의 말씀을 따라 움직이셨기 때문에 "나는 스스로 아무것도 하지 않는다"라고 말씀하셨습니다.

> 하나님 아버지를 머리로 삼고 아버지의 말씀대로 사신 예수님처럼, 예수님을 머리로 삼고 말씀대로 사는 자가 천국에 갑니다.

요 5:30 **내가 아무것도 스스로 할 수 없노라** 듣는 대로 심판하노니 **나는 나의 뜻대로 하려 하지 않고 나를 보내신 이의 뜻대로 하려**

하므로 내 심판은 의로우니라

　아무것도 스스로 할 수 없다는 것은 머리 되신 하나님 아버지의 말씀이 아니고서는 움직이지 않는다는 뜻입니다. 만약에 어떤 사람이 머리 따로 몸 따로 움직인다면 어떻게 될까요? 정상적인 삶이 불가능할 것입니다. 오늘날에도 많은 사람이 예수를 믿고 교회에 다니지만, 예수님을 머리로 하지 않고 스스로 머리가 되어 판단하고 움직이기 때문에 신앙생활에 어려움이 생기고 문제가 발생하는 것입니다.

　예수님을 머리로 하지 않으면 천국에 갈 수 없습니다. 머리가 지시하는 대로 움직이지 않는다면 천국에 갈 수 없습니다. 제가 목회를 하면서 성도들을 보고 안타까운 것은, '어쩌면 천국에 가는 사람들이 그렇게 많지는 않겠구나…' 하는 생각 때문입니다. 저는 저에게 맡겨주신 양들이 한 사람도 빠짐없이 모두 천국에 갈 수 있기를 날마다 하나님 앞에 기도합니다. 그래서 오늘은 순종함으로 하나님의 역사를 경험했던 한 사람을 소개하고자 합니다. 그 사람은 바로 사르밧 과부입니다.

❖ 사르밧 과부의 순종

왕상 17:8-16 여호와의 말씀이 엘리야에게 임하여 이르시되 너는 일어나 시돈에 속한 사르밧으로 가서 거기 머물라 내가 그곳 과부에게 명령하여 네게 음식을 주게 하였느니라 그가 일어나 사르밧으로 가서 성문에 이를 때에 한 과부가 그곳에서 나뭇가지를 줍는지라 이에 불러 이르되 청하건대 그릇에 물을 조금 가져다가 내가 마시게 하라 그가 가지러 갈 때에 엘리야가 그를 불러 이르되 청하건대 네 손의 떡 한 조각을 내게로 가져오라 그가 이르되 당신의 하나님 여호와께서 살아 계심을 두고 맹세하노니 나는 떡이 없고 다만 통에 가루 한 움큼과 병에 기름 조금뿐이라 내가 나뭇가지 둘을 주워다가 나와 내 아들을 위하여 음식을 만들어 먹고 그 후에는 죽으리라 엘리야가 그에게 이르되 두려워하지 말고 가서 네 말대로 하려니와 먼저 그것으로 나를 위하여 작은 떡 한 개를 만들어 내게로 가져오고 그 후에 너와 네 아들을 위하여 만들라 이스라엘의 하나님 여호와의 말씀이 나 여호와가 비를 지면에 내리는 날까지 그 통의 가루가 떨어지지 아니하고 그 병의 기름이 없어지지 아니하리라 하셨느니라 그가 가서 엘리야의 말대로 하였더니 그와 엘리야와 그의 식구가 여러 날 먹었으나 여호와께서 엘리야를 통하여 하신 말씀 같이 통의 가루가 떨어지지 아니하고 병의 기름이 없어지지 아니하니라

사르밧 과부는 남편이 없이 아들 하나와 함께 사는 여인이었습니다. 당시에 남편이 없다는 것은 누군가의 도움이 아니고서는 생계를 유지할 수 없다는 뜻이고, 가뭄으로 기근이 심하던 당시를 생각해 보면 극심한 가난에 시달리고 있던 상황임을 알 수 있습니다. 그런데 이 집에 엘리야 선지자가 찾아옵니다. 그리고 피같이 아까운 물을 달라고 하더니 이번에는 떡을 만들어 달라고 합니다. 생각해 보십시오. 오랫동안 비가 오지 않아 시냇물이 마를 정도이니 물이 얼마나 귀했겠습니까? 그래도 오죽하면 물을 달라고 할까 싶어 물을 가지러 가는데, 벼룩도 낯짝이 있지 이번에는 떡을 만들어 달라고 하는 것입니다. '선지자라면서 우리 집 형편도 모르나? 먹을 걸 달라고 하려면 돈 많고 풍족한 부잣집을 찾아갈 일이지, 가난한 우리 집

17 _ 평생 한 번의 순종으로 인생을 역전시켜라

에 무슨 먹을 게 있다고 찾아왔나?' 사르밧 과부의 입장에서는 충분히 이렇게 생각할 수 있지 않겠습니까? 사르밧 과부는 혹시나 선지자가 모르는가 싶어, 자기 집에는 가루 한 움큼과 병에 있는 기름 조금이 전부라며, 자신과 아들이 그것으로 한 끼 음식을 만들어 먹고 그 후에는 죽을 것이라고 말합니다.

엘리야가 상식이 있는 사람이라면 응당 "정말 미안합니다. 그 정도로 가난한 줄은 몰랐습니다"라고 말하고 얼른 그 집에서 나와야 하는 것 아닙니까? 그런데 엘리야를 보면서 저는 얼마나 울었는지 모릅니다. '엘리야는 참으로 영적인 하나님의 사람이었구나!' 얼마나 큰 깨달음을 얻었는지 모릅니다. 저는 목회를 하면서 성도들이 경제적으로 힘들어하면 어떻게든 도움을 주려고 애썼습니다. 있는 돈, 없는 돈 다 털어서 목돈을 만들어 건네주기도 하고, 성도들에게 혹시라도 부담이 될까 봐 헌금 얘기도 못 꺼내고 '차라리 내가 헌금하고 말지…' 하고 성도들이 하나님 앞에 헌신하는 길을 막았습니다. 얼마나 인간적으로 목회를 해왔는지 모릅니다.

하지만 그 결과는 참담했습니다. 돈 주고 마음 주고 모든 걸 다 주었는데도 성도들은 헌신짝처럼 목사를 버리고 도망갔습니다. 그런데도 도망간 성도들이 잘못한 것이지 나처럼 착하고 훌륭한 목사는 없다고, 나는 목회를 잘한 것이라고 착각했습니다. 어려우면 도와주는 게 목사다운 일이라고 생각했습니다. 그런데 어느 날 성경을 보면서 사르밧 과부에게 말하는 엘리야 선지자의 모습을 보고 큰 충격을 받았습니다. 엘리야가 제 생각과는 전혀 다른 말을 하고 있는 것입니다. 먹을 것이 없다고, 한 끼 먹고 죽으려고 한다는데도 거기에 대고 일단 자기부터 먹게 하라고 말하는 것입니다. 제가 얼마나 충격을 받았는지 모릅니다. '아, 나는 이제까지 인간적인 목회를 해 왔구나! 하나님의 뜻과는 상관없이 내 생각대로, 내 마음대로 목회를 하면서 성도들이 축복받는 길을 가로막았구나!'

복을 받는 사람은 뭐가 달라도 다릅니다. 생각하는 것부터 일반적인 사람과는 다릅니다. 아마도 보통 사람 같으면 엘리야의 요구에 "해도 해도 너무하네! 벼룩의 간을 내먹지! 이것밖에 없는데, 이걸 달라고 해?" 하면서 눈을 뒤집어 깔 것입니다. 그렇기에 그들이 기적의 주인공이 되지 못하는 것입니다. 사르밧 과부의 생각은 달랐습니다. '한 끼 먹고 죽으나, 한 끼 안 먹고 죽으나 똑같지 뭐! 하나님의 사람을 대접하고 죽으면 하늘의 상급이라도 쌓지!' 아마도 이렇게 생각했을지 모릅니다. 어쩌면 비가 올 때까지 통의 가루가 떨어지지 아니하고 병의 기름이 없어지지 아니하리라는 엘리야 선지자의 말을 속는 셈 치고 믿어보자는 마음이 들었는지도 모릅니다. 어쨌든 사르밧 과부에게는 하나님의 사람의 말을 믿고 순종해 보자는 마음이 있었던 것입니다. 이것이 하나님께서 주신 특별한 은혜인 줄로 믿습니다.

우리의 모습은 어떻습니까? 혹시 한 끼 음식에 목숨 걸고 있지는 않습니까? 밥 한 끼에 목숨 걸지 말고 주의 종의 말에 목숨 걸 수 있기를 바랍니다. 사르밧 과부가 엘리야의 말을 듣고 그대로 순종했더니 어떻게 되었습니까? 분명히 엘리야에게 떡을 만들어 대접했기 때문에 그릇에 가루도 기름도 없어야 하는데, 배가 고파서 그릇을 확인해 보니까 없었던 가루와 기름이 여전히 남아 있는 것입니다. 놀랍지 않습니까? 그래서 그것을 탈탈 털어서 음식을 해 먹고 다음 끼니에 또 그릇을 확인해 보면 또 가루와 기름이 있는 것입니다. 할렐루야! 성경은 그 후로도 계속해서 하나님께서 엘리야에게 말씀하셨던 대로 통의 가루와 기름이 떨어지지 않았다고 말씀합니다. 그런데 이것으로 끝이 아니었습니다.

왕상 17:17-22 이 일 후에 그 집 주인 되는 여인의 아들이 병들어 증세가 심히 위중하다가 숨이 끊어진지라 여인이 엘리야에게 이르되 하나님의 사람이여 당신이 나와 더불어 무슨 상관이 있기로 내 죄를 생각나게 하고 또 내 아들을 죽게 하려고 내게 오셨나이까 엘리야가 그에게 그의 아들을 달라 하여 그를 그 여인의 품에서 받아 안고 자기가 거처하는 다락에 올라가서 자기 침상에 누이고 여호와께 부르짖어 이르되 내 하나님 여호와여 주께서 또 내가 우거하는 집 과부에게 재앙을 내리사 그 아들이 죽게 하셨나이까 하고 그 아이 위에 몸을 세 번 펴서 엎드리고 여호와께 부르짖어 이르되 내 하나님 여호와여 원하건대 이 아이의 혼으로 그의 몸에 돌아오게 하옵소서 하니 여호와께서 엘리야의 소리를 들으시므로 그 아이의 혼이 몸으로 돌아오고 살아난지라

어느 날 사르밧 과부에게 큰일이 발생합니다. 사르밧 과부의 아들이 죽게 된 것입니다. 과부에게 아들은 인생의 소망이고, 희망이고, 전부입니다. 그런데 하나밖에 없는 귀한 아들이 죽었으니 과부의 슬픔이 얼마나 컸겠습니까? 엘리야를 탓하는 과부의 말을 듣고 엘리야는 죽은 아이를 안고 다락방에 올라가서 하나님 앞에 기도합니다. 자기에게 잘못이 있다면 하나님의 말씀대로 사르밧 과부에게 와서 떡 한쪽 얻어먹은 것이 전부인데, 졸지에 사르밧 과부의 아들을 죽게 한 원흉으로 몰린 것입니다. "하나님, 왜 이런 일을 허락하십니까? 나를 사르밧 과부의 집에 보내신 분은 하나님이 아니십니까? 그런데 왜 내가 기거하고 있는 사르밧 과부의 집에 이런 재앙을 내리십니까? 나를 이곳에 보내신 하나님의 뜻이 있으시다면 제발 이 아이를 살려 주옵소서!" 하나님은 엘리야의 기도를 들으시고 죽은

아이를 살려주셨습니다. 할렐루야!

> 신 30:19 내가 오늘 하늘과 땅을 불러 너희에게 증거를 삼노라 내가 생명과 사망과 복과 저주를 네 앞에 두었은즉 너와 네 자손이 살기 위하여 생명을 택하고

하나님은 복과 저주를 우리 앞에 두었다고 말씀합니다. 복은 순종하는 자에게 주어지는 분깃이고 저주는 불순종하는 자에게 주어지는 분깃입니다. 복과 저주 중 하나를 택하라는 것은 순종과 불순종 중 하나를 택하라는 말씀과 같습니다. 그렇다면 무엇을 택해야 하겠습니까? 성경은 너와 네 자손이 살기 위하여 생명을 택하라고 말씀합니다. '생명을 택하라'는 것은 '하나님의 말씀을 택하라', '순종을 택하라'는 뜻입니다. 내가 너희에게 이른 '말'은 영이요 '생명'이라고 하시지 않았습니까?(요 6:63) 말씀을 택하는 것이 생명을 택하는 것입니다. 평생 단 한 번의 순종으로 영원한 생명과 더불어 인생 역전의 기회를 얻게 되기를 축원합니다.

> "순종으로 인생을 역전시켜라!"

18

젖먹이 신자에서 벗어나야 산다

히브리서 5장

> 히 5:12-14 **때가 오래 되었으므로 너희가 마땅히 선생이 되었을 터인데 너희가 다시 하나님의 말씀의 초보에 대하여 누구에게서 가르침을 받아야 할 처지이니 단단한 음식은 못 먹고 젖이나 먹어야 할 자가 되었도다 이는 젖을 먹는 자마다 어린아이니 의의 말씀을 경험하지 못한 자요** 단단한 음식은 장성한 자의 것이니 그들은 지각을 사용함으로 연단을 받아 선악을 분별하는 자들이니라

"때가 오래 되었으므로…" 이것은 교회를 10년, 20년, 30년 다녀서 마땅히 선생이 되고도 남았을 사람들에게 하시는 말씀입니다. 교회에 다닌 지 얼마나 되셨습니까? 혹시 교회에 오래 다녔는데 아직도 젖먹이 신자로 남아 있지는 않습니까? 교회를 오래 다녔으면 이제는 단단한 음식도 먹고 소화할 정도가 되어야 하는데, 아직도 말씀을 먹으면 체하십니까? 스스로에게 한번 물어봅시다. 나는 젖을 먹는 젖먹이 신자입니까, 단단한 음식을 소화하는 사람입니까? 히브리서

기자의 아픔은, 이제는 충분히 단단한 음식도 먹고 소화하면서 새로운 성도들을 이끌 성숙한 신앙인이 되어야 함에도 불구하고 그렇지 못한 성도들이 그 당시에 많았다는 것에 있습니다.

젖먹이 신자들의 특징이 있습니다. 제가 한번 물어보겠습니다. 하나님의 말씀은 은혜를 받으라고 주는 것입니까, 시험에 들라고 주는 것입니까? 다시 묻겠습니다. 하나님의 말씀은 복을 받으라고 주는 것입니까, 저주를 받으라고 주는 것입니까? 답은 뻔합니다. 하나님의 말씀은 은혜를 받으라고 주는 것입니다. 복을 받으라고 주는 것입니다. 그런데 젖먹이 신자들은 은혜를 받으라고 주는 말씀에 시험이 듭니다. 복을 받으라고 주는 말씀에 혼자서만 오해합니다. 그래서 젖먹이 신자에서 벗어나야 하는 것입니다. 신앙이 자라지 않으면 삶이 힘들어집니다. 복을 받으라고 주시는 말씀을 소화하지 못하기 때문에 복을 받지 못합니다. 은혜를 받으라고 주시는 말씀을 소화하지 못하기 때문에 항상 시험의 자리를 벗어나지 못합니다. 자기만 은혜를 못 받을 뿐 아니라 옆에 있는 사람까지도 덩달아 힘들게 만들고 시험에 들게 만듭니다.

이것을 우리가 잘 아는 말로 '마귀의 물귀신 작전'이라고 합니다. 물에 빠진 사람을 건지려고 하면 일단 그 사람이 힘이 빠질 때까지 기다리든가 기절을 시키든가 해서 끌고 나와야 합니다. 그렇지 않으면 물에 빠진 사람이, 자기가 살겠다고 같이 죽는 줄도 모르고 손에 잡히는 대로 끌어당기기 때문입니다. 이처럼 혼자 죽지 않고 같이 죽으려고 하는 사람, 혼자 넘어지지 않고 같이 넘어지려는 사람을 '물귀신'에 비유합니다. 옆에 있는 사람을 항상 잡아당기기 때문입니다. 영적으로 시험에 든 사람도 마찬가지입니다. 무엇인가 못마땅하거나 자기 마음에 안 드는 일이 있으면 꼭 옆 사람에게 이야기합니다. 부정적인 이야기를 퍼뜨립니다. 귀신이 자기 안에서 일하고 있다는 것을 모르기 때문에 귀신이 시키는 대로 다른 사람들도 함께 잡아당겨서 넘어뜨리려고 하는 것입니다. 이것을 영적으로 바르게 분별할 수 있어야 합니다. 귀신이 나를 가지고 놀고 있는데도 그냥 멍하니 당하고 있어서는 안 됩니다. 귀신의 앞잡이 노릇을 하며 마귀에게 쓰임 받아서는 안 됩니다.

"나도 모르게 마귀에게 쓰임 받고 있는 나를 경계하라!"

🍀 배후가 있다

> 막 9:22-23 귀신이 그를 죽이려고 불과 물에 자주 던졌나이다 그러나 무엇을 하실 수 있거든 우리를 불쌍히 여기사 도와주옵소서 예수께서 이르시되 할 수 있거든이 무슨 말이냐 믿는 자에게는 능히 하지 못할 일이 없느니라 하시니

귀신이 그 안에서 일하는 사람과 완전히 귀신에 들린 사람은 다릅니다. 완전히 귀신에 들렸다는 것은 스스로 아무것도 할 수 없다는 뜻입니다. 거부할 수 없다는 뜻입니다. 그래서 귀신이 시키면 시키는 대로 합니다. 물에 던지면 물에 들어가고, 불에 던지면 불에 들어갑니다. 마귀가 "야, 너 김 집사 죽여!" 하면 그때부터 김 집사를 죽이기 시작합니다. 앉기만 하면 김 집사 흉을 보고 욕을 하면서 "맞아, 맞아!" 하고 같이 욕하는 사람들을 자기편으로 끌어들입니다. 이게 '물귀신 작전'입니다. 이런 것을 영적으로 분별할 수 있어야

합니다. '내가 왜 이런 행동을 하고 있지?', '왜 내가 이런 말을 하고 있지?' 하고 한 번쯤은 스스로 돌아봐야 합니다. 속지 마십시오! 나도 모르는 내 배후가 있습니다. 내가 아니라 내 안에 있는 나의 배후가 나를 조종하고 있는 것입니다.

이것이 영의 세계에서 일어나는 일입니다. 사람은 영적인 존재입니다. 그래서 영적인 존재에게 영적인 영향을 받습니다. 그러므로 지금 나에게 영향을 미치고 있는 영적인 힘의 근원이 어디에서 오는 것인지 분별할 수 있어야 합니다. 나의 배후가 귀신입니까, 하나님입니까? 형제를 욕하게 만드는 것이 귀신입니까, 하나님입니까? 왜 남들은 다 알고 있는데 본인만 그것을 모릅니까? 내가 지금 입에 담지 못할 말을 하고 있다면, 내가 지금 화를 내고 성질을 내고 있다면, 내가 남을 헐뜯고 있다면, 내가 불평불만을 터뜨리고 있다면 지금 내 배후에서 귀신이 일하고 있는 것입니다. 내가 지금 하고 있는 말과 행동과 생각의 배후가 누구인지 분별할 수 있어야 합니다.

> 내가 지금 하고 있는 말과 행동과 생각의 배후는 귀신입니까, 하나님입니까?

젖먹이 신자는 하나님이 보여주시고 들려주시고 알려주시는 것을 보지 못하고 듣지 못하고 깨닫지 못합니다. 어린아이와 같아서 분별하지 못하는 것입니다. 그러니까 은혜를 받으라고 주는 말씀인데도 시험에 들어서 '목사님이 나 들으라고 하는 말씀인가? 오늘따라 말씀으로 무지하게 까네…'라고 생각하는 것입니다. 어린아이가 '까까'를 좋아하는 것처럼 젖먹이 신자들은 말씀을 들으면 무조건 자신을 깐다고 생각합니다. 예배 시간에 선포되는 하나님의 말씀은 당연히 나 들으라고 하시는 말씀 아닙니까? 말씀이 나에게 들려주시는 하나님의 말씀으로 들리면 '아, 나에게 복을 주시려고 이런 말씀을 하시는구나!'라고 생각하고 "아멘!" 하면 그 말씀이 자신에게 복이 될 텐데, 왜 깐다고 투덜거리면서 혼자 시험에 드느냐 말입니다. 그러니까 어린아이라고 하는 것입니다.

어린아이들은 무조건 칭찬해 주고 예쁘다고 하면 좋아합니다. 그런데 조금이라도 잘못한 것을 지적하거나 야단을 치면 금방 삐치고 울음을 터뜨립니다. 그러면서 "엄마는 나만 미워해!" 하고 오해하는 것입니다. 신앙생활을 하다가 혹시 무엇인가 잘못한 일이 있어서 목사가 "집사님! 그런 식으로 신앙생활 하면 안 됩니다! 앞으로 3일 동안 금식하고 화장실 청소하세요!" 이렇게 말했는데도 "아멘!" 하고 순종할 수 있다면 그는 단단한 음식을 먹고 소화하는 사람입니다. 그런데 '나는 밥 없이는 못 사는데, 나보고 금식하라고? 나한테만 더러운 화장실을 청소하라는 거지?' 하고 불만을 품고 '교회가 여기 아니면 없나? 목사가 성도 귀한 줄 모르네…' 하고 반응하면 단단한 음식을 소화할 수 없는 어린아이의 신앙입니다.

그렇다면 둘 중에 누가 복을 받겠습니까? 복을 받으라고 주시는 하나님의 말씀을 소화할 수 있는 장성한 사람이 복을 누리는 것입니다. 젖먹이 신자는 의의 말씀을 경험하지 못합니다. 자신을 하나님 앞에 바르게 서게 하려고 주시는 말씀, 회개하라고 죄를 지적하시는 말씀을 받아들이지 못합니다. 말씀을 받아들이지 못하니까 말씀에 따라 약속된 복도 누리지 못하는 것입니다. 하나님의 말씀은 다 나에게 들으라고 하시는 말씀입니다.

> 젖먹이 신자는 복 받으라고 주시는 말씀, 회개하라고 죄를 지적하는 말씀을 받아들이지 못합니다.

젖먹이 신자에서 벗어나야 하는 또 다른 이유는 하나님이 주시는 복의 질과 양이 다르기 때문입니다. 만약에 자녀에게 용돈을 줘야 한다면 어린 자녀와 장성한 자녀에게 같은 용돈을 주겠습니까, 차등을 두겠습니까? 당연히 차등을 둘 것입니다. 어린아이에게 용돈으로 10만 원, 100만 원을 주는 사람은 없습니다. 기껏해야 천 원, 많으면 만 원입니다. 어린아이에게 용돈으로 10만 원, 100만 원을 쥐어준다면 아마 그 아이는 유괴를 당할지도 모릅니다. 그게 젖먹이 신자의 수준입니다. 사람도 어린 자녀에게 큰돈을 주어서는 안 된다는 것을 아는데, 하나님이 그것을 모르시겠습니까? 하나님 앞에 마땅히 해야 할 십일조도 자기 기분대로 했다가 안 했다가, 예배도 드렸다가 빠졌다가 하는 젖먹이 신자라면 어떻게 하나님이 그 사람에게 1억, 10억을 주겠습니까? 근근이 살아갈 수 있을 정도로 일용할 양식이야 주겠지만, 아마 큰 복을 주시지는 않을 것입니다. 젖먹이 신자가 갑자기 큰 축복을 받는다면 당장 타락해서 교회를 떠나 세상으로 가버리고 말 것이기 때문입니다.

반면 장성한 자녀라면 어떻겠습니까? 아이가 자라서 대학에 들어가고 군대에 갔다가 휴가 나왔는데 용돈으로 천 원을 주는 사람이 있겠습니까? 만약 용돈으로 천 원을 준다면 다들 장난인 줄 알 것입니다. 나이가 들고 장성하면 거기에 맞춰서 용돈도 주는 것입니다. 더 나이가 들어서 결혼할 나이가 되면 그때 부모가 주는 것은 군대 갔다가 휴가 나온 자녀에게 주는 것과는 또 다를 것입니다.

제가 개척을 세 번 했습니다. 처음 개척했을 때의 일입니다. 어떤

> 젖먹이 신자와 장성한 자는 하나님이 주시는 복의 양과 질이 다릅니다.

날은 구역장에게 전화가 옵니다. "구역장님, 왜 전화하셨어요?" 하고 물어보면 "목사님, 우리 구역 박 집사 있잖아요…" 하고 말끝을 흐립니다. "박 집사가 왜요?" 그러면 "모르겠어요…시험에 들었는지 어쨌는지, 교회에 나오기 싫다는데요…" 하는데, 한마디로 심방 해 달라는 전화입니다. 그러면 심방 약속을 잡고 사모에게 말합니다. "여보, 박 집사가 시험에 들었는지 무슨 일인지 교회를 안 나온다는데, 어서 준비해요!" 하면 사모가 "알았어요!" 하고 젖병을 챙깁니다. 젖먹이 신자이기 때문입니다. 그리고 박 집사를 찾아가서 젖병을 들고 말합니다. "박 집사, 무슨 일로 시험에 들어서 교회를 안 나온다고 그려…그러면 안 되지…자, 아 해보세요!" 하고 젖병을 물리려고 하면 기겁을 하면서 결국엔 웃음을 터뜨립니다.

그렇게 어르고 달래서 교회에 나오면 몇 달이 못 가서 또 그럽니다. 젖먹이 신자는 그런 일을 반복하는 것입니다. 그래서 젖먹이 신자가 많은 교회는 부흥이 어렵습니다. 목사가 맨날 젖 먹이러 다녀야 하기 때문입니다. 이제는 젖먹이 신자에서 벗어나 하나님의 일꾼이 되어 위대한 하나님의 역사를 이루어 가야 하는데 하나님의 일을 하기는커녕 일하려는 사람들의 발목을 잡는 것이 젖먹이 신자이기 때문입니다.

제가 목회를 하면서 젖먹이 신자의 특징을 알아냈습니다. 그것은 한마디로 '속은 밴댕이, 그릇은 간장 종지'라고 표현할 수 있습니다. '밴댕이 소갈머리'라는 말을 들어보셨습니까? 젖먹이 신자들은 속이 얼마나 좁은지 모릅니다. 그릇은 또 얼마나 작은지, 크기가 간장 종지와 다를 바가 없습니다. 내 속은 어떻습니까? 내 그릇은 어떻습니까?

히브리서 기자가 이 글을 쓰면서 마음이 어떠했겠습니까? 복음을 들은 지 오래되어서 마땅히 선생이 되고도 남았어야 하는데, 아직도 뱅댕이 속과 간장 종지 같은 그릇으로 오히려 옆 사람을 힘들게 하고 선악을 분별하기는커녕 젖만 달라고 하니, 복음을 전하고 가르친 자로서 그 마음이 어떠했겠느냐 말입니다. 저는 목사로서 히브리서 기자의 마음이 너무나도 공감이 갑니다. 맨날 목사가 젖병을 들고 '까꿍! 까꿍!' 하면서 달래줘야 못 이기는 척 교회에 나오는 젖먹이 성도들이 얼마나 많은지 모릅니다.

이제 우리는 젖먹이 신자에서 완전히 벗어난 줄 믿습니다. 젖먹이 신자는 무슨 일이 생기면 시비를 가리면서 "너 죽고 나 살자!" 합니다. 하지만 신앙이 자라면 "네가 살아라, 내가 죽을게!"라고 합니다. 젖먹이 신자는 자기가 잘못한 줄은 모르고 항상 '너 때문에…구역장 때문에…박 집사 때문에…' 하고 남 탓을 합니다. 다른 사람 때문에 자기가 상처받았다, 다른 사람 때문에 자기가 고생한다고 생각합니다. 이제는 "네가 살아라, 내가 죽을게!" 하는 모습이 우리에게 있기를 바랍니다.

청와대에 가면 대변인이 있습니다. 청와대의 입장을 대신하여 말해주는 사람을 청와대 대변인이라고 합니다. 하나님도 누군가 하나님을 대신해서 말해줄 수 있는 하나님의 대변인을 찾고 계십니다. 그런데 사람의 대변인, 좀 더 정확하게 말하면 마귀의 대변인은 많은데 하나님의 대변인은 많지 않습니다. 신기하게도 어떤 문제가 생기거나 사건을 만나면 하나님을 대변하는 사람은 없고, 약자의 편에서 말한다고 하면서 무슨 영웅이라도 된 양 세상의 입장을 들이밉니다. 어떤 사람이 말씀을 듣고 시험에 들었다면 누구의 편에서 말해야 합니까? 하나님

"나는 하나님의 대변인이다!"

의 대변인이라면 하나님의 입장, 하나님의 종 입장에서 말해야 합니다. 하지만 시험에 든 사람의 말을 듣고 나면 "듣고 나니 시험에 들만 하네…" 하고 시험에 든 그 사람의 입장을 대변합니다.

그래서 영적인 분별이 필요한 것입니다. "집사님이 오해한 거야!" 하면서 하나님 편에서 이야기해 줘야 하는데 그렇게 말하는 사람이 없는 것입니다. 왜 교회를 10년, 20년, 30년 다니면서도 하나님의 편에서, 목사 편에서, 교회 편에서는 말하지 못하고 김 집사 편에서, 이 권사 편에서, 박 장로 편에서만 말합니까? 그래서 교회가 무너지는 것입니다. 마귀에게 쓰임 받고 있는 나를 경계해야 합니다. "나는 하나님의 대변인이다!" 이것을 항상 마음에 새길 수 있기를 바랍니다. 하나님의 대변인으로 임명받아 하나님의 대변인 노릇을 할 수 있기를 바랍니다.

교회 안에서도 목사의 대변인 노릇을 하는 사람이 있으면 그 사람은 바로 십자가에 못 박힙니다. 사람들이 왕따시켜 버리는 것입니다. 이것이 교회의 모습입니다. 목사의 사랑을 받고 목사의 꼴을 먹고 지내면서, 누군가는 목사의 편에서 말해야 하는데 왜 그렇게 하지 못합니까? 믿음이 있다면 믿음의 말을 해야지, 왜 눈에 보이고 귀에 들리는 대로 말합니까? 불평불만을 늘어놓는 사람은 끝이 없습니다. 그런 사람을 보면 원인은 단 한 가지, 그 사람의 신앙이 자라지 않기 때문입니다. 여전히 젖먹이 신자에 머물러 있기 때문입니다.

노는 물을 바꾸어야 합니다. 항상 그 사람하고만 놀기 때문에, 항상 그 모습 그대로입니다. 좀 더 나은 사람이 되고자 한다면 좀 더 나은 사람과 어울려야 합니다. 신앙이 성숙하기를 바란다면 나보다 신앙이 성숙한 사람과 어울려야 합니다. 왜 믿음이 좋은 사람, 긍정적인 사람, 은혜로운 사람과 같이 어울리지 못합니까? 왜 교회를 사랑하고 목사를 생각하는 사람과 어울리지 못합니까? 회개해야 합니다. 믿음이 성숙한 사람들과 어울리지 못하고 항상 끼리끼리 어울려서 교회와 목사에 대한 불평불만을 늘어놓고 있다면 지금 귀신이 나를 붙들고 있다는 사실을 깨달아야 합니다. 귀신이 일하기 때문에 형제를 사랑하지 못하고 시기하고 질투하고 욕하는 것입니다. 노는 물을 바꾸면 복이 터집니다. 나만 복 받는 게 아니라 내 자녀까지도 복을 받습니다.

그렇다면 젖먹이 신자에서 어떻게 벗어날 수 있을까요? 오늘 그 비밀을 알려드리겠습니다. 아침저녁으로 거울을 보면서 "젖병을 떼자! 젖병을 떼자!" 하고 다짐해 보십시오. 거울을 쳐다보면서 "너, 언제까지 그렇게 살래! 이제는 젖먹이 신자에서 벗어나자!" 하고 외쳐보십시오. 우리가 간절히 바라고 원한다면 하나님께서 그 모습을 보고 기뻐하시고 반드시 젖병을 떼게 해 주실 줄 믿습니다. 젖먹이 신자들의 신앙이 자라기 시작하면 교회에 놀라운 부흥이 일어날 것입니다.

> 젖먹이 신자에서 벗어나기를 간절히 원하고 구하면 젖먹이 신자에서 벗어나게 해 주십시오.

19

나의 타락을 막아야 산다

히브리서 6장

히 6:1-12 그러므로 우리가 그리스도의 도의 초보를 버리고 죽은 행실을 회개함과 하나님께 대한 신앙과 세례들과 안수와 죽은 자의 부활과 영원한 심판에 관한 교훈의 터를 다시 닦지 말고 완전한 데로 나아갈지니라 하나님께서 허락하시면 우리가 이것을 하리라 한 번 빛을 받고 하늘의 은사를 맛보고 성령에 참여한 바 되고 하나님의 선한 말씀과 내세의 능력을 맛보고도 타락한 자들은 다시 새롭게 하여 회개하게 할 수 없나니 이는 그들이 하나님의 아들을 다시 십자가에 못 박아 드러내 놓고 욕되게 함이라 땅이 그 위에 자주 내리는 비를 흡수하여 밭 가는 자들이 쓰기에 합당한 채소를 내면 하나님께 복을 받고 만일 가시와 엉겅퀴를 내면 버림을 당하고 저주함에 가까워 그 마지막은 불사름이 되리라 사랑하는 자들아 우리가 이같이 말하나 너희에게는 이보다 더 좋은 것 곧 구원에 속한 것이 있음을 확신하노라 하나님은 불의하지 아니하사 너희 행위와 그의 이름을 위하여 나타낸 사랑으로 이미 성도를 섬긴 것과 이제도 섬기

고 있는 것을 잊어버리지 아니하시느니라 우리가 간절히 원하는 것
은 너희 각 사람이 동일한 부지런함을 나타내어 끝까지 소망의 풍
성함에 이르러 게으르지 아니하고 믿음과 오래 참음으로 말미암아
약속들을 기업으로 받는 자들을 본받는 자 되게 하려는 것이니라

하나님의 은혜를 맛보고 성령을 체험하고 은혜를 받았습니다. 그럼에도 불구하고 타락한 자들은 다시 새롭게 하여 회개하게 할 수 없다고 합니다. 이것은 우리가 아무리 은혜를 받았어도 또 은사를 경험하고 성령을 체험했다 할지라도 타락할 수 있다는 뜻입니다. 육신을 가지고 사는 사람들은 아무리 큰 은혜를 경험했다 할지라도 언제나 타락할 수 있습니다. 그런데 중요한 사실이 있습니다. 처음부터 하나님도 모르고 예수도 몰라서 타락한 사람, 하나님의 은혜를 모르고 타락한 사람들은 그래도 구원 받을 길이 있는데, 이미 예수도 믿고 하나님의 은혜를 아는 사람, 은사도 경험하고 성령을 체험했는데도 타락한 사람들은 다시 새롭게 하여 회개하게 할 수 없다는 것입니다. 그래서 믿는 사람들에게 가장 중요한 것이 '나의 타락을 막는 것'입니다.

> "나도 모르게 타락해져 가는 나를 경계하라!"

'나도 모르게 타락해져 가는 나를 경계하라!'
'나도 모르게 교만해져 가는 나를 경계하라!'
'나도 모르게 죄를 짓고 있는 나를 경계하라!'
'나도 모르게 하나님을 떠나있는 나를 경계하라!'
'나도 모르게 하나님으로부터 멀어져 가는 나를 경계하라!'

이것은 제가 수없이 마음에 새기고 또 성도들에게 강조했던 말입니다. 사실 이것은 제 말이 아니라 어느 날 성령께서 제 마음에 새겨주신 경계의 말씀입니다. 저는 거울을 볼 때마다 스스로한테 묻습니다. "너는 진짜 목사냐, 가짜 목사냐!" 믿는 사람들은 항상 이러한 것들을 경계하며 살아야 하는데, 당장 내 삶 속에 아무런 일이 일어나지 않으니까 이것이 얼마나 중요한지 알지 못하고 그냥 무덤덤하게 살아갑니다. 예수 믿는 사람들에게는 아무 일도 일어나지 않는 것이 축복은 아닙니다. 그 삶의 행적에 예수 믿는 자의 흔적이 남아 있어야 하는 것입니다. 어제와 똑같은 오늘을 살고 무사안일을 복으로 여기며 하루하루 나이만 먹어가고 있다면 하나님 앞에 나 자신을 솔직하게 세워봐야 합니다. 나는 정말 예수를 믿는 사람입니까?

진짜 예수를 믿으면 그때부터 마귀의 표적이 됩니다. 생각해 보십시오. 마귀가 어떤 사람을 표적으로 삼겠습니까? 믿음이 형편없는 사람을 표적으로 삼겠습니까, 아니면 믿음이 좋은 사람을 표적으로 삼겠습니까? 당연히 믿음이 좋은 사람을 표적으로 삼습니다. 믿음이 형편없는 사람은 그냥 내버려 두어도 어차피 마귀의 종이요 마귀의 밥입니다. 그러니까 거들떠보지도 않습니다. 하지만 믿음이 좋은 사람, 그 안에 예수가 있고 성령이 있고 불 같은 신앙의 열정을 가진 사람, 예수가 아니면 살 수 없는 사람, 하나님의 은혜가 아니면 살 수 없는 사람은 마귀의 좋은 표적이 됩니다. 그 한 사람만 넘어뜨리면 수없이 많은 사람을 줄줄이 넘어뜨릴 수 있기 때문입니다.

> 진짜 예수를 믿으면 그때부터 마귀의 표적이 됩니다.

마귀의 표적이 되어 타락한 목사들을 보십시오. 목사 한 사람이 쓰러지면 교회 전체가 무너집니다. 그래서 마귀는 항상 믿음이 좋은 사람들을 표적으로 삼습니다. 하나님의 은혜가 아니면 살 수 없는 사람, 그래서 항상 말씀으로 무장되어 있는 사람을 보면 마귀는 이를 갑니다. 그들이 바로 마귀의 원수이기 때문입니다. '저것만 없으면 다들 내 편이 될 수 있는데, 저것 때문에 많은 사람이 예수 믿고 구원받잖아! 저것을 쓰러뜨릴 수만 있다면…저것을 내 손아귀에 넣을 수만 있다면…!' 이것이 마귀의 소원입니다. 진짜 신앙생활은 마귀가 이를 갈도록 하는 것입니다. 마귀의 표적이 되기를 원하십니까? 정말 마귀의 표적이 되기를 원하십니까?

교회 다니는 것은 좋은데 마귀의 표적이 되기는 싫어하는 사람들이 있습니다. 그런 사람들이 차지도 덥지도 않은 신앙생활을 합니다. 마귀는 그런 사람들을 보고 "쟤는 언제나 내 편이야! 걱정할 것 없어!" 하고 깔깔거리며 배꼽을 잡습니다. 하나님의 편이 아니면 마귀의 편, 둘 중 하나입니다. 하나님을 믿는다고 하면서도 마귀의 편에 서 있는 사람들이 얼마나 많은지 모릅니다. 내 삶의 현장이 하나님이 역사하시는 현장인지, 마귀가 일하는 현장인지 살펴보아야 합니다. 내가 사람들과 만나 밥을 먹고 차를 마시며 이야기하는 주제가 무엇입니까? 그 주제가 예수가 아니라면, 그 주제가 신앙에 관한 것이 아니라면 마귀는 나를 우습게 봅니다. 마귀가 깔보는 사람이 되지 않기를 바랍니다.

만일 마귀가 목사를 우습게 본다면 여러분은 그 목사를 존경할 수 있겠습니까? 마귀가 제아무리 발악해도 목사 앞에서는 무서워하고 벌벌 떨면서 쫓겨나 이를 갈 정도가 돼야 그 목사님을 신뢰하고 따를 수 있는 것 아닙니까? 마귀가 나를 보면 벌벌 떨고 이를 갈아야지, 마귀가 나를 깔보고 "아이고, 반가워라! 든든한 내 편이 왔네!" 하면 되겠습니까?

그래서 1-2절을 보면 그리스도의 도의 초보를 버리고 완전한 데로 나아가라는 것입니다. 그 말은 계속해서 신앙이 성장해야 한다는 뜻입니다. 완전한 데까지 신앙이 성장해야 한다는 것입니다. 신앙이 성장하지 않으면 영적으로 분별하지 못하고, 나만 힘들 뿐 아니라 내 주변의 사람들까지 힘들게 만듭니다. 반면 신앙이 자라면, 나뿐 아니라 내 주변의 사람들까지 복을 받습니다. 그러므로 완전한 데까지 나아가라는 것은, 내 신앙으로 내 주변의 사람들까지 복 받게 하라는 뜻입니다. 이것이 진짜 예수 믿는 것입니다. 교회도 마찬가지입니다. 우리 교회의 성숙한 신앙을 통해서 교회 주변에 사는 사람들이 구원받고 그것이 그들에게 복이 되게 해야 합니다.

> 완전한 데로 나아가라는 것은 신앙이 계속해서 성장해야 한다는 것이고, 내 신앙으로 주변 사람들이 복 받게 해야 한다는 것입니다.

그래서 우리 교회가 매달 이웃 초청 잔치를 하는 것입니다. 나 혼자만 예수 믿고 잘 먹고 잘사는 게 아니라, 이웃을 초청하여 죽어가는 영혼들을 구원하는 것이 진정한 교회가 할 일입니다. 교회를 통해서 선한 영향력과 믿음의 영향력이 흘러넘쳐 이웃을 구원하고 그들도 함께 복을 받게 되기를 바랍니다. 그렇게 될 때까지 신앙이 날마다 자라고 또 자라나야 합니다. 항상 신앙의 초보에 머문 젖먹이 신자로 있어서는 안 됩니다.

젖먹이 신자의 특징이 무엇이라고 했습니까? '삐치고 시험 들고, 삐치고 시험 들고…' 여기에서 벗어나지 못하는 것이 젖먹이 신자의 특징입니다. '속은 밴댕이, 그릇은 간장 종지', 이것이 젖먹이 신자의 특징입니다. 젖먹이 신자가 많으면 교회가 성장하기 어렵습니다. 하나님의 나라가 확장되기 어렵습니다. 목사가 항상 젖병을 들고 심방 다녀야 하기 때문입니다. 장성한 일꾼이 되어 하나님의 나라를 위해서 일해야 하는데, 일을 할 수 없는 어린아이에 머물러 있기 때문입니다. 우리의 신앙이 자라고 자라서 하나님의 큰일들을 감당할 수 있는 일꾼이 되기를 주의 이름으로 축원합니다.

그런데 우리의 신앙이 자라서 완전한 데까지 나아가는 것을 방해하는 세력이 있습니다. 그것이 바로 마귀입니다.

❦ 마귀는 믿음의 사람들을 노린다

> 히 6:4-6 한 번 빛을 받고 하늘의 은사를 맛보고 성령에 참여한 바 되고 하나님의 선한 말씀과 내세의 능력을 맛보고도 타락한 자들은 다시 새롭게 하여 회개하게 할 수 없나니 이는 그들이 하나님의 아들을 다시 십자가에 못 박아 드러내 놓고 욕되게 함이라

아무리 신앙생활을 오래 해도 마귀는 언제나 믿음의 사람들을 노립니다. 표적으로 삼는다는 말입니다. 예수 믿기 전에는 아무 일도 일어나지 않고 잠잠했었는데, 이상하게 예수를 믿고 나서는 환난이 생기고 고난이 생깁니다. 그래서 성경은 우리에게 "마귀를 대적하라"(약 4:7)고 말씀합니다. "세상에서는 너희가 환난을 당하나 담대하라 내가 세상을 이기었노라"(요 16:33) 하고 말씀하십니다. 우리가 예수를 잘 믿으면 믿을수록 마귀는 점점 더 이를 갑니다. 그러나 우리에게는 마귀를 대적할 힘이 있습니다. 그것이 바로 우리의 믿음입니

다. 믿음으로 마귀를 물리치고 승리할 수 있기를 주의 이름으로 축원합니다.

믿음으로만 대적할 수 있기 때문에 믿음이 자라지 않으면, 다시 말해 신앙이 자라지 않으면 믿음의 싸움을 할 수가 없습니다. 젖을 먹는 어린아이가 어떻게 전쟁터에 나가고 싸움을 할 수 있겠습니까? 단단한 음식도 꼭꼭 씹어 먹고 몸이 자라고 힘을 길러야 전쟁터에 나가서 싸울 수 있는 장성한 군인, 믿음직한 군사가 될 수 있는 것 아닙니까? 그러므로 신앙의 초보에 머물러 있지 말고 영적 싸움을 할 수 있는 사람, 마귀를 대적할 수 있는 믿음의 사람으로 성장해야 합니다.

마귀가 나를 표적으로 삼는다는 말은 나를 사로잡을 기회, 나를 무너뜨릴 기회를 호시탐탐 노리면서 사방에 덫을 놓고, 함정을 파 놓고 있다는 뜻입니다. 그래서 시험에 들게 하고 넘어지게 합니다. 그러므로 우리는 항상 성령의 인도하심을 받아야 합니다. 성령의 인도하심을 받아야 함정을 피할 수 있습니다. 마귀가 놓은 덫을 피할 수 있습니다. 성령의 이끌림을 받지 않는 사람들은 육신대로 살다가 그냥 함정에 푹 빠지고 맙니다. 함정이 있는 줄도 모르고 '아, 이 길이 좋겠다!' 하고 자기 생각대로 가다가 그만 함정에 빠지고 마는 것입니다. 함정에 빠지면 누가 건져줄 때까지는 그곳에 꼼짝없이 갇혀 있어야 합니다. 더 이상 앞으로 나아갈 수가 없습니다. 내 눈에 보이지는 않지만 내가 걸어가는 신앙의 여정에 마귀가 파 놓은 함정이 수없이 있다는 것을 알아야 합니다.

어떤 때는 가장 친하게 지내는 바로 옆에 있는 사람이 마귀가 파 놓은 함정일 수도 있습니다. 성령의 인도하심을 받아서 가야 하는데, 옆에 있는 사람의 말을 듣고 엉뚱한 길로 가다가 함정에 빠지는 것입니다. 우리는 미래를 모릅니다. 한 치 앞도 내다볼 수 없는 것이 인간입니다. 그래서 성령의 인도하심을 받아야 합니다. 하나님의 은혜가 있어야 하는 것입니다.

한번 은사를 맛보고 성령을 체험한 사람도 타락할 수 있습니다. 함정에 빠질 수 있다는 뜻입니다. 그러므로 은혜를 받은 사람은 더 큰 은혜를 구해야 합니다. 한번 은혜받았다고 거기에 머물러 있어서는 안 됩니다. 신앙생활 하면서 은혜 한번 안 받아본 사람이 어디 있겠습니까? 다들 은혜를 받아본 경험이 있을 것입니다.

그러나 제가 부흥사로 집회를 인도하면서 전국을 다녀보니, 가장 은혜받기 힘든 사람들이 자기도 옛날에 은혜받았다고 말하는 사람들입니다. 은혜는 한 번만 받는 것입니까, 아니면 계속 받는 것입니까? 계속 받는 것입니다. 그런데 과거에 은혜를 한 번 경험했다고 자신은 은혜를 다 받은 줄로 착각합니다. 한 번 은혜받은 사람보다 더 무서운 사람은 두 번 은혜받은 사람입니다. 두 번 은혜받은 사람보다 더 무서운 사람은 세 번 은혜받은 사람입니다. 세 번 은혜받은 사람보다 더 무서운 사람은 네 번 은혜받은 사람입니다. 무슨 말인지 이해가 가십니까? "나도 옛날에 부흥회 가봤어! 나도 옛날에 은사 받았어! 나도 옛날에 기도원에 가봤어! 나도 옛날에 저런 말씀 들어봤어!" 이런 사람들은 100% 은혜받기 어렵습니다. 말씀 앞에 자기를 세우는 것이 아니라 도리어 목사 앞에 다리를 꼬고 앉아서 말씀을 평가합니다.

그러나 진짜 은혜받는 사람들은 말씀을 대하는 자세부터가 다릅니다. "하나님, 나는 오늘도 하나님의 은혜가 아니면 안 됩니다! 하나님, 오늘도 주의 말씀이 새롭게 들려지게 하옵소서! 하나님, 오늘도 주님의 말씀으로 나를 정복해 주옵소서!" 이렇게 간절한 마음으로 은혜를 사모하는 사람들이 은혜 위에 더 큰 은혜를 받는 것입니다. 은혜를 한 번 받고, 두 번 받고, 다섯 번 받으면 교만해집니다. 그리고 자신은 말씀을 다 아는 것처럼, 더 이상 받을 은혜가 없는 것처럼 말합니다. 은혜는 한 번, 두 번 받는 것이 아니고 날마다, 시간마다, 분마다, 초마다 주님이 오실 때까지 계속해서 받아야 하는 것입니다. "하나님, 어제보다 더 큰 은혜를 오늘 내게 주옵소서! 하나님, 어제와 비교할 수 없는 은혜를 내게 주옵소서! 어제와 비교할 수 없는 믿음을 내게 주옵소서! 하나님, 어제보다 더 큰 은혜를 내게 주셔서 어제보다 더 나은 오늘이 되게 하시고 어제보다 더 나은 내가 되게 하옵소서!" 이렇게 기도해 보십시오. 그래서 우리의 신앙이 자꾸 자라나야 하는 것입니다. 어제 받은 은혜를 자랑해도 소용없습니다. 어제의 나보다 중요한 것은 오늘, 지금 이 순간의 나입니다.

> "주여! 어제보다 더 큰 은혜를 내게 주셔서 어제보다 더 나은 오늘, 어제보다 더 나은 내가 되게 하옵소서!"

> 마 12:43-45 더러운 귀신이 사람에게서 나갔을 때에 물 없는 곳으로 다니며 쉬기를 구하되 쉴 곳을 얻지 못하고 이에 이르되 내가 나온 내 집으로 돌아가리라 하고 와 보니 그 집이 비고 청소되고 수리되었거늘 이에 가서 저보다 더 악한 귀신 일곱을 데리고 들어가서 거하니 그 사람의 나중 형편이 전보다 더욱 심하게 되느니라 이 악한 세대가 또한 이렇게 되리라

귀신이 있음을 믿으십니까? 성경은 귀신에 대해 어떻게 말하고 있습니까? '더러운 귀신'이라고 합니다. 그래서 귀신이 들어가면 하는 짓이 더럽습니다. 남을 욕하는 것은 깨끗한 것입니까, 더러운 것입니까? 더러운 것입니다. 남을 비방하고 욕하고 원망하며 불평하는 등 귀신이 들어가면 더러운 짓만 합니다. 왜 세상 사람들도 아니고, 예수 믿는 사람들끼리 욕을 합니까? 왜 같은 집사를 욕하고 권사를 욕합니까? 더러운 귀신이 들어가니까 욕을 하는 것입니다. 귀신은 사람 안에 있을 때 가장 행복해합니다. 사람에게 더러운 짓을 시켜서 그 사람이 더러운 짓을 하니까 더러운 귀신이 행복해하는 것입니다. 더러운 짓을 하지 않으면 귀신은 불행해합니다. 그래서 귀신이 더러운 짓을 시킵니다. "김 집사를 욕해라!" 귀신이 명령하면 귀신에게 붙들린 사람은 귀신이 시키는 줄도 모르고 김 집사를 욕합니다. 그러면 귀신의 행복이 두 배로 늘어납니다.

그러다가 은혜를 받으면 귀신이 쫓겨납니다. 빛과 어둠이 함께 거할 수 없는 것처럼 은혜와 귀신은 함께 거할 수 없기 때문입니다. 귀신은 어둠의 영입니다. 그러나 하나님의 은혜는 빛으로 임합니다. 그러니까 은혜가 임하면 귀신이 떠나가는 것입니다. 귀신에게 붙들린 사람의 얼굴을 한번 보십시오. 얼굴이 어둡고 아주 흉측합니다. 감추려고 덕지덕지 화장을 해도 소용없습니다. 반면 은혜받은 사람의 얼굴은 밝게 빛이 납니다. 맨얼굴이라도 그렇게 아름다울 수가 없습니다.

은혜받아서 한 번 쫓겨나도 귀신은 절대 포기하지 않습니다. 자기가 행복하게 살던 곳에서 갑자기 쫓겨났는데 쉽게 포기하겠습니까? 그 사람 안에서 계속 살고 싶은데 은혜받았으니까 잠시 못 견디고 쫓겨난 것뿐, 기회만 되면 다시 돌아가려고 합니다.

귀신이 '물 없는 곳'으로 다닌다는 것은 쉽게 말해서 '은혜가 없는 곳'으로 다닌다는 뜻입니다. '물'은 '말씀'을 뜻합니다. 하나님의 말씀이 없는 곳, 성령이 역사하지 않는 곳, 은혜가 없는 곳으로 다니면서 자기가 거주하기에 적당한 곳을 찾습니다. 교회도 마찬가지입니다. 사방을 떠돌아다니던 귀신이 우리 교회에도 누군가에게 붙어 들어와서 슬그머니 자리를 잡으려고 합니다. 하지만 어림도 없습니다. 우리 교회는 말씀이 워낙 강하기 때문입니다. 성령이 강하게 역사하시기 때문입니다. 아무리 성질이 고약한 사람이 교회 안에 들어와도 말씀만 들으면 뒤집어집니다. 다른 교회에서 했던 못된 버릇이 우리 교회에서는 통하지 않습니다. 더 이상 더러운 짓을 할 수가 없는 것입니다. 그러면 귀신이 못 견딥니다. 더러운 짓을 해야 행복하고, 더러운 짓을 자신의 힘으로 삼고 있는데, 더 이상 더러운 짓을 못하게 되니까 '아, 이상하게 기운이 없네…힘이 하나도 없고 어지럽네…' 하면서 맥을 못 추다가 안 되겠다 싶어 자기 살길을 찾아 도망가는 것입니다.

그래서 우리 교회에 새신자가 오면 말씀에 붙들려 고침을 받든지, 못 견디고 도망가든지 둘 중의 하나입니다. 말씀으로 변화되고 뒤집어진 사람은 남아서 일꾼으로 성장하는 것이고, 그렇지 못한 사람들은 말도 없이 슬그머니 도망가는 것입니다. 도망간 사람들은 그래도 포기하지 못하고 교회 안에 있는 성도들을 밖으로 불러내서 몰래 만나 한 번씩 쿡쿡 찔러봅니다. 교회를 욕하고 형제를 욕하는 더러운 짓에 동참하는지 어떤지 확인해 보는 것입니다. 깨닫는 은혜가 있기를 바랍니다.

귀신이 들어간 사람은 말씀을 들으면 견디지 못합니다. 어떤 사람은 말씀을 들으면 어지러워하고 심하면 구토를 하는 사람도 있습니다. 오만 가지 인상을 쓰면서 괴로워합니다. 강대상에서 보면 다 보입니다. 그러다가 결국엔 나가버립니다. 보통 사람들은 영적인 일을 분별하지 못하니까 모르지만, 목사는 다 알 수 있습니다. 하나님이 기름 부어 세운 하나님의 종이기 때문입니다.

쫓겨났던 귀신이 여기저기 떠돌아다니다가 옛 생각을 합니다. '그래도 예전에 살던 그 집이 참 좋았는데…그 집에 있을 때가 정말 행복했는데…' 그러다가 자기가 쫓겨났던 그 사람에게 다시 돌아가 봅니다. 그런데 그 집이 어떻게 되었다고 합니까? 비고 청소되고 수리되었습니다. 요즘 말로 하자면 리모델링을 하고 인테리어 공사까지 새롭게 싹 한 것입니다. 은혜를 받으면 내 안에 있던 지저분한 것들이 싹 비워지고 깨끗하게 청소될 뿐만 아니라 고장 난 부분들이 제대로 작동되도록 수리됩니다.

그런데 귀신이 와서 보니 그 집이 빈집입니다. 깨끗하게 수리까지 되었는데 아직 임자가 없는 것입니다. "앗싸!" 하면서 귀신이 노래를 부르며 그 집에 다시 들어가려고 합니다. 그러다가 다시 옛날 생각이 떠오릅니다. 옛날에 그 집에서 방심하고 살다가 쫓겨났던 기억이 떠오른 것입니다. 그래서 귀신이 동네방네 수소문을 해서 지원 요청을 합니다. "거기 혹시 좀 힘센 귀신 있냐? 최고로 힘세고 독한 놈으로 일곱만 여기 좀 보내줘! 여기 아주 살기 좋은 집이 생겼다고!" 이렇게 귀신이 자기 혼자 들어오는 것이 아니라 자기보다 더 악한 귀신 일곱을 데리고 단체로 들어옵니다. 어지간히 은혜받아서는 쫓겨나지 않으려고, 아주 작정하고 발악하는 것입니다. 그랬더니 어떻게 되었습니까? 그 사람의 나중 형편이 전보다 더 심해졌다고 합니다. 성경은 이 악한 세대가 이렇게 되리라고 말씀합니다.

지금이 바로 그 악한 세대입니다. 옛날보다 훨씬 더 악해졌습니다. 처음 은혜받았을 때의 모습은 다 사라지고 오히려 은혜받기 전보다 훨씬 더 악한 모습으로 살고 있습니다. 옛날에는 그래도 열 번은 참았습니다. 그런데 이제는 한 번도 참지 못합니다. 예전에는 말씀 듣고 은혜받아서 눈물도 흘렸는데, 이제는 말씀 들으면 눈을 감고 하품을 합니다. 영적으로 깨달아야 합니다. 귀신이 이렇게 일하는 것입니다. 은혜받아서 귀신이 한 번 나갈 수 있습니다. 그런데 귀신은 그것으로 포기하지 않습니다. 오히려 더 악한 귀신 일곱을 데리고 다시 돌아옵니다.

그러므로 한 번 은혜받은 것으로 만족해서는 안 됩니다. 은혜를 잃어버리지 않도록, 빼앗기지 않도록 경계해야 합니다. 날마다 더 큰 은혜를 받아야 합니다. 그래서 나의 타락을 막아야 한다고 그렇게 강조하는 것입니다. 나의 타락을 막을 수 있는 방법이 무엇입니까? 더러운 귀신이 더 악한 일곱 귀신을 데리고 들어오지 못하게 할 수 있는 방법이 무엇입니까? 주님의 음성을 듣는 것입니다. 우리는 '나도 모르게' 타락하기 때문에 누군가가 "너 지금 타락하고 있어! 너 지금 어디서 뭐 하고 있는 거야!" 하고 깨우쳐 주지 않으면 타락하는 나를 스스로 멈출 수가 없습니다. 그래서 반드시 주의 음성을 들어야 하는 것입니다. 하나님은 하나님이 택한 자들을 귀신이 장악하지 못하도록, 다시는 마귀의 포로가 되지 않도록 그들이 죄를 지으려고 할 때 사랑하는 자들을 부르십니다.

> 나의 타락을 막는 방법은 주의 음성을 듣는 것입니다.

♣ 주의 음성을 들어야 산다

> 창 3:9 여호와 하나님이 아담을 부르시며 그에게 이르시되 네가 어디 있느냐

예수님을 믿으십니까? 진짜 믿으십니까? 하나님이 나를 택하셨음을 믿습니까? 하나님의 사랑을 믿으십니까? 귀신도 우리를 포기하지 않지만, 하나님은 더더욱 택한 자를 포기하지 않으십니다. 하나님은 결코 우리를 버리지도 떠나지도 않으십니다(히 13:5). 그래서 우리가 죄를 지을 때 하나님이 부르시는 것입니다. 주님의 음성을 들으면 즉시 죄에서 벗어나게 됩니다.

아담과 하와가 선악과를 따 먹고 죄를 지었을 때를 한번 보십시오. 하나님은 죄를 짓고 하나님의 낯을 피해 숨은 아담을 부르셨습니다. "아담아, 아담아, 네가 지금 어디 있느냐?" 이 말은 "무엇이 너로 하여금 나를 피하여 숨게 했느냐? 무엇이 너로 하여금 내게서 멀어지게 했느냐?"라는 뜻입니다. 마귀의 말을 듣고 마귀에게 점령당한 아담을 구원하시려고 하나님이 그를 부르시는 것입니다. 나를 부르시는 주님의 음성이 들려야 합니다. 그래야 삽니다. 창세기부터 지금까지 하나님은 변함없이 사랑하는 자들이 죄를 지을 때마다 그들을 부르십니다. 이 음성을 듣지 못하는 자들은 버림받은 자들입니다. 잘못을 하고도 자기가 잘못한 줄 모르는 사람, 죄를 짓고도 죄인을 부르는 주님의 음성을 듣지 못하는 사람이 바로 버림받은 사람입니다. 하나님은 택한 자, 사랑하는 자, 구원할 자를 반드시 부르십니다.

19 _ 나의 타락을 막아야 산다

창 4:9-10 여호와께서 가인에게 이르시되 네 아우 아벨이 어디 있느냐 그가 이르되 내가 알지 못하나이다 내가 내 아우를 지키는 자니이까 이르시되 네가 무엇을 하였느냐 네 아우의 핏소리가 땅에서부터 내게 호소하느니라

하나님은 아담만 부르신 것이 아니라 자기 동생을 돌로 쳐서 죽인 살인자 가인도 부르셨습니다.

하나님이 부르시는 음성을 들을 수 있기를 주의 이름으로 축원합니다. 나를 부르시는 하나님의 음성에 반응할 때 귀신이 더 이상 일하지 못합니다. "가인아, 가인아, 네 아우 아벨이 어디 있느냐?" 가인은 자기가 돌로 쳐서 동생을 죽여놓고 딱 시치미를 뗍니다. "내가 내 아우를 지키는 자입니까?" 하나님이 가인의 속을 모르시겠습니까? 가인이 무슨 짓을 했는지 모르시겠습니까? 다 알고 물으시는 것입니다. 그런데도 시치미를 뗍니다. 이것이 주의 음성으로 들리기를 바랍니다.

하나님은 오늘도 구역장들에게, 목자들에게 물으십니다. "내가 네게 맡긴 양들이 어디 있느냐? 네 목원 식구들이 어디 있느냐? 네 구역 식구들이 어디 있느냐?" 그런데도 "내가 그들을 지키는 자입니까?" 하고 뻔뻔스럽게 대답합니다. 자기 때문에 목원들이 시험에 들고, 양들이 교회를 떠나는데도 깨닫지 못하고 도리어 하나님 앞에 뻔뻔하게 말하는 것입니다. 자신의 죄를 인정하지 않는 가인에게 하나님은 안타까워하시며 말씀하십니다. "네 아우의 핏소리가 땅에서부터 내게 호소하고 있다!"

죄를 지으면 마음이 강퍅해집니다. 그래서 주님이 그것을 깨닫게 해주시는 것입니다. "가인아, 네가 감히 나를 속이려 하느냐? 네가 돌

로 쳐서 죽인 네 아우의 핏소리가 지금 내게 호소하고 있지 않느냐!"

하나님의 음성을 들으면 "하나님, 내가 잘못했습니다. 내가 욱하는 마음에 그만 실수로 동생 아벨을 쳐 죽이고 말았습니다" 하고 자백하며 그 앞에 엎드려야 합니다. 하나님이 가인을 부르신 이유는 다른 사람들이 죄를 지은 가인을 해치지 못하도록 그를 지켜주시기 위한 것이었습니다. 죄를 짓고 저주받아 도망자의 신세가 된 가인이 혹시라도 다른 사람들이 자신을 해칠까 봐 두려워하자, 하나님께서는 누구도 가인을 해치지 못하도록 그에게 표를 주셨습니다(창 4:11-15).

예수 믿는 사람, 하나님이 택한 사람은 죄 가운데 계속 머물러 있지 않도록, 죄의 포로 곧 마귀의 포로로 머물러 있지 않도록 하나님이 부르십니다. 이 음성이 날마다 들리기를 주님의 이름으로 축원합니다. 나의 타락을 막을 수 있는 유일한 길은 주의 음성을 듣는 것입니다. 나를 사랑하시는 하나님이 내가 죄를 지으면 즉각적으로 내 이름을 부르십니다.

> 요 10:3 문지기는 그를 위하여 문을 열고 양은 그의 음성을 듣나니 그가 자기 양의 이름을 각각 불러 인도하여 내느니라

목자이신 주님이 양의 이름을 각각 부르십니다. 하나님께서 택한 자를 구원하시는데, 우리가 예수를 믿고 주님의 양이 되면 그때부터 주님께서 양들의 이름을 부르시는 것입니다. 죄를 짓기가 무섭게 부르십니다. "아담아, 아담아, 네가 어디 있느냐!" 이렇게 죄를 지은 아담을 부르셨던 하나님께서 지금도 택한 자들을 부르고 계십니다. 김 집사, 박 집사를 씹어대고 있을 때 주님이 부르십니다. 주님의 부르심에는 여러 가지 의미가 있습니다. "그만해! 거기까지야! 멈춰!" 더

이상 가면 죽는다는 뜻입니다. 더 이상 가면 낭떠러지로 떨어진다는 뜻입니다. 그래서 양들이 제멋대로 제 길을 갈 때 목자가 부르는 것입니다. 이것을 깨달아야 합니다. 내가 하고 싶은 대로 하고 있는데 갑자기 주님이 부르십니다. 그렇다면 주님이 왜 부르시는지 깨달아야 합니다. 오늘도 죄를 짓는 나를 부르시는 주님의 음성을 듣게 되기를 주님의 이름으로 축원합니다. 그래야 나의 타락을 막을 수 있습니다.

♣ 신앙의 인물들을 본받으라

히 6:12 게으르지 아니하고 믿음과 오래 참음으로 말미암아 약속들을 기업으로 받는 자들을 본받는 자 되게 하려는 것이니라

(쉬운말) 그러므로 여러분은 게을러서는 안 됩니다. 오직 믿음과 인내로 약속된 유산을 물려받은 신앙의 인물들을 본받는 자들이 되어야 합니다.

나의 타락을 막기 위해서는 신앙의 인물들을 본받아 살아야 합니다. 위대한 신앙의 인물들에는 누가 있을까요? 아브라함, 노아, 모세, 다윗 등 많은 성경 인물이 있습니다. 그들 중 한 사람을 믿음의 모델로 정하시기를 바랍니다. 하나밖에 없는 독자 이삭을 하나님께 바쳤던 아브라함을 본받든지, 악한 세대 속에서도 세상에 물들지 아니하고 하나님

> 나의 타락을 막기 위해서는 신앙의 인물들을 본받아 살아야 합니다.

의 은혜를 입고 살았던 노아를 본받든지, 하나님의 마음에 합한 자라고 칭찬받았던 다윗을 본받든지, 누구든지 한 사람을 정하여 나의 타락을 막기 위해 애쓰고 노력하는 마음이 있어야 합니다. 내 신앙이 자라게 하려면 나보다 더 믿음이 좋은 사람들을 찾아서 본받아야 합니다.

정리하겠습니다. 제가 자꾸 시험에 들고 넘어지는 성도들에게 항상 강조하는 말이 있습니다. "노는 물을 바꾸라!" 믿음이 성장하기를 원한다면 이제는 어울리는 사람들도 바꾸어야 합니다. 왜 나보다 더 믿음이 좋은 사람과는 어울리지 않고 믿음이 없고 늘 원망과 불평을 하는 사람들과 어울려 노는 것입니까? 노는 물을 바꾸지 않으면 어느 날 하나님 앞에 통곡하는 날이 옵니다. 하나님이 살아 계심을 믿는다면 당장 지금 하고 있는 죄악 된 일, 잘못된 일, 남을 비방하고 원망하는 일을 멈추시길 바랍니다. 멈춰야 삽니다. "그만!", "Stop!", "멈추라!"는 이 말씀이 내게 들려주시는 주님의 음성으로 들리기를 바랍니다.

내가 나에게 가장 잘한 일은 하나님 앞에 나를 세우는 일입니다. 주님의 음성이 들리면 하던 일을 멈추고 나를 하나님 앞에 세워야 합니다. 그것만이 내 생명을 살리는 유일한 길입니다. 잘못된 길로 달려가는 나, 죄악의 길로 달려가는 나를 멈추고 하나님 앞에 나를 세워야 합니다. 예수 믿는 사람들을 잡아 죽이려고 다메섹으로 달려가던 사울은 주님의 음성을 듣고 그 자리에 멈춰 서서 하나님 앞에 엎드렸습니다. 그때부터 사울이 성경 13권을 쓰고 곳곳에 교회를 세운 위대한 사도 바울로 변화된 것입니다. 아무리 바빠도 주의 음성이 들리면 멈추고 나를 하나님 앞에 세워야 합니다. "제발 나를 하나님 앞에 세워다오!" 우리의 영혼은 지금도 나를 향해 울부짖고 있습니다. 내 영혼이 나를 살려달라고 소리치고 있는 것입니다. 지옥에 가기 싫다고 울부짖는 것입니다. 안타까운 일은 내 육신이 내 영혼의 부르짖음을 듣지 못한다는 데 있습니다. 그래서 사랑하는 자에게 하나님께서 말씀을 들려주시는 것입니다. 오늘 강단에서 선포되는 말씀이 나를 사랑하사 나에게 주시는 주님의 음성으로 들려지기를 주의 이름으로 축원합니다.

둘째, 나의 타락을 막기 위해서는 위대한 신앙의 인물들을 본받아야 합니다. 저는 바울을 참 좋아합니다. 제가 본받고 싶은 신앙의 인물은 바울입니다.

> 고전 4:16 그러므로 내가 너희에게 권하노니 너희는 나를 본받는 자가 되라

세계 곳곳을 누비며 복음을 전했던 바울은 "나를 본받는 자가 되라"고 성경에 남기기도 했습니다. 바울에게서 본받아야 할 점이 정말 많지만 저는 특별히 본받고 싶은 것이 있습니다. 그것이 무엇인지 혹시 아십니까?

> 고전 15:31 형제들아 내가 그리스도 예수 우리 주 안에서 가진 바 너희에 대한 나의 자랑을 두고 단언하노니 나는 날마다 죽노라

바울의 자랑은 그의 학식이나 외모, 세상의 명예나 재력이 아니었습니다. 그의 가장 큰 자랑은 그리스도 안에서 날마다 죽는 것이었습니다. 저는 이것을 본받고 싶습니다. 성경은 나의 타락을 막기 위해서 신앙의 인물들을 본받으라고 말합니다. 당연히 예수님을 본받

아야 하겠지만, 예수님은 처음부터 죄가 없는 분이었기 때문에 그분을 본받기가 너무 힘들다 싶으면 우리와 똑같은 죄성을 가졌던 신앙의 인물 중에서 한 사람을 택하여 본받기를 바랍니다.

저는 장기 금식을 다섯 번 했습니다. 40일 금식을 두 번이나 했지만 지금도 여전히 육신이 올라오면 성을 낼 때가 있습니다. 그래서 육신은 '평생 원수'입니다. 이 육신이 하나님의 일을 가로막고 하나님의 영광을 가로막기 때문에 바울은 날마다 죽노라고 고백한 것입니다. 내 육신의 생각과 마음이 죽으면 그때부터 하나님이 역사하십니다. 왜 내 삶의 현장에 하나님의 역사하심이 없는가 하면 아직도 내 육신이 살아서 펄펄 뛰고 있기 때문입니다. 아무리 믿음이 좋다고 할지라도 우리는 육신을 입고 있기 때문에 언제든지 타락할 수 있다는 것을 알아야 합니다.

믿음의 사람이 타락하면 회복하기가 너무 힘듭니다. 하나님이 특별히 은혜를 주셔서 나를 건져주지 않는 이상 회복될 수가 없습니다. 그래서 날마다 신앙이 자라야 하는 것입니다. 신앙이 멈추면 위험합니다. 멈추는 즉시 휘청거립니다. 내가 넘어지려고 할 때, 타락하려고 할 때, 나를 사랑하는 주님이 나를 붙잡아 주십니다. 아담을 부르고 가인을 부르셨던 것처럼 나의 이름을 불러주십니다. 그때 나의 이름을 부르는 주님의 음성을 들어야 합니다. 그 음성을 듣고 죄악 된 길로 달려가는 나를 멈추고 하나님 앞에 나를 세울 때 다시 회복의 역사가 일어납니다. 이것이 나의 타락을 막는 길입니다.

20

맹세로 보증하신 하나님의 언약을 누려라

히브리서 6장

히 6:13-20 하나님이 아브라함에게 약속하실 때에 가리켜 맹세할 자가 자기보다 더 큰 이가 없으므로 자기를 가리켜 맹세하여 이르시되 내가 반드시 너에게 복 주고 복 주며 너를 번성하게 하고 번성하게 하리라 하셨더니 그가 이같이 오래 참아 약속을 받았느니라 사람들은 자기보다 더 큰 자를 가리켜 맹세하나니 맹세는 그들이 다투는 모든 일의 최후 확정이니라 하나님은 약속을 기업으로 받는 자들에게 그 뜻이 변하지 아니함을 충분히 나타내시려고 그 일을 맹세로 보증하셨나니 이는 하나님이 거짓말을 하실 수 없는 이 두 가지 변하지 못할 사실로 말미암아 앞에 있는 소망을 얻으려고 피난처를 찾은 우리에게 큰 안위를 받게 하려 하심이라 우리가 이 소망을 가지고 있는 것은 영혼의 닻 같아서 튼튼하고 견고하여 휘장 안에 들어가나니 그리로 앞서 가신 예수께서 멜기세덱의 반차를 따라 영원히 대제사장이 되어 우리를 위하여 들어가셨느니라

하나님은 우리를 구원하시겠다는 약속을 맹세로 보증하셨습니다. 우리 같은 별 볼 일 없는 인간에게 무엇 때문에 하나님께서 굳이 맹세까지 하시겠습니까? 그런데 히브리서 6장을 보면 '맹세'라고 하는 단어가 유난히 많이 나옵니다. "내가 너를 택하여 너에게 약속한 모든 일들을 반드시 이룰 것인데, 이것을 내가 맹세로 보증하겠다!" 이것이 우리를 향한 하나님의 사랑입니다.

> 하나님은 우리를 구원하시겠다는 약속을 맹세로 보증하셨습니다.

나는 하나님의 자녀가 맞습니까? 내가 하나님의 자녀라는 것을 어떻게 증명할 수 있을까요? 하나님의 자녀가 맞다면 하나님을 누리고 살아야 합니다. 자녀는 아버지를 누리고 사는 것입니다. 제가 이 말을 했더니, 제 딸이 내 신용카드를 긁고 다니면서 "아버지를 누리라면서요?"라고 얘기하는데 할 말이 없었습니다. 우리는 하나님을 아버지라고 부릅니다. 예배 시간마다 "전능하사 천지를 만드신 하나님 아버지를 내가 믿사오며…" 하고 하나님의 이름을 부릅니다. 그렇다면 머리로만 하나님을 아버지로 생각하지 말고 마음으로 하나님을 아버지로 믿으며, 그 아버지를 누리고 살 수 있기를 바랍니다.

저는 철저하게 전능하신 하나님께서 나의 아버지 되심을 믿습니다. 나에게 무엇이 필요한지 아시고 내가 쓸 것을 공급하시는 하나님 아버지를 100% 믿습니다. 하나님은 다른 누구의 하나님이 아닌 나의 하나님이 되기를 원하십니다. 그래서 성경을 보면 "나는 너의 하나님이라! 너는 내 백성이라!" 하는 말씀이 얼마나 많은지 모릅니다. 이것을 하나님의 약속이라고 하고, 하나님의 약속을 다른 말로는 '언약'이라고 합니다. 하나님은 이 약속을 그냥 하신 것이 아니라 맹세로 보증하셨는데, 자기보다 더 큰 자가 없어서 자신의 이름을 걸고 맹세했다는 것입니다.

하나님께서 아브라함에게 하신 약속이 무엇이었습니까? "내가 반드시 너에게 복을 주고 너를 번성하게 하리라!" 이렇게 맹세하시고 보증하신 것입니다. 이것을 아브라함이 믿었습니다. 성경은 아브라함이 오래 참아 약속을 받았다고 말씀합니다. 약속이 이루어지는 것을 경험했다는 뜻입니다. 그러면 이런 말씀을 왜 성경에 기록해 두셨을까요? 그것은 아브라함에게 주신 약속의 복을 오늘날 성경을 읽는 나에게도 주시려고 기록하신 것입니다. 하나님은 어제나 오늘이나 동일하신 분입니다. 하나님의 약속은 항상 현재 진행형입니다. 괜히 자랑하고 으스대려고 "내가 아브라함을 이렇게 축복했어!" 하고 성경에 기록하신 것이 아니라, 이 말씀을 믿는 우리에게도 똑같이 이루어 주시겠다고 성경에 기록해 놓으신 것입니다.

하나님의 말씀은 현실입니다. 그냥 이루어지는 것입니다. 전능하신 하나님, 말씀하시면 그대로 이루시는 하나님께서 그냥 복을 주시겠다고 하셔도 될 텐데 "반드시" 복 주고 복 주겠다고 말씀하십니다. 이것이 우리를 향한 하나님의 사랑입니다. 우리를 얼마나 사랑하시는지, '반드시' 복을 주겠다고 강조하시는 것입니다. "무슨 일이 있어도 너에게 복을 주겠다!", "하늘이 두 쪽이 나도 나는 너에게 복을 주겠다!" 이것이 '반드시'에 담겨 있는 하나님의 마음입니다. 그냥 '복을 주겠다'도 아니고 "복을 주고 복을 주며, 번성하게 하고 번성하게 하리라"고 말씀하신 것은 아주 복을 왕창 쏟아부어 주겠다는 뜻입니다. 전능하신 하나님께서 복을 이렇게 쏟아부어 주시겠다고 맹세까지 하면서 약속하시는데, 듣기만 해도 얼마나 마음이 기쁘고 행복합니까!

16절을 보면 맹세는 최후 확정입니다. 맹세하며 복 주겠다고 약속하신 것은 반드시 복을 주겠다고 확정하신 것입니다. "나는 하나님의 축복을 확정받았다!" 이렇게 큰 소리로 외쳐보십시오. 주님의 음성 외에 더 큰 기쁨은 없습니다. 하나님은 하나님의 백성들이 행복해하는 것을 기뻐하십니다. 내 자녀가 행복하면 좋겠습니까, 날마다 근심 가운데 표정이 어두운 게 좋겠습니까? 자녀가 기뻐하고 행복하면 그것이 곧 나의 기쁨이고 행복 아니겠습니까?

> "나는 하나님의 축복을 확정받았다!"

하나님도 마찬가지입니다. 하나님의 자녀 된 우리가 기뻐하고 행복할 때 하나님도 기뻐하시고 행복해하시는 것입니다. 하나님의 말씀 외에 다른 것으로 인해서 얻는 기쁨은 진정한 기쁨이 아닙니다. 하나님은 전능하신 하나님이십니다. "빛이 있으라!"고 말씀하시니 그냥 빛이 생겼습니다. 그 하나님께서 나를 축복하시겠다고 맹세로 아주 확정을 지은 것입니다. 이것이 예수 믿는 사람들만 누리는 행복입니다. 하나님이 맹세로 약속하시고 우리에게 복 주시기를 확정하셨다는 사실에 마음껏 기뻐할 수 있기를 바랍니다. 지금 당장 환경이 힘들고 어려워도 괜찮습니다. 육신으로 볼 때는 눈앞이 캄캄하고 미래가 어둡게 보여도 하나님의 말씀이 임하면 "큰 산아, 네가 무엇이냐! 네가 평지가 되리라!" 하고 담대하게 선포할 수 있는 것입니다.

17절을 보면, 하나님의 약속을 받는 자들에게 하나님의 뜻이 변하지 않는다는 것을 확실하게 나타내시려고 맹세로 보증하셨다고 말씀합니다. 얼마나 든든합니까! 그래서 우리가 세상을 이길 수 있는 것입니다.

> 요일 5:4 무릇 하나님께로부터 난 자마다 세상을 이기느니라 세상
> 을 이기는 승리는 이것이니 우리의 믿음이니라

세상에서 환난을 당할지라도 담대할 수 있기를 바랍니다. 주님이 세상을 이겼기 때문에 우리도 세상을 이길 수 있습니다. 하나님의 뜻은 변함이 없습니다. 그 하나님의 뜻이 변하지 않는다는 것을 확실하게 나타내시려고 약속을 맹세로 보증하셨습니다.

하나님의 백성을 향한 하나님의 뜻이 무엇입니까? 세상을 향한 하나님의 뜻이 무엇입니까? 하나님의 아들 예수 그리스도를 이 땅에 보내신 하나님의 뜻이 무엇입니까? 그것은 자기 백성을 구원하시는 것입니다.

♣ 맹세로 보증하신 하나님의 언약

> 마 1:21 아들을 낳으리니 이름을 예수라 하라 이는 그가 자기 백성
> 을 그들의 죄에서 구원할 자이심이라 하니라

하나님이 아들을 보내서 이름을 '예수'라 하라고 말씀하셨습니다. 그 이름의 뜻이 무엇입니까? '자기 백성을 그들의 죄에서 구원할 자'입니다. 반드시 하나님의 아들을 보내어 자기 백성을 그들의 죄에서 구원하시겠다고 하나님께서 맹세로 보증하셨습니다. 그러므로 우리는 걱정할 필요가 없습니다. 하나님이 맹세로 약속하신 일들을 하나님께서 이루시

> 하나님의 아들을
> 죄 없는 몸으로
> 이 땅에 보내신 것이
> 맹세로 보증하신
> 하나님의 언약입니다.

기 때문입니다. 바로 그 첫 번째가 하나님의 아들을 죄 없는 몸으로 이 땅에 보내시는 것이었습니다. 그리고 약속대로 하나님은 당신의 아들을 죄 없는 몸으로 이 땅에 보내셨습니다. 왜 아들을 죄 없는 몸으로 이 땅에 보내셨을까요?

> 사 53:6 우리는 다 양 같아서 그릇 행하여 각기 제 길로 갔거늘 여호와께서는 우리 모두의 죄악을 그에게 담당시키셨도다

하나님은 우리 모두의 죄악을 아들 예수님께 담당시키셨습니다. 이것이 죄 없는 몸으로 '하나님의 아들'을 보내신 이유입니다. '인간의 아들'은 다 죄가 있습니다. 모든 인간은 죄인이기 때문입니다. 인간의 죄 문제를 해결하기 위해서는 죄가 없는 희생제물이 필요했습니다. 인간의 모든 죄를 그에게 담당시켜서 그 죗값으로 그를 죽이기 위해서였습니다. 맹세의 약속대로 하나님은 아들을 죄 없는 몸으로 보내셔서 우리 모두의 죄악을 아들에게 담당시키셨습니다. 그렇다면 우리에게 죄가 있습니까, 없습니까? 없습니다. 우리의 모든 죄는 다 하나님의 아들 예수님께 넘어갔습니다. 그래서 이것을 믿으면 우리가 구원을 받는 것입니다.

> 우리의 모든 죄악을 하나님의 아들에게 담당시킨 것이 맹세로 보증하신 하나님의 언약입니다.

그런데 마귀는 항상 우리 주변에 있는 사람들을 통해서 우리의 구원을 흔듭니다. 하나님이 맹세로 보증하시고 이루셨는데도 "당신, 진짜 구원받았어?", "그게 구원받은 사람의 모습이야?" "예수 믿는 사람이 그렇게 살아도 괜찮아?", "진짜 구원받았으면 네 삶의 모

습이 어떻게 그 모양이냐?" 하면서 우리의 구원을 흔듭니다. 사람이 살다 보면 실수할 수 있습니다. 죄를 지을 수도 있습니다. 죄 없는 사람은 한 사람도 없습니다. 그러니까 누군가가 우리의 죄를 가지고 지적하면 꼼짝 못 하고 그 앞에서 벌벌 떱니다. 그리고 "나 구원 못 받았나 봐…아무래도 나 천국에 못 갈 것 같아…" 하면서 구원의 확신이 흔들리는 것입니다. 어떤 세력이 나의 믿음을 흔든다고 할지라도 흔들리지 않기를 바랍니다.

  주님은 우리의 죄 사함을 맹세로 보증하셨습니다. 이미 죄 사함을 받았는데도 누가 조금만 뭐라고 하면 금방 주눅이 들어서 의기소침해지면 안 됩니다. "죄 사함 받았어? 진짜야?" 분명히 죄 사함을 받은 것 같았는데, 누군가가 "진짜야? 확실해?" 하면 흔들리고 마는 연약한 신앙을 가진 사람들이 많습니다. 우리의 믿음이 주 안에서 날마다 더욱 굳건해지기를 바랍니다. 마귀는 쉽게 포기하지 않습니다. 계속해서 믿음의 사람들을 공격합니다. '믿음'으로 구원받고 '믿음'으로 세상을 이기기 때문에 '믿음'을 흔드는 것입니다. "네가 지은 죄를 내가 다 알고 있는데, 무슨 소리야! 방금 전에도 죄를 지었는데, 무슨 구원을 받아?"라고 공격합니다.

  하나님은 죄 없는 몸으로 이 땅에 온 하나님의 아들에게 우리의 모든 죄를 담당시키시고 그 죗값으로 그를 십자가에 못 박아 그 피로 우리를 모든 죄에서 깨끗하게 하고 구원하셨습니다. 그런데도 말씀을 믿지 못하고 늘 자기 행동이 기준이 되는 사람들은 구원의 기쁨을 누리지 못합니다. 무슨 일이 있어도, 세상이 두 쪽이 나도, 변하지 않는 기준은 하나님의 말씀입니다. 하나님이 그렇다면 그런 것입니다. 내 생각에는 도저히 용서받지 못할 죄를 지은 것 같고 정말 구원받은 것이 맞는지 의심이 생겨도, 하나님이 용서했다면 용서하신 것입니다. 말씀이 팩트(fact)입니다. 내 감정이나 느낌이 아니라, 세상의 윤리나 도덕이 아니라 하나님의 말씀이 기준이고 팩트(fact)입니다. 죄를 지은 사람은 자기가 잘못한 것을 아니까 양심에 찔려서 마귀의 정죄에 꼼짝 못 합니다. '네가 잘못했잖아!' 하고 양심을 쿡 찌르면 그만 거기에서 기가 죽고 마는 것입니다.

> 요일 1:7 그가 빛 가운데 계신 것같이 우리도 빛 가운데 행하면 우리가 서로 사귐이 있고 그 아들 예수의 피가 우리를 모든 죄에서 깨끗하게 하실 것이요

하나님이 아들 예수에게 우리의 죄를 담당시킬 때는 과거의 죄만 담당시키신 것이 아닙니다. 과거와 현재, 미래에 저지를 내가 모르는 죄까지도 모두 다 담당시키신 것입니다. 그런데도 '예수 믿고 나서도 계속 죄를 짓는데 어떡하지? 하나님도 어쩔 수 없나 봐…나는 안 되나 봐…' 하면서 낙심합니다. 복음을 확실하게 알지 못하기 때문입니다. 우리의 모든 죄를 담당하시고 십자가에서 흘리신 하나님의 아들 예수의 피가 우리를 모든 죄에서 깨끗하게 만들 것입니다. 이것은 맹세로 보증하신 약속입니다. 복음이 마음에 확실하게 새겨지고 복음에 대한 확신이 있기를 바랍니다.

> 십자가에서 흘리신 하나님의 아들 예수의 피로 우리를 모든 죄에서 깨끗하게 씻어주시겠다는 것이 맹세로 보증하신 하나님의 언약입니다.

육신을 입고 사는 동안 예수 믿으면서도 죄를 지을 수 있습니다. 마귀는 그런 모습을 보고 "야, 너 또 죄짓냐? 그러고도 천국에 갈 수

있냐?" 하면서 우리를 공격합니다. 그럴 때, "그래, 나 죄졌다! 어쩔래! 그런데 네가 모르는 게 하나 있어! 그건 바로 하나님의 아들 예수의 피가 네가 말하는 그 죄까지도 깨끗하게 씻었다는 사실이야!" 하고 당당하게 맞짱 뜰 수 있기를 바랍니다. 복음을 모르는 사람들도 마찬가지입니다. 마귀의 편이 되어서 마귀가 조종하는 대로 다른 사람들의 죄를 들추어냅니다. "네가 무슨 죄를 지었는지 내가 다 알고 있는데…" 하면서 형제를 죽이려고 합니다. 그런 말에 넘어가면 안 됩니다. "내가 죄를 지은 것은 알면서 그 죄가 예수님께 넘어간 것은 모르는구나?" 하고 당당하게 말할 수 있어야 합니다.

이것이 바로 은혜입니다. 이것이 기쁜 소식, 복음입니다. 성경은 이것을 알고 믿게 하려고 기록된 것입니다. 그런데 복음을 모르는 사람들은 다 죄 문제에 걸려 넘어집니다. "내 죄가 다 예수님께 넘어갔는데, 어디 와서 까불어!" 하고 마귀를 대적하면 마귀가 꼼짝 못하고 도망갑니다. 내 죄는 하나님의 아들에게 다 넘어갔습니다. 이것을 확실하게 마음에 새기기를 바랍니다.

복음을 알지 못하는 자들은 우리의 모든 죄를 하나님께서 아들에게 담당시키셨는데도 그것을 모르고 자기 죄를 스스로 책임지려고 합니다. "나도 양심이 있는데…최소한 죗값은 치러야지…내가 지은 죄니까 내가 책임지면 되지…" 하면서 자살의 길로 갑니다. 자살하면 천국에 못 갑니다. 가룟 유다를 한번 보십시오. 예수님을 은 삼십에 팔고 나중에 뉘우칩니다. 하지만 양심의 가책을 이기지 못해 결국 자살하고 맙니다. 가룟 유다가 몰랐던 것은 예수님이 자신의 죄를 담당하시고 십자가에 죽으셨다는 사실입니다. 예수님을 팔았던 그 죄까지도 예수님께 넘어갔다는 사실을 그는 알지 못했습니다. 하나님이 가장 진노하시는 것은 바로 그 예수님을 믿지 못하는 것입니다. "내가 네 죄를 대신하여 죽었거늘, 네가 왜 네 죄로 죽으려고 하느냐!" 이것이 주님의 슬픔이고 아픔입니다.

이제부터는 죄로부터 완전히 자유할 수 있기를 바랍니다. 복음을 모르는 사람들은 예수 믿는 사람들을 뻔뻔하게 여길 수 있습니다. '죄를 짓고서도 어쩌면 저렇게 뻔뻔할 수 있지?' 그것은 그들이 복음을 모르기 때문에 하는 말입니다. 복음을 아는 우리에게는 그것이 뻔뻔한 것이 아니라 당당한 것입니다. 죄로부터 당당해지기를 바랍니다. 복음을 모르는 사람들은 죄 때문에 주눅 들어서 누구에게 지적당하거나 싫은 소리 한마디만 들어도 '아휴, 이제 이 교회 못 다니겠네…얼굴을 들고 다닐 수가 없네…' 하면서 숨어버립니다.

그러나 성령이 그 안에 있으면 다시 죄로 인해 마귀의 포로로 살지 않도록 성령께서 가르쳐주십니다. "걱정하지 말아라. 근심하지 말아라. 네가 방금 저지른 그 죄 또한 하나님의 아들 예수께서 담당하셨다!" 하고 금방 말씀해 주십니다. 어제 지은 죄, 오늘 지은 죄, 내일 지을 죄까지도 하나님의 아들 예수께서 담당하셨습니다. 그래서 우리가 죄에 대해 당당할 수 있는 것입니다.

> **롬 8:1-2** 그러므로 이제 **그리스도 예수 안에 있는 자에게는 결코 정죄함이 없나니** 이는 그리스도 예수 안에 있는 생명의 성령의 법이 죄와 사망의 법에서 너를 해방하였음이라

영적인 세계에서 일어나는 신기한 일을 아십니까? 분명히 죄는 내가 지었습니다. 그런데 나에게 죄를 물을 수는 없습니다. 왜냐하면 내가 죄를 짓자마자 그 죄가 예수 그리스도에게로 넘어갔기 때문입니다. 할렐루야! 분명히 내가 죄를 지었는데, 죄를 찾아보려고 하면

없는 것입니다. 그래서 그리스도 예수 안에 있는 자에게는 결코 정죄함이 없습니다. 이것이 복음의 신비입니다. 너무너무 놀라운 일입니다. 하나님의 사랑이 얼마나 큰지, 이것을 맹세로 보증한 것입니다. 이것을 모르는 사람들이 남의 죄를 가지고 수군수군합니다.

마음에 확실하게 새기십시오. 그리스도 예수 안에 있는 자에게는 결코 정죄함이 없습니다. 하나님의 아들 예수의 피로 우리를 모든 죄에서 깨끗하게 하셨습니다. 할렐루야!

히 10:17 또 그들의 죄와 그들의 불법을 내가 다시 기억하지 아니하리라 하셨으니

우리가 저질렀던 죄에 대한 책임만 아들에게로 넘어간 것이 아닙니다. 아예 처음부터 죄를 짓지 않았던 것처럼, 하나님께서는 우리의 죄와 불법을 다시 기억하지도 않겠다고 말씀하셨습니다. 하나님의 모든 말씀은 다 맹세로 보증하신 것입니다.

> 하나님의 아들 예수의 피로 씻은 우리의 죄와 불법은 다시 기억하지 않겠다는 것이 맹세로 보증하신 하나님의 언약입니다.

이것을 쉽게 기억할 수 있도록 한 가지 예를 들어 설명해 보겠습니다. 왼손에 무엇인가 물건을 하나 올려놓고 그 손을 나라고 합시다. 그리고 아무것도 올려놓지 않는 빈 오른손은 예수님이라고 합시다. 왼손과 오른손은 똑같습니다. 다른 것이 있다면 왼손 즉 우리에게는 죄가 있다는 것입니다. 왼손에 올려놓은 물건이 죄입니다. 그런데 나를 사랑하신 하나님께서 나의 모든 죄를 예수님께 담당시키셨습니다. 이때 왼

손 위에 올려놓았던 물건을 오른손으로 옮깁니다. 그렇다면 나에게는 죄가 있습니까, 없습니까? 왼손에 물건이 있습니까, 없습니까? 오른손으로 옮겼으니까 왼손은 당연히 빈손이 되었습니다. 죄가 없어졌습니다. 나의 죄는 어디로 갔습니까? 오른손에, 예수님께로 넘어갔습니다. 예수님은 그 죄를 지시고 십자가에 죽으셨습니다. 그런데 마귀가 왼손인 나에게 찾아옵니다. 내가 지은 죄로 나를 죽이려고 찾아오는 것입니다. 그런데 왼손에 죄가 있습니까? 물건이 있습니까? 없습니다. 이미 오른손으로 옮겨버렸기 때문입니다. 아무리 죄를 찾으려고 해도 찾을 수가 없습니다. 빈 왼손이 된 우리는 이렇게 죄 없는 몸으로 구원받고 천국에 가는 것입니다. 할렐루야!

　복음을 알지 못하는 목사들은 날마다 성도들의 죄를 지적하며 야단칩니다. 그러나 저의 소원은 우리 교회 성도들이 행복한 것입니다. 주님 안에 있는 우리들은 행복해야 합니다. 복음을 누리고 경험하며 살아야 합니다. 이제는 죄로부터 자유 하시길 바랍니다. 그것이 복음입니다. 우리의 죄를 대신 담당하고 십자가에 죽으신 하나님의 아들의 죽음이 헛되지 않도록 우리는 복음으로 살아야 합니다. 하나님도 우리의 죄와 불법을 기억하지 않겠다고 말씀하시는데, 내가 왜 죄와 불법을 기억하고 삽니까? 그것을 기억하는 것은 아들의 죽음을 헛되게 하는 것입니다. 누가 뭐래도 우리는 하나님의 아들 예수의 피로 죄 사함을 받은 존재입니다. 이것은 맹세까지 하시며 보증하신 하나님의 약속입니다. 우리를 죄에서 구원하시는 것으로 끝나는 것이 아닙니다. 반드시 복을 주고 복을 주며 번성하게 하고 번성하게 하겠다고 약속하셨습니다. 할렐루야!

리얼복음시리즈 | 히브리서 강해 1
새 언약의 중보자 예수 그리스도

1판 1쇄 인쇄 _ 2024년 12월 14일
1판 1쇄 발행 _ 2024년 12월 24일

지은이 _ 오영석
펴낸이 _ 이형규
펴낸곳 _ 쿰란출판사

주소 _ 서울특별시 종로구 이화장길 6
편집부 _ 745-1007, 745-1301~2, 747-1212, 743-1300
영업부 _ 747-1004, FAX 745-8490
본사평생전화번호 _ 0502-756-1004
홈페이지 _ http://www.qumran.co.kr
E-mail _ qrbooks@daum.net / qrbooks@gmail.com
한글인터넷주소 _ 쿰란, 쿰란출판사
페이스북 _ www.facebook.com/qumranpeople
인스타그램 _ www.instagram.com/qrbooks
등록 _ 제1-670호(1988.2.27)
책임교열 _ 최찬미 · 최진희

© 오영석 2024 ISBN 979-11-94464-01-3 93230

책값은 뒤표지에 있습니다.
이 출판물은 저작권법에 의해 보호를 받는 저작물이므로 무단 복제할 수 없습니다.
파본(破本)은 구입처에서 교환해 드립니다.